브라보!
시니어 라이프

BRAVO!
SENIOR
LIFE

브라보! 시니어 라이프

— 앙코르 커리어 지음 —

행복한 시니어를 위한 최고의 직업 51가지

YIMA

한국은 세계에서 가장 빠른 속도로 고령화되고 있지만, 예비 시니어들의 노후에 대한 대비가 충분하지 않은 실정입니다. 정년퇴직 또는 구조 조정으로 인해 조기퇴직자들이 늘어나고 있지만, 대부분은 퇴직을 해도 은퇴를 한 것이 아니라 재취업이나 창업을 통해 다시 일을 하지 않으면 안 되는 상황입니다. 길어진 노후를 과연 어떻게 살아야 할지에 대한 인생설계뿐만 아니라, 당장의 경제 문제 해결도 절박한 것이 현실입니다. 경제적인 문제를 해결하는 동시에 의미 있는 일을 하며, 수명 연장으로 늘어난 노년을 축복으로 만들 수 있는 방법이 없을까요?

『브라보! 시니어 라이프』는 바로 이 물음에 대한 답을 찾으려는 노력에서 나온 결실입니다. 우리보다 앞서 고령사회에 진입한 미국, 일본, 유럽의 시니어들이 은퇴 후의 삶을 어떻게 살아가고 있는가에 관한 생생한 이야기를 담은 이 책에서, 우리는 인생 2막을 설계하는 데 도움이 되는 많은 힌트를 얻을 수 있을 것입니다.

무엇보다 이 책을 만든 사람들이 바로 인생 2막의 새로운 삶을 열어보고자 노력해온 시니어 당사자들이라는 점에서 더욱 특별합니다. 시니어들이 공감하면서 실질적인 도움을 받을 수 있을 것으로 기대하며, 시니어들이 인생 2막을 설계하는 데 희망의 빛이 되어줄 것으로 믿습니다.

● 박원순(서울특별시장)

처음 이 책의 원고를 받고는 별로 큰 기대를 하지는 않았습니다. 요즘 베이비부머와 나이 듦을 주제로 하는 비슷비슷한 내용의 담론과 출판물이 쏟아져 나오기 때문이었을 겁니다. 그런데 책장을 넘길수록 책을 손에서 놓지 못하게 하는 대단한 흡인력이 있다는 것을 발견하였습니다. 당위적이거나 처방적인 내용이 아닌 다양하고 생생한 사례들이 간결하면서도 유려한 문장으로 소개되어 있다는 점이 무엇보다 신선했습니다. 또한 베이비부머의 은퇴와 노년을 문제로 바라보는 우려 섞인 시각이 넘치는 마당에 인생 2막을 알차게 사는 사례들을 소개하는 희망적인 접근도 반가웠고요. 무엇보다도 이 책이 '행복설계아카데미'를 함께 수료한 인생 2모작에 대한 고민을 공유한 동기생들의 따뜻한 상호작용의 결과물이라는 점도 매우 큰 의미를 가진다고 생각합니다. 은퇴 전에 하던 일과 살아온 배경도 다른 사람들이 젊지 않은 나이에 만나 이렇게 한 편의 작품을 함께 만든 것 자체가 동년배인 베이비부머들에게 훌륭한 귀감이라고 할 수 있지요!

몇 년 전 서울대학교와 메트라이프코리아재단이 공동으로 수행한 연구결과에 따르면, '은퇴하여 일을 그만둔 후에도 의미 있고 생산적인 사회구성원이 될 수 있을까?' 하는 점이 한국의 베이비부머들이 가장 우려하는 문제라고 합니다. 그 우려에 대한 현장감 있는 대답이 이 책의 사례들에 있다고 생각합니다. 물론 외국의 사례들은 우리와 사회문화적 여건 등에서 차이가 있지만, 은퇴를 '끝'이 아닌 새로운 '시작점'으로 만들려는 노력이라는 점에서 시사하는 바가 많습니다.

정말 많은 시간과 노력을 이 작업에 쏟았겠구나 하는 막연한 생각은, 원고 작업을 위하여 저자들이 읽은 책, 방문한 무수한 웹사이트 목록을 받아보고는 놀람과 찬사로 바뀔 수밖에 없었습니다. 2년여 동안 관련 분야의 최근 주요 서적과 웹사이트를 섭렵하여 220편이 넘는 사례를 발굴하고 그 중 51편을 엄선하여 독자들이 편하게 접할 수 있도록 책으로 묶어 주신 데 독자의 한사람으로서 감사드립니다.

● 한경혜(서울대 아동가족학과 교수, 서울대 제3기인생대학 주임교수)

희망제작소는 풍부한 경험과 전문성을 가진 퇴직자들과 시니어들이 사회의 새로운 자원이 될 수 있다고 보고 이를 위한 교육과 지원프로그램을 2007년부터 진행해 왔습니다. 『브라보! 시니어 라이프』는 희망제작소 '행복설계아카데미' 16기 수료생들이 뜻을 모아 펴낸 책으로, 우리보다 먼저 베이비붐 세대의 은퇴가 시작된 해외 시니어들의 퇴직 후 다양한 인생 2막 이야기가 담겨 있습니다. 창업, 재취업뿐만 아니라 사회공헌의 다양한 사례를 담고 있어, 1막보다 더 아름다운 인생 2막을 준비하는 한국의 시니어들에게 큰 도움이 될 것입니다.

● 이원재(희망제작소 소장)

우리는 왜 이 책을 만들게 되었는가?

이 책을 만든 앙코르 커리어의 김경회, 김대석, 박창기, 이형진, 정중원, 홍혜련은 오십 대, 또는 육십 대의 이른바 베이비붐 세대와 그 이전 세대입니다. 이 땅에서 50~60년을 살아왔지만, 그동안 단 한 번도 서로 만난 적이 없는 완전히 남남인 사이였습니다.

우리는 희망제작소라는 시민단체에서 실시하는 은퇴자들을 위한 인생 2막 교육 프로그램인 행복설계아카데미(행설아)에서 만나 두 달을 함께 공부한 교육 동기생들입니다. 같이 교육을 받긴 했지만 서로 다른 분야에서 현역 생활을 해온, 어떤 면에서는 완전히 이질적인 존재들이었습니다. 각자 삶의 궤적은 달랐지만, 우리나라가 본격적인 경제성장을 시작한 70년대부터 산업 역군으로서, 또 가장으로서 열심히 일하며 살아온 세대라는 공통점을 갖고 있습니다.

우리는 은퇴자 교육을 통해 은퇴 이후의 의미 있고 행복한 삶에 대한 동기부여는 되었지만, 과연 앞으로 무엇을 하며 어떻게 살 것인지 그 방향은 잡지 못한 상태였습니다.

일단 행설아 16기 모임을 만들고, 교육이 끝난 뒤에도 서로 인연을 이어 가기로 했습니다. 가끔 만나서 식사를 하고 청계산과 북한산에 함께 오르기도 했습니다. 그 과정에서 모임이 친목으로만 흘러서는 오래 지속되기 어렵다는 데 동의하고 함께 할 수 있는 일을 찾아보기로 했습니다.

먼저 현역을 떠난 사람들이 어떻게 살고 있는지 살펴본 우리는 적당한 롤모델을 국내에서 찾기가 쉽지 않다는 것을 알게 되었습니다. 특히 나름대로 전문직이나 기업 임원급의 지위에까지 올라간 사람들이 선택할 수 있는 인생 2막의 선택지가 상대적으로 극히 제한되어 있음을 곧 깨닫게 되었습니다.

'그렇다면 한번 방향을 바꿔' 보기로 하고, 우리보다 먼저 베이비붐 세대의 은퇴가 시작된 해외 선진국에서 배울 수 있는 점이 분명히 있을 것이라는 믿음으로 해외 사례를 찾아 번역하기 시작했습니다. 번역한 해외 사례 가운데서 좋은 사례라고 생각되는 것이 있으면 함께 검토했습니다. 하지만 검토를 하다 보면 우리 실정에는 맞지 않는 것으로 드러나곤 했습니다. 그런 일이 되풀이될 때마다 한 명 두 명 자기 길을 찾아 모임에서 빠지기도 했으며, 그럴 때면 과연 우리가 제대로 된 길을 찾아가고 있는지 의문이 들기도 했습니다.

한편으로는 일을 하기 위해 필요한 여러 가지 교육도 함께 받고 자격증을 따기도 했으며, 지방자치단체나 정부기관의 은퇴자 지원 공모 사업에 응모하기도 했습니다. 때로는 심사에서 떨어지기도 하고, 더러는 통과되기도 해 적은 돈이나마 지원금을 받아 활동비로 쓰기도 했습니다.

만난 지 일 년 반이 지날 즈음, 더 이상 시간을 끌지 말고 지금까지 검토되고 논의된 것 중에서 일단 사업을 선정해 일을 시작해 보기로 했습니다. 일을 추진하는 과정에서 필요하면 변경하더라도 일단 착수하는 것이 중요하다는 데 의견의 일치를 보았습니다.

우리가 고민하며 찾아왔던 은퇴 후의 삶은, 현재 같은 처지의 사람들이나 앞으로 은퇴할 사람들이 공통으로 겪게 될 문제이지만 뚜렷한 해결책은 없는 것 같았습니다. 여러 가지 교육을 받아 보았지만 그것을 제대로 활용할 곳을 찾을 수 없었고, 교육을 위한 교육에 그치는 것이 중장년들의 '은퇴 후 교육'의 실정이었습니다. 국가 예산으로 무료 교육을 시켜 주고는 있지만 일자리로 연결되지 못하고 있으며, 민간에서 유료 교육을 받아도 결과는 마찬가지였습니다.

"현실을 한탄만 하지 말고, 지금까지 우리가 겪은 은퇴 후의 생생한 체험을 바탕으로 모두에게 도움이 되는 실질적인 해결책을 가지고 사업화해 보자."

그래서 나온 것이 해외 선진국의 사례를 기반으로 한 앙코르 커리어의 사업 모델입니다. 해외 사례를 살피면서 우리가 특히 인상적으로 본 것은 시니어의 문제를 가장 잘 알고 있는 것은 시니어들이며, 따라서 그 문제를 가장 잘 해결할 수 있는 것도 본인들이라는 점이었습니다. 보통 사람들을 위한 자서전 제작 사업으로 창업에 성공한 BBC 기자 출신 영국 여성의 사례, 언어적·문화적으로 적응하지 못하는 이민자 시니어들의 재가 요양 서비스를 시작한 재미 교포 여성의 사례, 시니어가 시니어들에게 PC 교육을 하는 일본의 비영리단체 '시니어소호미타카'의 사례 등에서 볼 수 있듯이 시니어의 사업 형태는 자신들을 대상으로 하는 경우가 많았습니다. 우리 역시 우리보다 앞서 베이비붐 세대가 은퇴한 해외 선진국의 사례를 다른 시니어들과 공유하는 것을 첫 번째 사업으로 삼기로 했습니다.

선진국의 수많은 성공 사례를 살펴본 우리는 실질적인 해결책에 대한 확신을 갖게 되었습니다. 우리뿐만 아니라 더 많은 사람들이 해외 사례를 알고 거기서 새로운 길을 찾는다면 의미 있는 일이 되겠다는 데 뜻을 함께하고 이 책을 만들게 되었습니다. 따라서 이 책은 현역을 떠난 시니어들이 자기들의 길을 찾는 과정에서 만든 국내 최초의 해외 시니어 활동 사례 연구집입니다. 아무쪼록 이 작은 노력이 사회의 변화에 한 알의 씨앗이 되기를 희망합니다.

해외 시니어들의 삶에 관한 이야기를 찾아 소개하게 된 것은 희망제작소 시니어사회공헌센터의 배영순 연구원, 그리고 서울인생이모작지원센터의 원창수 사무국장을 비롯한 관계자 여러분의 따뜻한 지원과 격려가 있었기에 가능했습니다. 그리고 이 사례들을 책으로 출간하는 것이 좋겠다는 제안을 해주신 이마의 정보배 님은 우리에게 큰 용기를 주었으며, 박정삼 고문은 경륜으로 우리를 이끌어주셨습니다.

이분들에게 깊은 감사의 말씀을 드립니다.

2015년 3월
앙코르 커리어
김경회 · 김대석 · 박창기 · 이형진 · 정중원 · 홍혜련 씀.

정년이 되어서든 조기 퇴직 때문이든 직장을 떠난 뒤에는 누구에게 얽매일 필요가 없는 자유로운 시간이 주어진다. 그 기간은 지금 퇴직하는 사람들의 건강 상태와 평균수명을 감안하면 현역 기간과 거의 같거나 더 많은 30~40년이 될 것으로 예상된다. 다만 직장 생활을 할 때와는 달리, 퇴직 후에는 누구에게 명령을 받아 자기 시간을 써야 하는 것이 아니라 스스로 시간 관리를 잘해야 한다. 그렇지 않으면 무의미하고 무료한 노후가 되기 쉽다.

미국이나 일본처럼 우리나라에서도 55세 이상 중장년층의 70~80퍼센트가 퇴직 후에도 일하고 싶어 하며, 일하는 이유도 단순히 경제적 이유뿐 아니라 건강 유지, 능력과 지식 활용, 사회적 관계 형성, 삶의 의미와 보람을 위해서라고 한다.

퇴직 후에 할 수 있는 일은 크게 세 가지로 나눌 수 있다.

첫째, 수입을 얻기 위해 재취업 또는 창업을 할 수 있을 것이다.

둘째, 친구들이나 배우자와 함께 여행이나 등산을 하면서 여생을 함께 즐기며 보내는 방법도 있다. 관심사를 바꾸어 자신이 전혀 몰랐던 세상에 대해 흥미를 갖고 공부하며 새로운 사람들을 만나는 방법도 있다. 그저 시간을 보내기 위해서가 아니라 정말 몰입할 수 있는 취미를 찾아내 계속 해나갈 수 있으면 더욱 풍요로운 여생을 보낼 수 있을 것이다.

셋째, 자신의 재능과 경험을 나누며 사회 공헌 활동을 하는 방법도 있다. 노후 생활비를 걱정하지 않고 사회적으로 의미 있는 일을 하면서 약간의 소득도 올릴 수 있는 비영리단체 활동을 원하는 사람들이 늘어나고 있다. 자신에게 알맞은 비영리단체나 비정부기관을 찾아 활동을 함께 하거나 뜻이 맞는 사람들끼리 비영리단체를 설립해 활동하면, 다른 사람들과의 사회적 관계를 형성할 수 있어 건강한 삶을 누릴 수 있다.

우리나라의 50~60대들은 대부분 자녀 뒷바라지 때문에 정작 자신의 노후 준비는 확실하게 해두지 못한 경우가 많다. 그뿐 아니라 노후를 보장해 줄 연금 등의 사회 안전망도 제대로 갖춰져 있지 않은 것이 우리의 현실이다. 그렇다 보니 현역에서 물러난 뒤에도 다시 재취업을 하거나 소규모 자영업이라도 시작해 소득을 올려야 가계를 꾸려 갈 수 있는 형편이다. 그러나 나이가 든 사람을 채용하는 기업은 거의 없기 때문에 재취업은 말 그대로 하늘의 별따기다. 설혹 재취업을 한다고 해도 현역 시절에 비해 지위나 소득이 열악하다.

창업을 한다고 해도 누구나 손쉽게 시작할 수 있는 단순 서비스업에 몰리다 보니 경쟁이 치열해져 제대로 수입을 올릴 수 없을 뿐만 아니라 얼마 지나지 않아 폐업하게 된다. 그 결과 그나마 남아 있던 저축이나 퇴직금을 다 써버려 빈곤으로 내몰리게 된다.

특히 1990년대 후반 외환위기 때 직장을 떠나 거리로 내몰렸던 40~50대들이 빈곤층으로 전락한 채 지금은 노인층으로 접어들고 있어, 심각한 사회문제가 되고 있다. 외환위기의 충격으로 우리나라는 OECD 34개국 가운데 노인 빈곤율 1위, 노인 자살률 1위인 나라가 되었다.

몸은 건강한데 일찍 현역 생활을 마감하고 뚜렷한 비전도, 충분한 생활 수단도 없이 수십 년을 더 살아야 한다면 그것은 축복이 아니라 재앙일 수 있다. 노인 빈곤 문제를 해결하면서 삶의 보람을 느끼게 할 수 있는 방법은 없을까? 오래 사는 것이 정말 축복인 삶을 사는 방법은 없을까?

고령화 사회를 먼저 경험한 미국, 일본, 영국 등 해외 선진국 시니어들은 우리에게 많은 시사점을 던져 주고 있다. 그들도 이전 세대들보다 더 오랜 기간 노동을 해야 한다. 사회 안전망이 제대로 갖춰진 나라도 있지만, 그렇지 않은 나라도 있다. 그렇지만 그들은 소득이 적더라도 나름대로 의미가 있는 일을 찾아 생산적이고 활동적인 인생 2막을 즐겁게 살고 있다.

이 책은 그러한 삶을 사는 해외 시니어들의 다양한 사례를 발굴하여 정리한 것이다. 총 4부로 구성되어 있는데, 1부는 나름대로 인생 2막을 준비한 끝에 창업하여 인생 1막에서 쌓아 온 자신의 경험과 지혜를 활용해 성공한 사례들을 모았다. 2부에서는 당장의 취업에 급급하지 않고 종전의 직장에 비해 급여나 대우는 다소 낮더라도 자신의 능력과 적성을 잘 살릴 수 있는 분야로 재취업한 사례를 살펴보았다. 3부에는 우연한 계기로 창업을 하게 되어 전반기에 자신이 해오던 일과는 전혀 다른 분야에서 새로운 인생을 개척해 나가는 사람들의 사례를 모았다. 커피전문점이나 식당, 술집 등 한정된 분야에만 몰리는 우리의 창업 형태에 대한 대안을 생각해 볼 수 있는 계기가 될 것으로 기대한다. 4부는 비영리단체·자원봉사의 사례로, 그동안 쌓아 온 경험과 지혜를 사회에 환원하며 보람을 느끼는 사람들의 모습을 담았다.

각각 14개, 10개, 15개, 12개로 총 51개의 사례를 소개했는데, 해외 선진국 시니어들의 사례가 사회·문화·역사적 배경이 다른 우리에게 그대로 적용될 수는 없을 것이다. 다만 모쪼록 그들의 삶의 자세나 접근 방식을 우리의 토양에 맞게 창조적으로 적용할 수 있기를 바랄 뿐이다.

차례

1부 | 창업 1

준비된 사람이
기회를 잡는다

2부 | 재취업

평생 현역을
꿈꾼다

▶▷▷ 우리나라에서는 창업을 한다고 하면 열에 아홉은 누구나 할 수 있는 식당이나 치킨 집 같은 자영업으로 몰리는 경향이 심각하다. 따라서 경쟁이 치열할 뿐 아니라 현역 시절의 경험과는 동떨어진 사업을 하다 보니 퇴직금이나 평생 모아온 저축, 심지어 대출금까지 날려 버리고 거리로 내몰리는 시니어들의 문제가 심각한 사회문제로 대두하고 있다.

여기 소개된 해외 사례를 보면, 자신의 취미나 현역 시절의 직장 경험 등을 활용해 나름대로 사업을 즐기면서 인생 2막을 개척해 나가는 사람들을 쉽게 볼 수 있다. 다시 한 번 자기 자신을 되돌아보면, 자기가 가장 잘할 수 있고 즐길 수 있는 창업의 길을 찾을 수 있을 것이다.

1부

준비된 사람이
기회를 잡는다

창업1

BRAVO!
SENIOR
LIFE

은행장에서
회원제 선술집 사장 겸
요리사로

"그동안 신세를 많이 졌습니다. 늘 잊지 않겠습니다."

조그만 지역 신탁은행의 은행장으로 있다가 정년을 2년 앞두고 조기 퇴직을 결정한 소마 모리쿠니는 그동안 물심양면으로 도와준 고객 가와지마 씨를 청해 술자리를 가졌다.

"그래, 퇴직하면 어떻게 살 생각인가?"

"제 취미가 요리입니다. 음식을 만들어 동료나 친구들을 대접할 때가 제일 행복하지요. 한때는 자그마한 선술집이라도 차려 보면 어떨까 생각하긴 했는데……."

가벼운 농담으로 꺼낸 얘기에 가와지마 씨가 마침 잘되었다는 듯이 정색을 하고 말했다.

"내가 지금 일흔일곱 살이라네. 10월이면 희수연(喜壽宴)을 해야 하는데, 자네 가게에서 하면 좋겠군."

"그거 좋지요. 저희 가게로 오시면, 최선을 다해 모시겠습니다."

별 뜻 없이 꺼낸 말이 커져, 소마는 은퇴하자마자 선술집을 차리게 되었다. 물론 선술집을 차리고 싶다는 것은 오랜 꿈이었지만, 그는 그 술자리가 없었다면 그렇게 바로 행동에 들어가지는 못했을 거라고 말한다.

소마는 8년 전인 예순한 살 때 어머니가 살던 집을 개조해 회원제 선술집 '다다'를 오픈했다. 일본어로 '다다'는 공짜를 의미한다. 그만큼 부담 없이 편안하게 머물다 가는 공간을 만들겠다는 각오가 담겨있다. 실내장식은 물론 주방 설비 주문, 메뉴 개발까지 모든 것을 동시에 진행해 석 달 만에 끝냈다. 회사 직원들이 퇴직 선물로 식기류를 선물했는데도 개점 비용이 1000만 엔 가까이나 들었다.

"처음에는 인테리어 공사비까지 포함해 500만 엔으로 끝내려고 했는데, 막상 공사가 시작되고 나서 식기 선반을 만들고 나니 내가 조리할 공간이 없더군요. 결국 벽을 허물고 가게를 넓힐 수밖에 없었습니다. 그래서 결국 공사비가 두 배나 들고 말았답니다."

자취 경험이 프로 수준의 요리 실력으로 발전하다

"따로 요리 공부를 한 적은 없지만, 사십 대에 2년간 혼자 지방 근무를 하면서 모든 것을 직접 요리해 먹었답니다. 가벼운 성인병 징후가 보여 외식을 하기가 부담스러웠거든요. 그때 젊은 직원들에게 자주 식사를 대접하곤 했는데, 반응이 괜찮더군요. 그래서 요리에는 어느 정도 자신이 있었지요. 도쿄에 돌아와서도 직장 동료들을 모아 '요리 동호회'를 만들었어요. 어쩌다 모임이 있는 날이면 밤을 새워 준비를 했는데, 그러다 보니 자연스럽게 요리 실력이 좋아지더군요."

소마는 개점한 뒤로 종업원을 고용하지 않고 물건 구입부터 요리, 접객, 뒤처리까지 모든 일을 혼자서 해왔다. 기본적으로 저녁 5시에 문을 열지만, 식자재 구입에 나서는 것은 아침 9시다. 그때부터 점포에 돌아와 요리 준비를 시작하고 문을 닫을 때까지 거의 온종일 서 있어야 했다.

"익숙해지기 전에는 하루에 21시간 일할 때도 있었지만, 요즘은 솜씨가 좋아져 한결 여유가 생겼습니다."

지금은 웃으며 회상하지만, 가게를 오픈할 때는 온 가족이 나서서 맹렬하게 반대했다고 한다.

"장소가 이케부쿠로 중심지에서 멀리 벗어나 있으니 실패할 게 뻔해 보인다고 아이들이 걱정이 많았어요. 재산은 못 물려줄망정 빚을 남기면 어쩌냐는 것이었죠. 게다가 바쁠 때는 도와주러 와야 할 거라고 생각했는지도 모르죠."

수입보다는 손님 만족을 최우선으로

이러한 리스크를 없애기 위해 생각해 낸 것이 '회원제'와 '완전예약제'였다. 요식업을 하면서 가장 크게 손해를 입는 것은 구입한 식자재를 못 쓰게 될 때인데, 예약제를 하면 필요한 식자재만 구입하면 되기 때문에 낭비가 없다. 게다가 회원제이기 때문에 장소가 목이 다소 좋지 않아도 큰 단점이 되지는 않는다.

"가끔 지나가는 손님이 들어오면 여기는 회원제이기 때문에 안 된다고 해요. 그럴 때면 좀 장삿속을 차려야 하지 않겠냐고 걱정해 주는 회원제 손님들도 있지만, 나는 생각이 좀 다릅니다. 너무 바빠서 건강이라도 해치면 모든 것을 잃는 것이죠."

한편, 소마는 손님을 만족시키기 위한 노력은 아끼지 않는다. 일반적으로 선술집은 재료비가 25퍼센트를 넘기면 안 된다고 하는데, 다다는 60~70퍼센트나 된다. 더구나 1인당 5000엔이면 무제한으로 술을 마실 수 있는 데다 시간도 무제한이다. 그렇다 보니 연매출이 500만~600만 엔이어도 경비를 빼고 나면 순익은 거의 나지 않는다. 개점하기 전에는 200명만 모여도 충분하다고 생각했던 회원 수가 지금은 530명을 넘어섰다.

"가게 회원들을 대상으로 해마다 내 고향인 야마가타를 여행하는 이벤트를 갖고 있는데, 올해로 7회째를 맞았습니다. 회원은 연령도, 직종도 다양해요. 이런 이벤트로 서로 알게 된 회원끼리 교류가 시작되기도 하지요. 가게를 시작할 때는 가게와 손님이라는 종적인 관계만이 아니라 손님끼리의 횡적인 관계가 넓어지는 장을 만들고 싶었습니다. 그래서 가게 이름도 '편안히 머무르는 곳'을 연상할 수 있게 다다로 지었죠. 더디긴 하지만 내가 생각했던 이상적인 형태에 차츰 접근하고 있답니다."

몇 살 때까지 이 일을 계속하고 싶으냐고 물었더니, 소마는 평생 현역으로 살아가고 싶다고 대답했다. 그는 요리할 때의 즐거움도, 커뮤니티의 교류의 장을 만들고 있다는 보람도, 손님들과 나누는 감정적 교류도, 어느 것 하나 포기할 수 없는 기쁨이라고 한다.

해고된 가구 디자이너,
스웨터 재활용 취미로
창업하다

"죄송하지만, 우리 회사와는 나이도, 희망 연봉도 맞지 않는 것 같습니다. 다른 곳을 알아보시는 게 좋겠군요."

2009년, 불황의 여파로 다니던 가구회사에서 해고된 그래픽 디자이너 질 커툴라는 몇 달 동안 동분서주하며 이력서를 내보았지만 번번히 제대로 된 답신조차 받지 못했다. 답답한 마음에 몇몇 회사에는 전화를 걸어 보기까지 했지만 다른 곳을 알아보라는 인사 담당자의 말을 듣고 수화기를 내려놓을 수밖에 없었다.

질은 쉰여덟 살의 여성 가구 디자이너다. 가구 업계에서만 30년 넘게 디자인을 해왔지만, 금융 위기 이후 차갑게 얼어붙은 취업 시장에서는, 특히 광고나 그래픽 업무에서는 나이 든 사람의 지혜보다는 젊고 인건비가 저렴한 사람들이 환영받았다. 결국 질은 재취업 활동을 그만두고 자기가 취미 삼아 만들곤 했던 직물 작품으로 수입을 올릴 수 있는지 시험해 보기로 했다.

대출금 1000달러로 시작한 사업

질은 우선 재활용품 매장에서 싸게 구입한 헌 스웨터를 잘라서 새로운 여성용 스웨터로 재제작해 보기로 했다. 이른바 업사이클링(upcycling)인데, 재활용(recycling)의 사촌뻘이라고 보면 된다. 재활용품에 디자인 또는 활용도를 더해 가치를 훨씬 높인 제품으로 재탄생시키는 것이다.

그녀는 옷의 소매를 다른 몸체에 붙여 보기도 했고, 가끔은 한 스웨터의 등 부분과 다른 스웨터의 앞부분을 한 세트로 만들기도 했다. 또 어떤 경우에는 다른 옷깃과 특이한 단추를 새 작품에 달기도 했다.

"나는 색깔, 질감, 편안함이 강조되도록 스웨터를 디자인합니다. 그리고 각각의 작품에 적절한 가격을 매긴답니다. 그렇게 헌 스웨터를 재사용해 쓰레기로 버려지는 걸 방지했지요."

스웨터를 생산하기 위해 제일 먼저 준비한 것이 편물용 특수 재봉틀이다. 1000달러를 1년 무이자로 대출받아 샀다. 2010년 초에 질은 스웨터를 몇 벌 만들어 엣시(Etsy, 세계 최대의 수제품 온라인 쇼핑몰)에서 마케팅하기 시작했다. 그녀는 몇 달 만에 대출금을 다 갚은 건 물론이고 이제 다시는 재취업을 하겠다고 이력서를 들고 다닐 필요가 없을 만큼 많은 매출을 올렸다.

지금 그녀는 엣시에 4개의 판매 사이트를 갖고 있으며, 전국의 수예품 전시장에서도 제품을 판매한다. 판매 제품도 점점 더 확대해 모자, 스카프, 남녀 장갑, 담요, 베개까지 아우르게 되었다. 이 모든 것이 헌 스웨터를 재료로 하여 만들어진 것이다.

남편과 함께하는 자유로운 일의 즐거움

2012년 IT 회사에서 은퇴한 남편도 사업에 가세했다. 질은 남편과 함께 제품을 밴에 싣고 자기들이 가보고 싶은 곳의 전시회에 참가한다. 두 부부가 가장 좋아하는 곳은 워싱턴 D.C.(아들 내외, 두 손자들과 함께 지낼 수 있기 때문이다)와 버지니아 비치(넵튠 축제에 참가하는 사흘 동안 해변을 산책하며 돌아다닐 수 있기 때문이다) 지역이다.

질의 고객은 대부분 사십 대와 오십 대이며, 한 번만 제품을 구매하는 고객은 거의 없다. 가끔 특별 주문이 들어오면 그녀가 직접 디자인한다. 벌써 많은 고객들과 친구가 되었다.

질은 아무리 돈을 많이 준다고 해도 이제 다시는 회사 생활로 돌아가지 않을 거라고 말한다. 자유롭게 혼자 일할 수 있다는 것이야 말로 무엇과도 바꿀 수 없는 이 일의 즐거움이다. 일주일에 한 번은 헌 스웨터를 사러 재활용품 매장에 간다는 그녀의 평상시 일과는 다음과 같다.

일어나면 이메일을 체크하고, 엣시의 포럼을 훑어보며 대화에 참여한다. 아침 9시쯤 재봉 일을 하기 위해 아래층 작업실로 간다. 점심시간에 온라인에 다시 접속한다. 오후에 스웨터를 재단하고 조각들을 묶는다. 새 제품의 사진을 찍고 우체국에 주문품을 발송하러 간다. 저녁을 먹은 뒤에는 사진을 올리고 TV를 보면서 손으로 스웨터 재봉을 한다.

창업을 꿈꾸는 이들에게 전하는 조언

직업을 바꿔 창업을 하고 싶어 하는 사람들에게 질은 다음과 같은 조언을 한다.

첫째, 당신이 할 수 있는 것과 하고 싶은 것을 일치시켜라.

둘째, 당신의 작업 스타일과 라이프 스타일을 결합시켜라. 질은 해가 지고 나서도 일한다. 그러나 자신의 일을 사랑하기 때문에 오래 일한다고 해도 마냥 즐겁다고 한다.

"오늘 아침에는 새벽 3시에 일어났어요. 작업실에 가고 싶어서 기다릴 수가 있어야 말이죠."

셋째, 당신의 돈과 시간에 대해 아주 실제적이어야 한다. 질이 사업에 성공할 수 있었던 한 가지 이유는 간접비가 아주 적게 들었다는 점이다. 제품은 한 품목당 100~200달러에 판매되었지만 엣시는 한 품목당 0.2달러와 판매액의 3.5퍼센트를 수수료로 받았을 뿐이다.

질은 아무리 비싼 제품이라고 해도 제품 하나를 만드는 데 12시간 이상을 들이지 않는다. 또한 1주일에 4~6벌의 스웨터와 6~8개의 스카프만을 생산한다.

넷째, 예전의 경험을 살려라. 질은 과거 광고 일을 할 때 사진 촬영을 감독했다. 그래서 어떻게 하면 좋은 사진을 찍을 수 있는지를 알고 있었다. 지금 그녀는 옛 경험을 백 퍼센트 살려 인터넷 쇼핑몰에 올릴 사진과 제품전시회 팸플릿용 사진을 모두 직접 다룬다.

노인 돌봄 사업을 시작한 중년 부부

IBM의 회의실. 그레그는 몇 시간 동안 전화기를 붙잡고 전화회의를 한 뒤, 이제 또 회의실에서 마케팅 회의가 시작되기를 기다리고 있었다. 끝도 없이 회의가 이어졌지만, 그러한 회의가 회사의 가치 창출에 보탬이 된다고 생각하는 사람은 많지 않았다.

직장 생활이 회의로 채워질수록 성취감은 그에 반비례해 바닥나고 있었다. 문득 주말이면 자택 거주 노인들을 돕는 봉사 활동을 다녀와 조잘조잘 그날 있었던 이야기를 들려주는 아내 리사의 목소리가 들리는 듯했다.

"애슐리 할아버지가 얼마나 설레하는지, 데이트 시간이 많이 남았는데도 이것저것 준비한다고 한바탕 난리였어요. 약속 장소에 데려다드렸더니, 이따 보자면서 등을 떠미는데…….

스티븐 씨는 런던에 있는 손주가 보낸 편지를 열 번도 넘게 읽어 달라고 하시는데, 들어도 들어도 질리지 않는지 처음 듣는 것처럼 좋아하시더라고요……."

그날 있었던 일들을 이야기하는 아내의 얼굴은 정말 즐거워 보였다. 리사는 평일 내내 부동산 중개소에서 일할 때는 봉사 활동 나가는 날을 손꼽아 기다리곤 했다.

그레그는 끝도 없이 이어지는 회의보다는 노인들을 돌보는 일이 더 성취감을 주는 대안이 아닐까, 심각하게 고민하기 시작했다.

그날 저녁 그레그는 아내 리사에게 자신의 아이디어를 들려주었다. 바로 노인 돌봄 서비스. 요리나 심부름 같은, 의료 행위가 아닌 일로 노인들을 도와주는 사업이다. 그레그는 이제 제1기 베이비붐 세대들이 육십 대 중반으로 접어들었으니 앞으로 수요가 폭발적으로 늘어날 것으로 보았다. 그들이 지금 하고 있는 일에서 쌓아 온 경력을 활용하면 새로운 사업에 도움이 될 것이 분명했다. 즉, 남편의 문제 해결 능력과 아내의 고객 서비스 경력을 활용하면 충분히 사업성이 있다고 판단했다.

노인 돌봄 사업에서 보람을 찾다

리사는 재택 돌보미 자격증을 얻기 위해 일하기 시작했고, 그레그는 퇴근하고 나서 관련 분야의 전문가들을 찾아 조언을 구했다. 그레그는 이렇게 말했다.

"사람들은 재택 돌봄 서비스에 대해 좋은 기억과 함께 싫었던 기억도 갖고 있습니다. 그래서 오히려 나는 고객들이 신뢰성과 일관성을 연상하게 될 브랜드를 창조할 여지가 있다고 보았어요."

부부는 2008년 8월, '홈케어 캘리포니아'를 설립했다. 그레그는 여전히 IBM에서 일했지만 2009년 1월 회사를 그만둘 때까지 사업 전략을 계속 다듬고 수정했다. 그레그가 IBM을 그만둘 때쯤에는, 광고와 입소문을 통해 부부의 회사를 알게 된 고객들이 문을 두드리기 시작했다.

홈케어 캘리포니아의 연간 매출은 260만 달러였다. 그리고 부부는 그중 8만 달러를 집으로 가져갔다. 그 수입은 그들이 종전에 벌어들인 30만 달러에 비하면 한참 모자란 금액이었지만, 그래도 그들에게는 보람이 있었다. 그레그는 말한다.

"내가 고객을 방문할 때면 그들의 얼굴이 정말 환해집니다. 그럼 나도 아주 흐뭇해지죠."

그들은 어떻게 창업했는가?

사업을 시작하고 싶다는 희망을 품은 그레그와 리사는 몇 년 일찍 투자자산을 팔았다. 세금을 공제하고 그들의 손에 들어온 돈이 40만 달러였는데, 그중 절반을 약간 넘는 돈이 회사 설립 초기 비용으로 들어갔다.

그레그와 리사는 지출을 최대한 축소했다. 그리고 일반 저축과 아이들을 위한 대학 학자금 저축을 일단 중단했다(그들에게는 아직 십 대인 딸이 둘 있었다). 사업을 시작하고 수입이 발생하기까지는 20개월이나 걸렸는데, 그들은 그동안 40만 달러 중에서 남은 돈으로 생활비를 충당했다.

2011년 홈케어 캘리포니아는 매달 7퍼센트의 성장률을 기록했는데, 두 부부는 2012년에도 7퍼센트의 성장률을 유지하는 것을 목표로 잡았다. 그들의 의도대로 된다면, 홈케어 캘리포니아의 연매출은 500만 달러를 돌파하고, 부부는 최소한 14만 달러를 집으로 가져갈 수 있을 것이다. 그들은 수요를 고려해 볼 때, 그 정도는 충분히 달성할 수 있을 거라고 말한다. 그들은 이제 그동안 중단했던 아이들 대학 학자금 저축을 다시 시작하려 하고 있다.

은행 지점장에서
농업경영 컨설턴트로
변신하다

은행에 입사한 뒤, 크게 쓰일 사람이라는 평가를 받으며 초고속 승진을 거듭한 다카노 미츠아키의 삶에 빨간불이 켜진 건 마흔두 살 무렵이었다. 입사 동기 중 첫 번째로 지바 현의 은행 지점장으로 승진할 때까지는 그의 앞길에 거칠 것이 없어 보였다. 하지만 지점장이 되고 3년째가 되던 해, 고객과의 거래를 둘러싸고 오해를 받아 다카노는 본사 영업기획부 상담실로 좌천당했다.

비록 불명예를 안고 좌천당했지만, 다카노는 불운에 굴하지 않았다. 오히려 경영 상담을 하러 오는 고객들과 직접 이야기할 수 있었고, 본사를 출입하는 세무사나 변호사, 공인회계사들이 컨설팅하는 모습을 가까이에서 보고 들을 수 있었다.

40대 초반의 좌천을 계기로 인생을 새로 설계하다

그때 다카노는 삶의 경로를 바꾸는 큰 결심을 하게 된다. '경영 실무를 공부하자!' 경영서를 닥치는 대로 독파하면서 컨설턴트로 독립하는 꿈을 키웠고, 결국 경영지도사 시험에 도전해 합격하기에 이르렀다. 일이 잘 풀리려고 그랬는지, 오래지 않아 오해가 풀려 신주쿠 지점장, 관재부장으로 영전했지만 그의 꿈은 변하지 않고 오히려 더욱 굳건해졌다.

하지만 직장 생활을 하다 보면 오해를 받는 일은 다반사다. 그러다 보면 좌천을 당하기도 한다. 그때마다 인생의 꿈이 바뀐다는 것은 어딘가 석연치 않은 구석이 있다. 다카노의 인생 항로가 급격하게 선회한 데는 좌천만으로는 설명되지 않는 부분이 있어 보였다.

"원래 나는 맹렬하게 이윤을 추구하는 이른바 은행가 타입은 아니었던 것 같아요. 그보다는 사람과의 만남을 좋아하고, 은행 안에서도 명예나 지위보다는 실질적인 일을 할 장을 추구하는 마음이 컸지요."

예기치 않게 좌천을 당하고 본사 상담실에 앉아 숨가쁘게 지나온 삶을 돌아본 다카노 미츠아키. 그가 보기에 자신은 전형적인 금융맨은 아니었다. '그렇다면 나는 어떤 사람일까?' 자신에 대해 깊이 생각하던 그에게 문득 떠오른 것이 지바 현 지점장으로 처음 부임했던 시절이었다. 그 무렵 그는 예금과 대출 상품을 영업하기 위해 주로 배를 재배하는 마을을 돌아다녔는데, 그러다 보니 자연스레 농업의 실태를 열심히 공부하기 시작했다.

"지점장으로 부임한 해에 내가 담당한 배 생산 농가는 태풍 때문에 수확량이 예년의 절반으로 뚝 떨어졌습니다. 이듬해에는 100년 만의 회오리바람과 우박 때문에 수확량이 아예 제로가 되었죠. 나는 바로 이런 때야말로 지역 금융기관이 해야 할 역할이 있다고 생각했어요. 나중에 나눠서 갚는다는 조건으로 각 농가에 300만 엔씩 긴급 융자를 해주었지요. 피해를 입었던 농가들은 덕분에 다시 일어설 수 있었고, 3년 후에는 대출금을 전액 갚았습니다. 그때부터 농민들과 강한 신뢰 관계를 맺을 수 있었습니다."

다카노가 농업에 관심을 갖기 시작한 건 바로 그 무렵이었다. 그리고 본사 상담실로 좌천당했을 때는 컨설턴트의 꿈을 꾸기 시작했다. 그렇게 그의 머릿속에 농업경영 컨설턴트라는 구체적인 꿈의 씨앗이 영글기 시작했다.

농업에 경영 마인드를 도입하다

2006년 말 정년퇴직한 다카노 미츠아키는 한 달 뒤 '다카노 경영 지도사 사무소'를 개설하고, 경영 컨설턴트 활동을 개시했다.

바로 그때 다카노는 인재 파견 대기업인 파소나에서 농업 연수 강사를 모집한다는 소식을 들었고, 그 즉시 응모했다. 현재 그는 농가를 대상으로 하는 경영 세미나에서 강의를 하고 있다. 그리고 강의를 들으러 온 농가를 하나하나 개별적으로 지도하고 있다. 테마는 바로 '돈 버는 농업으로의 변신'이었다.

"농업도 사업이잖아요. 그러니 생산만을 고심해선 안 됩니다. 어떻게 지출을 억제하고 수입을 늘릴 것인지를 생각해야죠. 그래서 자금 조달 방법부터 경영 지도까지, 현역 시절부터 보고 듣고 체험한 것을 모두 살려서 경영 부진에 빠진 농가의 농부들과 함께 개선책을 고민하고 싶었어요."

현재 그의 연수입은 80만~100만 엔인데, 대개는 술 모임 등의 교제비로 나간다. 농가를 지도하려면 농사일도 경험해 봐야 한다고 생각한 다카노는 3년 전부터 별장에 100제곱미터의 채소밭을 경작하고 있다.

또한 정년퇴직하고 나서 독립하려면 무엇보다 건강이 기본이라고 생각한 다카노는 체력 단련도 열심히 해 마라톤이나 철인 3종 경기 등의 대회에 꾸준히 출전하고 있다. 몸도 마음도, 여든 살까지는 현역에서 일할 준비가 되어 있다. 현역 시절부터의 꿈이 비로소 열매를 맺는 것은 지금부터라고 생각하기 때문이다.

동물 사랑을
'개 훈련 사업'으로
전환하다

"앉아!"

"기다려!"

도저히 통제할 수 없을 것 같았던 강아지가 메리 크론의 한마디에 거짓말처럼 온순하게 앉아 있었다. 단 한 시간 만에 개를 길들이는 모습에 무대에 있던 학생들은 감탄을 금치 못했다. 이번 졸업 연극 무대에 바셋하운드 종 애완견이 출연하는 장면이 있었는데, 낯선 환경에 적응되지 않는지 주위가 산만하고 계속해서 짖어대는 통에 리허설을 제대로 하지 못하고 있던 참이었다.

마침 그곳을 방문했던 메리가 나선 지 30분. 머리털을 쓰다듬는 그녀의 손을 혀로 핥으며 강아지는 순한 눈을 깜박이고 있었다. 집에 있는 말썽꾸러기 애완견을 떠올린 연출자 대니가 비결을 물었지만, 메리는 농담처럼 한마디를 던지고는 싱긋 웃어 보이고 관객석으로 내려갔다.

"사업 비밀이야!"

대학 연극학부에서 20년 넘게 30여 명의 선생과 1800명의 학생들을 관리하는 행정 책임자로 일해온 메리 크론은 어린 시절 동물들과 함께 자랐다. 부모님이 농장을 운영한 덕분에 소, 닭, 양, 말, 개에 둘러싸여 지냈는데, 특히나 잘 길들여진 강아지들과는 한시도 떨어지지 않고 지냈다. 지금도 그녀는 잘 길들여지고 애교 많은 강아지와 함께 살고 있다. 종종 부러워하는 친구들에게 개를 훈련시키는 법을 조언해 주기도 한다.

무대를 내려오며 농담처럼 이야기했지만, 관객석에 앉아 리허설 모습을 바라보던 메리는 문득 사업 비결이라는 말이 농담만은 아닐 수도 있겠다는 생각을 했다. 대학의 행정 책임자는 성취감이 큰 직업이지만 그만큼 스트레스도 많은 일이어서 은퇴 후에도 할 수 있는 부업을 찾고 있던 참이었다. 주위 사람들을 보면서 느끼곤 했는데, 은퇴한 뒤에는 연금만으로 생활하기에는 빠듯한 경우가 많았다. 그녀는 연극학부를 떠난 뒤에도 여유를 갖고 즐기며 할 수 있는 일을 찾고 싶었다. 동물, 특히 개를 사랑하는 그녀로서는 그것을 사업으로 전환하지 못할 이유도 없다는 생각이 들었다.

연극에 대한 열정을 동물에게로

연극에 대한 갈증은 어느 정도 채웠다고 생각한 메리 크론은 이제 또 다른 열정, 즉 동물과 함께할 수 있는 일을 시작할 때가 되었다고 판단했다.

"참 많은 곳을 알아봤습니다. 그리고 안성맞춤인 곳을 찾았어요. 동물행동대학(ABC, Animal Behavior College)이라는 곳인데, 그 대학은 이론부터 실습까지, 개에게 가르쳐야 하는 모든 것을 핵심까지 잘 교육시키는 곳이더군요. 온라인 학교 중에서 실습까지 하는 곳은 ABC뿐이었어요. 그러니 더 알아볼 것도 없었죠."

ABC는 동물 관련 직업 훈련에 중점을 둔 직업학교다. 그 학교의 '개 훈련사 인증 프로그램'은 동물과 함께 일하고 싶다는 그녀의 열망을 채워 주기에는 안성맞춤이었다. 메리는 연극학부에서 계속 일을 하면서 이 프로그램에 등록했고, 뛰어난 성적으로 프로그램을 수료했다. 전 과목에서 우수한 성적을 받았고, 우등으로 졸업했다.

교육의 한 과정으로, 메리는 실습을 도와주기 위해 배당된 전문 개 조련사와 함께 일하게 되었다. 덕분에 전문적인 지식을 배울 수 있었고, 배운 것을 모두 활용해 집에서 실제로 훈련 사업을 시작할 수 있었다.

준비하지 않는 사람에게 모든 위기는 재앙이다

메리는 버려진 동물들을 보호하고 입양시키는 지역의 동물보호소에 있는 개들을 훈련하는 자원봉사를 하며 실습을 했다. 개를 적절하게 훈련하면 '입양률'이 높아진다는 것을 알고는 지역 동물보호소에서 최소한 일주일에 두 번은 자원봉사를 계속했다.

"보호소의 개들과 함께 일하는 건 아주 멋진 경험이었어요. 폭넓은 경험을 할 수 있었으니까요. 아주 다양한 품종의 개와 함께 일할 수 있었고, 품종마다 서로 어떻게 다른지를 이해할 수 있었답니다. 지금 개 훈련 교습을 하고 있는데, 수강생들이 전적으로 믿고 따르는 것도 그 덕분이지요."

메리는 ABC를 수료하기 바로 며칠 전, 예산 삭감으로 다니던 학교에서 해고되었다. 수많은 사람들의 삶을 뒤흔든 혹독한 금융 위기의 희생양이 되었던 것이다. 예상보다 더 빨리 직장을 떠나게 되었지만, 그녀는 차라리 잘되었다고 생각했다. 덕분에 개 훈련이라는 새로운 사업에 더 충실할 수 있었기 때문이다.

드라마(연극)와 개를 사랑하는 메리는 회사 이름을 '드라마 개 훈련소(Drama Dog Training)'라고 짓고, 일단 집에서 사업을 시작했다. 자신의 집과 마당을 이용해 학교에서 배운 것을 모두 활용하여 개인 교습과 단체 교습을 한다. 요금은 단체 교습의 경우에는 7주 코스(주 1회씩 7회)에 85달러를 받는다. 일대일 개인 교습은 '드라마 개 훈련소'에서 하는 경우에는 시간당 25달러, 고객의 집에 가서 하는 경우에는 시간당 30달러를 받는다. 심지어 남는 방을 활용해 개를 1박 2일(기본 요금 22달러에 목욕이나 기타 서비스는 별도로 요금을 받는다) 동안 맡아 주기도 한다. 그녀는 앞으로 사람과 개가 한 조가 되어 하는 기초적인 장애물 경주도 가르칠 계획이다.

인생 1막의 20년 직업 경력이 생각보다 빨리 끝났다. 자신이 하고 싶어 했던 것, 즉 동물과 함께 일하는 인생 2막이 막 시작되었지만, 메리는 미리 준비하지 않았다면 금융 위기의 여파에서 어떻게 되었을지 지금 생각해도 아찔하다고 한다.

06

전혀 다른 삶을 살아온
두 여성이 온라인 잡지사를
공동 창업하다

갑자기 찾아온 사별과 홀로서기

2005년 어느 날 아침, 식사를 준비하던 펠리스 샤피로는 청천벽력 같은 전화를 받았다. 아침 일찍 조깅을 하러 나간 남편 앨런이 교통사고를 당했다는 경찰관의 전화였다.

허둥지둥 병원으로 달려갔지만 남편은 이미 싸늘한 시신이 되어 그녀를 맞았다. 그날 저녁 곧 대학에 입학하는 막내아이의 선물을 함께 사러 가기로 했던 남편은 그녀의 인생에서 예고도 없이 갑작스레 떠나 버렸다.

1980년대부터 2000년대 초반까지 펠리스는 두 아이를 키우며, 부모들을 위한 지역 출판사를 경영했다. 요가를 가르치며 요가 센터 설립을 돕기도 했다. 이렇듯 순조로웠던 삶이 뒤흔들리면서 그녀는 새로운 삶을 살기 위해 더욱 열심히 일했다고 그때를 회상한다.

"별 볼일 없는 존재가 되지 않기 위해 무슨 일이든 '예스'라고 말하자고 내 자신에게 다짐했답니다."

그러한 '예스'의 원칙에 따라 펠리스는 대학에서 기업가 정신을 가르치는 강의를 하고, 데이트도 하고, 마라톤도 했다.

새로운 일에 도전하면 할수록, 펠리스는 더욱 자신감을 갖게 되었다. 시간이 지나 그녀는 재혼을 하고 뉴욕에서 보스턴으로 이사했다. 그리고 2011년 betterafter50.com(이하 BA50.com)이라는 온라인 잡지를 창간했다.

열정이 이끄는 대로

로나 벤저민은 28년 동안 세 아이를 키우며 부동산 전문 변호사로 일했다. 오십 대를 얼마 앞둔 어느 날, 문득 자신의 직업에 염증을 느낀 그녀는 이제 변화할 때가 되었음을 직감했다. 처음부터 변호사를 꿈꾼 것도 아니었다. 다만 딱히 무엇을 할지 몰라 평생 변호사로 일해 왔을 뿐이다.

로나가 변화를 고심할 때, 친구가 '네 자신이 하고 싶은 열정을 따르라'고 조언해 주었다.

"그래서 난초를 키워 보기도 했고, 구슬 공예도 해봤답니다. 머랭 과자를 구워 파는 일도 해봤고요."

이렇게 자신의 열정을 시험해 보았지만 그 어느 것도 로나의 관심을 오래 붙잡아 두지는 못했다. 그러다가 폐경기로 잠 못 이루는 밤이 늘어 글을 쓰다 보니, 로나의 가슴속에 잠들어 있던 글쓰기에 대한 열정이 눈을 떴다. 그녀는 블로그를 만들었다. '잠 못 이루는 100일 밤'이라는 제목으로 나이 드신 부모님, 성인이 된 자녀, 불면증, 그리고 중년의 시련에 관한 자신의 생각을 글로 써서 블로그에 올렸다. 쓰면 쓸수록, 그녀는 자신이 글쓰기를 얼마나 즐기는지를 깨닫게 되었다.

로나, 펠리스를 만나다

이 두 여성은 어떻게 연결되었을까?

펠리스가 BA50.com을 시작하는 날, 우연히 로나의 친구가 로나에게 BA50.com의 링크를 보냈다. 호기심이 발동한 로나는 펠리스에게 자기가 쓴 글 한 편을 보냈다. 펠리스는 글을 보내온 첫 손님인 로나에게 즉시 연락을 취했고, 둘은 만날 약속을 정했다.

로나는 정말 작가가 되고 싶다고 말했다. 펠리스는 자신의 온라인 잡지에 게재할 콘텐츠를 찾고 있는 중이었고, 더구나 두 사람은 같은 보스턴에 살고 있었기 때문에 그 자리에서 의기투합했다.

지금 로나는 BA50.com의 책임 편집자로, 펠리스는 발행인으로 일한다. 둘은 BA50.com을 성장시키고 전국으로 확장하는 데 온 힘을 쏟고 있다. 현재 매달 8만 5000명이 BA50.com을 방문하고 있어, 둘은 이 사이트의 잠재력에 큰 기대를 걸고 있다.

펠리스는 다음과 같이 말했다. "우리의 목표는 쉰 살을 넘긴 여성들이 인생 2막에서 무엇을 할 것인가를 찾아내는 데 도움이 되는 거예요. 단지 직업뿐만 아니라 인생의 모든 면에서."

인생 2막을 성공적으로 살아가고 있는 펠리스와 로나의 이야기에서 우리는 다음과 같은 네 가지 교훈을 얻을 수 있다.

첫째, 행동이 분석을 이긴다.

'하고 싶은 일을 하며 인생 2막을 살겠다'고 생각만 해서는 분석만 하다 끝날 수도 있다. 펠리스와 로나가 그러했듯이, 생각만 하지 말고 실제로 행동으로 옮겨야 한다.

물론, 앞으로 자신이 하고 싶은 일을 찾아내려고 시간을 들이는 것이 시간 낭비라는 의미는 결코 아니다. 꼭 그 일을 해야만 하는 분명한 이유, 그 일에 흥미를 느끼는 사람들이나 활동의 의미에 관해 생각해 보는 것은 현명하다. 그런 다음 행동을 취하는 것은 정말 중요하다. 자원봉사도 해보고, 관련 강의도 들어보고, 임시직이나 부업도 해보라. 하나하나 시험해 보면 자신이 좋아하는 것과 좋아하지 않는 것을 발견하게 된다. 그러면 다음에 해야 할 일의 범위를 점점 좁혀 나갈 수 있다.

둘째, 꾸준히 하는 것이 중요하다.

펠리스는 온라인 잡지 창간을 생각했을 때 100일 동안 매일 글을 쓰기로 결심했다. 더러는 쓰고 싶지 않은 날도 있었지만, 꾸준히 계속했기 때문에 그녀는 성공할 수 있었다. 인생 2막을 새롭게 열어 간다는 것은 엄청난 일이다. 그 일을 꾸준히 한 걸음 한 걸음 날마다 해나가면 의미 있는 새 길로 나아갈 동력을 만들 수 있다.

셋째, 도와주는 사람들이 꼭 필요하다.

로나는 말했다. "당신을 믿어 주는 사람을 만나면 변화하기가 더 쉽습니다." 분명한 사실이다. 인생 2막 창조의 과정을 도와주는 친구, 코치, 지원 팀을 찾는 것이 정말 중요하다. 뜻을 같이하는 사람들끼리 모임을 만드는 것도 도움이 된다. 우리 인생의 주요 변환점, 예를 들면 졸업, 결혼, 취업 등을 되돌아보면, 우리를 지도해 주고 격려해 주고 지원해 준 가족, 친구, 스승들이 그때마다 주위에 있었다는 것을 알 수 있다. 마찬가지로 인생 2막을 성공적으로 만들기 위해서도 관심을 갖고 도와주는 사람들이 꼭 필요하다.

넷째, 준비된 사람만이 기회를 잡을 수 있다.

펠리스가 사이트를 개설한 바로 그날 로나가 그 사이트를 알게 된 것은 분명 우연이었다. 그러나 로나가 몇 달 동안 글쓰기를 계속해오지 않았다면, 펠리스가 검토할 글을 보낼 수 없었을 것이다.

펠리스와 로나는 전혀 다른 인생 1막을 살아온 여성들이다. 그러나 그 둘에게는 한 가지 공통점이 있었다. 인생 2막을 새롭게 열어갈 기회가 왔을 때 잡을 준비가 되어 있었다는 점이다.

매일매일 가슴 뛰는
삶을 찾아 귀촌하다

"이번 프로젝트에서 손을 떼주었으면 하네."

점심을 같이하자는 상사의 호출에 별 생각 없이 따라 나선 하시모토 겐시로는 식사를 끝내고 찾은 커피숍에서 생각지도 못한 말을 들었다. 상사 역시 얘기를 꺼내기가 쉽지 않았는지, 연신 물잔만 들이키고 있었다.

그는 아무리 생각해 보아도 자신이 프로젝트에서 빠져야 할 이유를 찾을 수가 없었다. 누구보다 열심히 일했고, 잘못한 것도 없었다. 지금껏 새로운 아이디어와 연구 주제를 적극적으로 제안해 왔고, 상품화에 성공할 때까지의 험난한 실행 작업에 대한 각오도 다지고 있었다.

"위가 너무 강하면 아래가 발전할 수 없지 않겠나."

커피숍을 나서며 상사가 한 말을 하시모토로서는 이해할 수가 없었다. 하지만 물러나는 것 외에는 달리 뾰족한 방법이 없었다.

조금은 일찍 찾아온 선택의 기로

대학에서 전기공학을 전공한 하시모토는 졸업 후 전기 관련 회사 두 곳에서 일했다. 그리고 서른두 살 때 이곳 자동차 제조업체로 전직해 연구소에서 전장(電裝) 시스템 개발 등의 일을 했다. 지금껏 그는 '자신을 갈고닦으며 성실하게 노력하면 반드시 보답을 받는다'는 믿음 하나로 회사 일에 매진해 왔다. 그러나 나이 쉰 살에 상사의 한마디로 이 신념은 허망하게 무너져 버렸다.

개발 프로젝트에서 밀려난 하시모토가 새로 맡은 업무는 외부 위원회나 업계 모임에 참석하는 것이었다. 출석해야 하는 위원회만 20개가 넘었고, 그중 세 곳에서는 중심적인 역할을 맡았다. 자료 작성 등의 사전 작업은 상당한 중노동이었지만, 무엇보다 그를 힘들게 한 것은 좌절로 인한 정신적 고통이었다.

그렇지만 '성실하게 노력하면 보답을 받는다'는 믿음이 잔불처럼 살아남아 간신히 그를 지탱해 주었다. 그러나 아무리 열심히 일해도 회사에서는 외부 위원회 일을 업무 실적으로 여기지 않았기 때문에 연봉은 계속 내려가기만 했다. 결국 하시모토는 삶의 기로에 서서 미래에 대한 고민에 빠졌다. 이제 이것으로 끝난 것인가? 이대로 정년까지 버텨 내며 살아가는 길밖에 없는가? 그러다 보면 정신적으로 피폐해지지 않을까? 이렇게 사는 길 외에 대안은 없는가?

타인의 평가가 아니라 자신의 보람으로 살아가는 인생

이제 인생 2막을 설계하는 데 있어 하시모토가 원칙으로 정한 것이 하나 있다. 직장의 상황에 따라 이리저리 흔들리지 않고 자기 자신이 삶의 결정권을 쥐고 살아 나가는 직업, 그리고 그 안에서 삶의 보람과 의미를 찾을 수 있는 직업을 찾는다는 것이었다.

"살아온 날들을 되돌아보고, 내가 지금껏 무엇에서 삶의 보람을 느꼈는지 다시 한 번 솔직하게 스스로에게 물어보았습니다."

하시모토는 자기가 '제3의 인생'의 입구에 서 있다고 생각했다. 그에게 '제1의 인생'이란 태어나서부터 사회인이 되기 전까지 부모의 보호를 받는 시기다. '제2의 인생'은 직업을 얻어 경제적으로 자립한 시기다. 특히 그는 더 나은 수입과 노동 조건을 찾아 기술자로서 자질을 닦아 왔다. 좋은 조건을 찾아 회사를 두 번이나 옮겨 다닐 정도로 성공에 대한 의지도 강했다. 그리고 '제3의 인생'이란, '그때까지 축적해 온 경제적·사회적 기반 위에서 자신이 정말 살고 싶은 삶의 방식을 지향하는 시기'라고 규정했다.

하시모토는 퇴직금과 예금·적금, 주택 등의 자산이 있고 앞으로는 연금도 지급받는다. 경제적 기반은 탄탄하다. 그리고 전자 기술, 정보처리 기술, 영어회화 능력, PC 등의 업무 능력도 있다. 하지만 그의 나이에 그 기술만으로는 전문적이고 차별화된 업무로 수입을 얻기는 힘들었고, 새로운 회사에 취업할 때 도움이 될 만한 강력한 인맥도 구축해 두지 않았다.

"내 자신이 다른 사람들의 평가로 규정되는 것이 아니라, 자신만이 해낼 수 있는 창조적인 일로 보람을 느끼며 살아가는 인생을 살고 싶었습니다. 그것이 무엇일까, 고민한 끝에 찾아낸 답이 바로 '농사'였죠."

하시모토는 경제적으로 자립할 수 있고 살아 있는 기쁨을 느낄 수 있는 생활을 찾고 싶었다. 하루하루가 도전 같은 생활, 하나하나의 활동이 가시적인 열매를 거두는 생활을 농사에서 기대했던 것이다.

다행히 규슈 산간 지방에 지인이 있어 그를 통해 산림을 구입할 수 있었다. 그렇게 '제3의 인생'을 구상한 하시모토는 사표를 제출했다. 그때 그는 쉰다섯 살이었는데, 컴퓨터 회사에서 일하는 동갑내기 아내도 도시 생활에 한계를 느끼고 있었기 때문에 오히려 그의 결정을 반겼다. 터전을 옮기는 순간, 아내의 격려는 그에게 큰 힘이 되었다고 한다. 수도권에 있는 집을 월세로 내놓았는데, 그 수입도 새로운 땅에 정착하는 데 적지 않은 보탬이 되었다.

무농약 유기농 쌀농사에 도전하다

하시모토가 규슈에서 단돈 350만 엔으로 구입한 산림은 2.3헥타르나 되었다. 그는 아내보다 먼저 와서 우선 살 집을 지었다. 그 산에서 삼나무 180그루를 벌채해 목재를 마련하고, 이웃에 사는 목수와 상의해 가며 집을 지었다. 이렇게 정착하기 위해 열심히 일하는 모습을 본 주민들도 산골 생활 새내기에게 신뢰감을 갖고 마음을 열기 시작했다. 도시에서만 살아온 부부에게 이웃의 도움은 무엇과도 견줄 수 없는 자산이었다.

"이 숲의 나무로 집을 짓고 싶었습니다. 주위에서 나는 음식 재료를 먹고 그 땅의 나무로 집을 짓고 살면, 건강을 해치지 않는다고 합니다. 그게 바로 '신토불이'의 삶이 아닐까요."

집을 지은 다음에는 산림을 개간해 농지를 만들었다. 처음에는 감자, 인삼, 시금치, 우엉 등을 키웠고, 2년 뒤에는 밭을 빌려 무농약 유기농 쌀농사에도 도전했다. 또 방치되어 불모지가 된 계단식 논을 되살리기도 했고, 메밀을 재배하기도 했다. 콩 농사에도 도전해 봤지만 별로 재미를 보지는 못했다.

손이 가는 만큼 보답이 돌아오는 것이 농사라고 한다. 조금씩이지만 농지를 개척해 나가면서 그의 인생도 개척된다. 저절로 생기가 살아난다. 숲 속에서는 그날그날 새로운 일이 있고, 정성을 다해 손을 보면 숲도 다시 살아난다. 주위의 산들이 시시각각 변하는 모습을 보는 하시모토의 눈도 어느새 도시의 불안한 삶이 씻겨 나가고 조금은 부드러워진 듯하다.

대기업 경력이
창업 성공을
보장하지는 않는다

"선배님, 증권회사에 취직하고 싶은데, 일본계 회사가 좋을지 외국계 회사가 좋을지 선택하기가 쉽지 않네요. 우선은 일본계 회사에 들어가 실력을 쌓고 나서 외국계 회사로 옮길까 싶은데, 괜찮을까요?"

외국계 증권회사에서 잘나가는 애널리스트로 주가를 날리던 나가이 도루(51세)에게 어느 날 취업을 준비하고 있던 후배가 찾아와 물었다. 이런 고민을 하는 젊은이들이 의외로 많았다.

"오케이! 그렇지만 자네는 3년 뒤에도 똑같은 이야기를 하고 있을 거야. 좀 더 실력이 쌓이면 외국계로 이직하겠다고. 하지만 5년 뒤, 10년 뒤에도 마찬가지일걸."

박수칠 때 떠나라

나가이는 1989년 다이와증권에 입사해 증권 애널리스트로서 다이와종합연구소, 모건스탠리증권에서 승승장구했다. 1998~2002년에는 〈닛케이 금융신문〉, 〈인스티튜셔널 인베스터스〉 등의 애널리스트 랭킹에서 1위를 지켜오다 2003년 증권조사총괄본부장까지 올라갔다. 국내외 기관투자가들에게도 두터운 신뢰를 쌓아 왔다. 하지만 더 이상 올라갈 곳 없는 정상에서 그는 회사를 그만두고 독립하기로 결심했다.

물론 독립해 자신의 능력을 시험해 보고 싶다는 생각을 갖게 된 것은 오래전의 일이다. 편한 직장에서 안정적인 인생을 보내고 싶지 않다는 생각에 증권회사를 선택했는데, 정신을 차려 보니 어느새 사십 대 중반을 지나고 있었다.

"중학생인 아들에게 아빠는 인생의 승부를 걸고 있다는 말을 할 수가 없다는 생각에 자괴감을 느끼곤 했지요."

나가이는 그때를 떠올리며 씁쓸하게 웃는다.

퇴사하고 자기 사업을 시작하는 쪽으로 마음이 기울고는 있었지만, 승산을 확신할 수도 없었다. 무슨 일을 할 수 있을까? 어떻게 하면 돈을 벌 수 있을까? 생각은 정리되지 않았고, 그렇게 하루하루가 흘러갔다.

그때 문득 후배들에게 들려주었던 충고가 떠올랐다. 다른 사람들에게는 쉽게 이야기하고 다녔으면서도 정작 자신에게는 적용하지 않았다는 생각이 들었다.

나가이도 서른세 살 때 다이와증권에서 모건스탠리로 이직했다.

영어 실력은 형편없었지만, 써야 할 일이 생기니 필사적으로 익혔다고 한다.

새로운 단계로 나아가기 위해 먼저 만반의 준비를 하고 흔들리지 않을 자신감을 가져야 한다고 생각하면, 그때는 영원히 오지 않는다. 생각만 한다고 완전한 답을 찾을 수 있는 것도 아니다. 이러니저러니 고민할 시간이 있으면, 우선 시작하자. 그러고 나서 생각하자. 이렇게 결론을 내린 나가이는 마침내 안전한 회사의 울타리를 넘어 새로운 세상으로 첫발을 뗐다.

텅 빈 스케줄표를 들여다보던 나날

회사를 차린 나가이는 몇 달 동안 텅 빈 스케줄표만 쳐다보면서 지냈다.

"사무실을 열고 첫날 회계 소프트웨어를 사서 PL(손익계산서)과 BS(대차대조표)를 만들었습니다. 애널리스트였으니 어려운 일도 아니었죠. 그렇지만 일이 없으니 매출을 계상할 수가 없었어요. 영업 활동을 하겠다고 사람들을 만나고 다니며 접대한 경비만 기록할 뿐이었죠. 그렇더라도 뭔가 하고 있으면 그동안만큼은 텅 빈 스케줄표를 잊을 수 있었어요. 그 정도로 일이 없었죠. 정말 초조했답니다."

그렇게 몇 달이 지나고 보니 괜히 회사를 그만둔 건 아닌가, 하는 불안감이 밀려왔다. 하지만 나가이가 회사를 그만둔 데는 확고한 이유가 있었다. 증권맨으로서 이미 더 이상 할 것이 없을 정도로 높은 수준의 일까지 해냈기 때문에 더 머물러 있어 봐야 정체될 일밖에 없다고 판단했던 것이다.

증권조사총괄본부장에 취임했을 때, 나가이는 경영관리의 열매를 맛보는 기한은 5년이라고 공언했다.

"5년 넘게 하면 벌거벗은 임금님처럼 되어 버린다고 생각했습니다. 5년 동안이야 경기 감각을 잃지 않고 시행착오를 거치며, 필사적으로 벤치에서 지휘봉을 휘두를 수도 있겠죠. 하지만 그 이상 근무하면, 경기 감각이 둔해지고 있다는 것도 깨닫지 못한 채 무엇을 해야 할지 판단할 수 없을 때가 온다고 확신했어요."

마음속으로 기한을 정해 놓고 취임한 경영관리 업무는 나가이가 예상했던 대로 갈등이 많았다. 그가 회사를 위해 좋다고 생각하는 것과 회사가 그때그때의 흐름에 맞춰 선택한 길이 반드시 일치하는 것은 아니었다. 관리직에 있는 사람이라면 누구나 그러한 갈등에 직면할 수밖에 없다. 그렇다 보니 신념에 충실하기보다는 회사의 방침을 부하 직원들에게 전달하는 편이 관리직에 손쉽게 적응하는 방법인지도 모른다. 그렇지만 축구 경기에 비유하자면 오랜 세월 선발 명단의 주전 선수로 시합에 계속 출전해 온 나가이는 그런 타입의 일에는 맞지 않는 사람이었다.

시행착오와 모색의 나날

일이 없다고 언제까지나 손을 놓고 있을 수만은 없었다. 나가이는 우선 부동산 투자에 손을 댔다. 잠시 주식의 세계에서 벗어나 있고 싶기도 했고, 무엇보다 본업으로 차려 놓은 컨설팅 사업이 궤도에 오를 때까지는 적은 수입이라도 있어야 할 것 같았기 때문이다. 주거용 건물에 투자해 임대 수입을 얻을 생각이었다.

하지만 실적이 좋았다고는 할 수 없었다. 당연한 이야기겠지만, 부동산 역시 프로들이 격전을 벌이는 세계다. 초심자가 좋은 물건을 확보하기도 어려울뿐더러 한 건당 투자 금액이 커서 리스크를 분산하기도 쉽지 않았다. 그렇다고 투자 물건의 수를 늘리자니 갓 출범한 회사에 융자를 해줄 은행을 찾기도 어려웠다.

나가이는 그다음으로 주식 입문서 출판으로 눈을 돌렸다. 창업을 준비하는 사람들에게 전문가들이 가장 많이 권유하는 것이 자신의 책을 내라는 것이다. 책을 써서 출간하면 신용도가 올라가고, 자연스레 영업 활동도 원활해지기 때문이다. 나가이도 개인투자가를 대상으로 주식 입문서를 기획해 출판사를 돌아다녔다.

그러나 리먼브라더스 사태가 터진 직후였기 때문에 개인투자가들의 투자 의욕이 찬물을 맞은 듯 완전히 식어 버렸고, 출판사들도 좀처럼 달려들지 않았다. 어찌어찌 두 권을 내긴 했지만, 주식시장의 침체가 길어지다 보니 기대했던 만큼 주목을 받지는 못했다. 다행히 TV 출연과 신문·잡지 기고는 계속했는데, 그것만으로는 먹고살 만큼의 수입을 기대할 수 없었다.

활로를 찾기 위해 고군분투하며 의기소침해 있던 어느 날, 나가이는 먼저 독립해 사업을 꾸려 가고 있는 지인을 찾아가 하소연을 했다.

"아무리 발 벗고 뛰어도 좀처럼 활로를 찾을 수가 없습니다. 계속이 일을 해도 될지, 요즘은 통 자신이 없어요."

"회사를 시작한 지 이제 겨우 일 년밖에 되지 않았잖아. 그 정도 했다고 해서 결과가 나오지는 않네. 지금은 자기를 팔고, 테스트를 받는 기간이지. 수많은 고객들을 만난다고 해도, 거기서 자네에게 관심을 보이는 사람이 몇이나 될 것 같은가? 혹여 관심을 보이는 고객이 10명 있다고 해도, 그중에서 일감을 주는 사람은 두 명밖에 안 된다네. 그중에서도 계속해서 비즈니스 파트너가 되는 사람은 채 절반도 안 되지. 너무 조급해하지 말게나."

지인의 말을 듣고 곰곰이 생각해 보니, 나가이의 마음도 한결 가벼워졌다. 지금 그는 창업할 때 벗어나려고 했던 주식의 세계로 돌아오고 있다. 상장 기업을 대상으로 기업 전략이나 투자자에 대한 기업 홍보활동(IR: Investor Relations), 경영계획 컨설팅 업무를 수주하고, 자금 조달이나 M&A의 투자자문(Financial Adviser) 일도 한다. 주식이나 IR, 경영전략에 관해 강연을 하기도 하고, 기업 연수 프로그램에 가서 강의를 하기도 한다.

20만 엔을 번다는 것은 얼마나 어려운 일인가

제대로 알아보지도 않고 사장이나 한번 해볼까 하는 가벼운 마음으로 독립을 결심했지만, 나가이는 곧 회사라는 울타리가 얼마나 혜택받은 환경이었는지를 뼈아프게 깨달았다. 회사에 다닐 때는 신칸센을 타든 비행기를 타든 별다른 생각이 없었다. 그러나 독립을 하고 보니 사무실 임대료나 통신비, 접대비는 물론 출퇴근 교통비나 명함 인쇄비까지 모두 자신의 지갑에서 나갔다.

애널리스트로서 아무리 명성을 날렸다고 해도, 경영 컨설팅 분야에서는 그저 얼굴 한 번 더 쳐다보고 마는 정도일 뿐이었다. 회계 소프트웨어로 매달 결산 보고서를 만들어 보면 적자를 면치 못했다. 그 와중에도 목돈이 들어오는 건 아이러니하게도 실패했다고 평가

했던 부동산 투자 쪽이었다.

"20만 엔의 현금 수입이 얼마나 대단한지 예전에는 정말 몰랐습니다. 대기업 회사원이 보기에 20만 엔이면 신입사원 월급 정도에 불과할 겁니다. 40~50대 중견 사원들에게는 눈에도 들어오지 않는 돈일 수도 있고요. 그렇지만 그들이 돈을 버는 힘은 제조 부문이나 판매 부문, 지원 부서를 비롯한 회사 전체의 힘에서 나오는 것이죠. 하지만 맨손뿐인 개인이 20만 엔을 버는 건 어떨까요?"

회사에서 쌓은 기술과 지식 역시 마찬가지다. 독립한 뒤의 비즈니스에서 빼놓고 생각할 수 없는 '종잣돈'인 것만은 틀림없다. 그러나 회사원으로서 쌓은 실적이 곧 독립 후의 신용, 또는 시장가치로 직결된다고만은 볼 수 없다. 회사라는 조직은 대체로 개인보다는 회사를 상대할 때 안심할 수 있기 때문이다. 일단 회사를 떠난 개인은 회사원 시절의 신용이 원점으로 되돌아가는 셈이다. 다시 신뢰 관계를 맺거나 새로운 고객에게 신뢰를 얻어야만 한다.

나가이는 창업하고 나서 얼마 지나지 않아서부터 발상을 바꾸게 되었다고 한다. '고객들이 돈을 쓰게 하려면 어떻게 해야 할까?' 회사원 시절, 특히 관리직에 있던 시절에는 거의 모든 의사 결정을 본인이 내렸고, 부하 직원들은 그의 결정대로 움직였다. 그러나 창업하고 나서는 달랐다. 고객은 그가 바라는 대로 움직여 주지 않는다는 것을 뼈저리게 느꼈다. 그에게는 아주 중요한 제안서를 건넸다고 해도, 그 제안서는 고객들의 내부 검토 후에 쓰레기통으로 직행했을지도 모른다.

"내가 당신에게 도움이 되는 것을 제공할 수 있다는 것은 오만한 생각입니다. 그도 그럴 것이, 도움이 되는지를 판단하는 것은 고객이기 때문이죠. 나의 강점을 판단하는 것도 고객입니다. 실은 나는 영업만큼 못하고 힘든 것이 없는데, 주위에서는 '나가이 씨는 참 즐겁게 영업을 하네요'라는 말을 자주 해요. 인식의 갭이 너무 커서 현기증이 날 정도입니다. 그 정도로 자신의 평가와 타인의 평가는 달라요. 그러한 격차를 좁혀 나가면서 상대방에게 조금씩 신뢰를 얻는 것이죠. 개인이 일을 얻는다는 건 바로 그런 거라고 생각합니다."

고액 연봉을 차버린 것에 후회는 없다

외국계 증권회사에서 받았던 높은 연봉이 나가이가 창업하는 데 이점으로 작용한 것은 분명하다. 주택대출금을 전부 갚았고, 저축을 밑천으로 투자한 부동산이 일정한 현금 수입을 가져다준다. 현재 그의 연수입은 평균적인 직장인보다는 많지만 증권회사 시절과는 비교할 수 없을 만큼 격감했다.

"생활수준을 대폭 조정했지요. 그렇게 하지 않으면 파산하니까……"라며 웃는 나가이는 고액 연봉을 포기한 것에 후회는 없다고 말한다. "뭐니 뭐니 해도 자유롭습니다. 게다가 아빠는 승부를 걸고 있다고 아들에게 자랑할 수 있거든요."

자기 인생의 주인이 되는 삶은 생각만큼 간단하지 않다. 회사원의 안정된 수입과 사회적 지위를 포기할 각오를 해야 한다. 회사의 간판과 직위가 없는 벌거벗은 개인으로서 살아가는 삶이 무력하게 느껴질 수도 있다. 그러나 잃는 것이 있으면 얻는 것도 있는 법. 나가이가 독립을 해보고 난 뒤 후배들에게 건네는 한마디 충고에는 풍찬노

숙의 세월에서 우러나오는 무게가 실려 있다.

"자신의 길을 스스로 결정할 수 있는 자유는 인생에서 그 무엇보다 소중합니다. 그 가치를 높이 평가하는 사람만이 독립할 자격이 있지요."

족보 공부 취미를
직업으로 전환하다

미국 경제가 리먼브라더스 사태로 한창 몸살을 앓고 있던 2008년 늦은 가을날, 토머스 맥엔티(50세)는 뜻하지 않게 실직자가 되었다. 다니던 회사가 구조조정에 들어갔기 때문이다. 대학에서 미술사를 전공하고 세계적인 법률회사 여러 곳을 거치며 수십 년 동안 성공가도를 달려왔지만, 회사 밖으로 내몰린 그는 무엇을 해야 할지 막막하기만 했다.

며칠간 집 안에만 틀어박혀 있던 토머스는 그동안 취미 삼아 연구해 온 족보에 몰두하기 시작했다. 어차피 남는 것이 시간이었다. 평생직장이라고 생각했던 곳에서 하루아침에 밀려나고 보니 자신의 삶이 뿌리째 흔들린다는 느낌이 들었고, 자연스럽게 집안 내력과 조상들에 대한 궁금증이 커지기도 했다. 그의 마음속에서 진정한 뿌리를 찾고 싶다는 욕구가 커져 갔다.

취미가 사업이 되다

어느 날 TV를 보며 무심코 채널을 돌리던 토머스는 PBS에서 방영하기 시작한 시리즈 프로그램 〈로드쇼, 조상을 찾아서〉를 보고는 손을 멈췄다. 샌프란시스코, 디트로이트 등 주요 지역을 돌며 주민들의 집안 내력이나 조상에 대한 궁금증을 족보학 전문가들의 상담을 통해 풀어 주는 프로그램이었다.

토머스는 기회가 찾아왔다고 생각했다. NBC에서도 명사들의 가계에 초점을 맞춘 프로그램 〈당신이 누구라고 생각하나요〉가 인기를 끌고 있었다. 게다가 족보학자들을 위한 소프트웨어와 웹사이트가 급증하고 있었고, 인터넷에서는 족보 커뮤니티가 빠른 속도로 성장하고 있었다.

한가한 노인들의 취미로만 인식되어 왔던 '조상 찾기'가 온라인 기술의 발전과 만나 빠른 속도로 성장하리라고 생각한 토머스는, 최신 기술과 SNS를 전공한 족보학 전문가가 되면 이 변화의 동력에서 수입 창출의 기회를 잡을 수 있으리라고 확신했다.

바로 행동에 들어간 토머스는 보스턴 대학의 온라인 족보 연구 자격증 프로그램에 등록했다. 매주 30시간의 과제를 해야 하는 16주 속성 강좌였다.

"공부해야 할 양이 엄청났지만, 그만한 가치가 있었습니다. 자격증을 취득했고, 그 덕분에 전문가로서 신뢰를 얻게 되었으니까요. 나는 새로운 분야에서 단연 앞서가고 있었어요."

교실 밖으로 나온 토머스는 족보 커뮤니티에서 적극적으로 활동했다. 블로그에 댓글을 달기도 했고, 권위자들을 찾아가 조언을 구하기도 했으며, 족보 전문 협회에도 가입했다.

토머스는 배우면 배울수록 전문 지식을 나눠 주는 것이 수월해졌다. 취미로 시작해 전문 직업인으로 바뀐 지 4년이 지난 지금, 그는 멘토를 찾아다니던 처지에서 사람들이 열심히 배우러 찾아오는 전문가의 위치로 올라섰다.

수입은 줄어들었지만, 열정이 있어 행복하다

컨퍼런스에 가서 무료로 강연했던 토머스는 이제 돈을 받고 강연을 한다. 웹사이트도 2개를 개설했는데, 그곳에서는 충성스러운 추종 세력이 늘어나고 있다. 첫 번째 사이트인 'Geneabloggers'에서는 족보 블로거와 그들의 팬을 위한 뉴스와 조언을 제공하고, 'High-Definition Genealogy'에서는 시장조사, 컨설팅, 교육과 같은 서비스를 판매한다.

토머스는 또 트위터와 페이스북에서도 적극적으로 활동해 왔는데, SNS에서 그의 인기는 점점 높아지고 있다. 요즘 그의 수입은 세 가지로 나뉜다. 50퍼센트는 족보 시장에 참여하려는 기업들에 대한 컨설팅에서 들어오는 수입, 30퍼센트는 강연 수입, 20퍼센트는 족보 잡지나 웹사이트에 기고하는 원고료 수입이다.

아직은 법률회사에 근무할 때의 수입에는 비할 바가 못 되지만, 토머스는 2년 안에 그 수준에 이를 것으로 내다보고 있다. 그는 전혀 개의치 않는다는 듯 어깨를 으쓱하며 말한다.

"현재 수입에 맞춰 생활수준을 조정해야 했지만, 내 열정이 이끄는 길로 가고 있고 또 내 사업을 하고 있으니 나는 지금 더할 수 없이 행복합니다."

족보 사업 창업에 필요한 4가지

족보학은 지금 미국에서 원예 다음으로 가장 선호하는 취미로 떠올랐다. 족보에 관심이 있고, 족보학을 인생 2막의 사업으로 하고 싶은 사람을 위해 조언을 부탁하자 토머스는 다음의 네 가지 원칙을 제시했다. 족보학이 아니더라도 귀담아들을 만한 충고다.

첫째, 개척 이주민처럼 행동하라. 토머스의 선조들이 낯선 땅으로 이주해 왔을 때, 그들은 좋은 이웃이 되기 위해 열심히 일했다. 당신도 그렇게 해야 한다. 이를테면 족보학 협회에 가입하는 건 어떨까. 이 분야의 사람들과 온라인으로 제휴를 하는 것이다. 업계 컨퍼런스에 참석하는 것도 좋은 방법이다. 그리고 당신의 분야에서 만나는 사람들과 기꺼이 지식과 통찰력을 나눠라. 그렇게 하면 나눠 준 것의 열 배가 당신에게 돌아온다.

둘째, 질문하기를 두려워하지 말라. 족보학자들은 기본적으로 연구자들이다. 족보학의 세계에 대해 당신보다 더 많이 아는 사람에게 이메일을 보내 정중하게 조언을 구하라.

셋째, 수입을 더 올릴 수 있는 방법을 찾아라. 토머스는 '아이디어 주차장'이라는 것을 만들어 활용하고 있다. 그가 찾은 유용한 자료나 전략을 메모해 두는 곳이다. 그는 누가 멋진 것을 하고 있는 것을 보면 그것을 기록해 두고 자기 식으로 변형해 사용한다.

넷째, 장기적인 전략을 세워라. 취미를 직업으로 전환할 수는 있다. 그러나 스위치만 딸깍 올린다고 저절로 성공이 눈앞에 오는 것은 아니다. 열심히 일할 준비가 되어 있어야 한다.

섬과 도시를
연결한
커뮤니티 비즈니스

"조후 시(調布市)를 활성화할 좋은 방법이 없을까? 흠, 조후 시의 명물이라면 뭐가 있을까?"

"글쎄요, 메밀국수로 유명한 사찰 진다이지가 있고……."

"자연 풍광이 아름다운 노가와도 있지."

'그 정도가 다인가……'

지역의 명물을 만들어 고향을 활성화하다

2012년 12월 조촐한 송년회 자리. 마루타 다카아키(63세)와 이시하라(45세)는 자신들의 고향 도쿄 도 조후 시를 활성화할 방안에 골몰하고 있었다. 마루타는 정년 퇴직 후 제2의 인생을 찾아 참석한 지역 데뷔 환영회에서 이시하라를 처음 만났다. 이시하라는 지역의 과제를 비즈니스 형태로 해결하는 커뮤니티 비즈니스의 지원 단체, '조후 시 AT HOME'의 대표로 마침 시니어의 지역 데뷔 환영회에 참석했다.

이시하라와 함께 머리를 맞대고 지역의 명물을 고민하던 마루타의 머릿속을 스쳐 지나가는 것이 있었다.

'아 맞아, 조후에는 비행장이 있었지!'

대기업 여행사인 JTB에서 정년퇴직한 그는 지역의 자산인 조후 비행장에 주목했다. JTB 시절, 컴퓨터 예약 시스템 도입 담당자로서 몇 번이나 다녔던 이즈쇼토(伊豆諸島). 그 이즈쇼토의 섬들은 조후 시에서 비행기로 25~45분 거리에 있다. 아침에 갓 잡은 생선을 비행기로 운반하면 바로 그날 시내의 음식점에서 맛볼 수 있다.

"조후비행장을 이용하면, 빨리 상해서 섬 바깥으로 출하하기 어려웠던 명물인 갈고등어도 조후 시 음식점에서 생선회로 먹을 수 있게 될 거야."

취미인 바다낚시를 하러 매년 이즈오시마에 갔었던 이시하라도, 그곳에서 맛본 식재료의 기억이 떠올라 입맛을 다시며 말했다.

"이즈오시마(伊豆大島)의 신선초도 있지요. 이즈쇼토의 섬들과 우리 조후 시를 비행기로 연결할 수만 있다면, 조후 시 활성화에 한몫 단단히 하겠군요."

마루타와 이시하라는 그 자리에서 의기투합했다. 그렇게 '조후 아일랜드'가 탄생했다. 프로젝트 이름에 '아일랜드'라는 말을 넣은 것은, 조후에 이즈쇼토의 식재료를 운송해 이즈쇼토의 일곱 섬에 이은 여덟 번째의 섬으로 만들겠다는 생각에서였다.

마루타는 2011년 가을에 시내 음식점을 돌아다니며 시험적으로 거래할 곳을 뚫고, 2012년 일반 사단법인 '조후 아일랜드'를 설립했다. 그리고 오전 10시까지 조후 시의 농산물 직매장인 '조후의 채소밭'에 그 지역의 채소와 함께 이즈오시마에서 채취한 '신선초(神仙草)'를 진열했다. 시식용으로 조미료를 친 채소를 내놓았는데, 고객들은 "맛있네!"라고 입을 모았고 준비한 3킬로그램의 신선초는 한 시간도 지나지 않아 동이 났다.

인기 비결은 신선함이다. 이즈오시마산 신선초는 보통 배로 운반되기 때문에, 가게에 진열되는 것은 수확하고 사나흘이 지난 다음이다. 하지만 여기에 내놓은 것은 전날 알맞게 먹을 때를 골라 수확된 신선초였다.

섬의 신선한 식재료를 비행기로 운반하다

말을 먼저 꺼낸 마루타 본인도 '설마 실현될 수 있을까' 싶었다는 술자리에서의 아이디어. 마루타만큼이나 할 의욕이 생긴 이시하라와 둘이 중심이 되어 일이 성사되도록 분주하게 뛰어다녔다. 수요가 있는지 상담을 하러 들른 지역의 음식점에서는 썩 좋은 반응이 돌아왔다.

"후쿠오카에서 공수해 오는 생선이 가게에 도착하는 것이 오후 3시, 그때까지는 메뉴를 확정할 수 없기 때문에 힘들어요. 하지만 오전 중에 생선이 도착한다면 그쪽 것을 사용하겠습니다."

재빨리 납품이 가능한지 알아보기 시작했다. 신선초를 공급해 주는 재배 농가는 곧 정해졌다. 하지만 니지마(新島) 수협의 반응이 차가왔다.

"생선을 유통할 수 있는 건 수협뿐입니다. 비전문가는 다룰 수 없어요."

끈질기게 달라붙어서 마침내 수협 이사를 만나서 호소했다.

"장사를 하려는 게 아니에요. 조후를 부흥시키고 싶은 것이죠. 니지마 생선의 브랜드를 알리는 데도 분명 도움이 될 겁니다."

조후비행장은 조후 시의 자산일 뿐 아니라, 실은 니지마에도 중요한 인프라였다. 중병에 걸렸거나 심각한 부상을 입었을 때는 비행기로 조후비행장을 경유해 큰 병원으로 이송한다고 한다. 수협 이사가 "언제나 조후에는 신세를 지고 있다"고 선뜻 허락해 주어 프로젝트의 물꼬가 트였다.

납품하는 음식점은 점점 늘어나 현재 20여 곳으로 늘었고, 2012년의 물 좋은 생선과 채소의 거래 금액은 400만 엔이나 되었다. 마루타는 사업 가능성이 충분하다고 판단하고 있다. 2년째인 2013년의 목표는 거래 금액을 두 배로 늘리는 것, 그리고 조후 사람들에게 이즈쇼토의 식재료가 맛있다는 것을 좀 더 널리 알리는 것이다. 평판이 입소문으로 퍼져 나가면, 새로운 명물이 되는 길이 열릴 것이다.

"바다가 없는 조후에서, 수산시장이 있는 쓰키지에서보다 더 신선한 생선을 먹을 수 있습니다. 이 즐거움을 널리 알리고 싶어요."

마루타는 자신이 직접 고향의 명물을 만들어 가고 있다는 보람에 인생 2막의 의욕을 불태우고 있다.

휴양 숙박 시설을
운영하는
은퇴 부부

퇴근하고 불 꺼진 집으로 돌아와 소파에 털썩 주저앉은 댄 잭슨
은 텅 빈 거실을 둘러보았다. 비록 불을 켜긴 했지만 오늘따라 마음
이 허전하기만 했다. 노후의 꿈을 위해 아내 게일과 헤어져 지낸 지
어느새 1년이 다 되었다. 테이블 위 사진 속에서 웃고 있는 아내를
보며 전화기를 집어든 댄은 그래도 힘을 내보자며 애써 웃음을 짓고
깊이 숨을 들이마셨다.

바닷가에서 사는 꿈을 품다

젊은 시절 고향의 해변가에서 만난 댄 (60세)과 게일(62세)은 첫눈
에 반해 짧은 연애 끝에 결혼했다. 그들의 꿈은 언젠가 바닷가로 돌
아가 사는 것이었다.

1980년대에 잭슨 부부는 발트헤드 섬으로 여행을 갔다가 그곳의 매력에 흠뻑 빠져들었다. 발트헤드는 사우스캐롤라이나의 머틀비치에서 북동쪽으로 100킬로미터쯤 떨어진 조용한 섬이었다. 육지와는 페리로만 오갈 수 있으며, 섬 안에서 몰 수 있는 차량은 골프 카트가 유일했다.

1990년대에 자녀들이 집을 떠나 독립하자 댄과 게일 부부만 남게 되었다. 때마침 업계가 불황에 빠지자 부부는 자기들이 가장 좋아하는 섬으로 이사할 계획을 세웠다. 댄은 섬유회사의 임원이었고, 아내 게일은 항공사의 고객 서비스 관리자였다. 그들의 계획은 부동산 공인중개사 자격증을 취득해 노스캐롤라이나 해변 휴양지에서 부동산 중개업을 시작한다는 것이었다.

처음 계획대로 일이 매끄럽게 풀리지는 않았다. 2000년에 자격증을 취득한 댄은 3년 뒤 발트헤드 인근의 사우스포트로 이사를 갔다. 거기서 그는 섬의 부동산을 취급하는 회사에 일자리를 구했다.

하지만 아내 게일은 발트헤드 섬과 45분 거리에 있는 윌밍턴의 유에스(US) 항공사에 그대로 남아 있었다. 둘은 게일이 공인중개사 자격증을 따고 항공사에서 은퇴한 2004년까지 1년 동안 떨어져 살았다. 그리고 그들은 발트헤드 섬으로 완전히 이사를 가서 꿈의 기회를 잡았다. 즉, 섬에서 휴양지를 관리하는 작은 회사를 인수했다.

댄이 근무했던 부동산 회사는 섬에서 여덟 곳의 휴가용 임대 숙박 시설을 관리하는 자회사를 소유하고 있었다. 회사는 댄이 그 부동산 관리 업무를 맡는 데 동의했고, 얼마 뒤에는 그 자회사를 댄이 인수하는 데에도 동의했다. 타이밍이 딱 맞아떨어졌다.

함께 일하는 부부의 새로운 삶

발트헤드는 주민이 채 200명도 되지 않는 조그마한 섬이다. 섬의 부동산 소유주들은 자기들이 신뢰하는 이웃에게 숙박 시설을 맡기고 싶어 했다. 잭슨 부부는 그 일을 맡기기에는 안성맞춤인 이웃이었다.

잭슨 부부는 그 시설들을 마케팅하고, 임차인을 찾아서 계약을 처리하고, 청소 및 유지 관리 직원들을 감독한다. 뜻밖에도 부부가 이전 직업에서 습득한 몇 가지 기술, 이를테면 관리, 고객 서비스, 회계 등이 지금의 사업 성공에 큰 도움이 되었다.

이제 그들은 사업을 세 배 이상 키워 40~45개의 숙박 시설을 관리하고 있다. 부부는 운영부장으로 근무하는 아들 셰인에게 장차 사업을 맡길 생각을 하고 있다.

비수기 동안에는 오전에 잠깐 사무실에 들러 일을 보다 골프장에서 운동을 하고 점심을 먹으러 간다. 그리고 조금 더 일하고 나서는 멋진 해안가 풍경을 보면서 집으로 돌아온다. 가끔 보트를 운전해서 이웃 마을로 저녁 식사를 하러 간다.

봄이 돌아오면, 그들은 또 손님 맞을 준비를 하고 시설을 대여하는 일에 열정적으로 뛰어든다. 6, 7, 8월의 여름 성수기에는 하루에 14시간 이상을 정신없이 일한다. 댄은 말한다.

"우리는 완전히 은퇴하고 싶지는 않아요. 정말 즐길 수 있고 돈도 벌 수 있는 일을 할 수 있어 행운이지요. 우리는 그 어느 때보다 즐겁게 일하고 있습니다."

게일이 한마디 거든다.

"그만둘 이유가 없죠."

예비 부부 창업가들을 위한 3가지 조언

부부가 함께 인생 2막을 시작하고자 하는 이들에게 잭슨 부부는 다음과 같은 조언을 한다.

첫째, 부부가 함께 일할 수 있는지를 냉정하게 평가하라. 댄과 게일은 모든 부부가 함께 일할 수 있는 것은 아니라는 점을 강조한다. 24시간 함께 일하는 것이 맞지 않는 부부가 같은 일을 하게 되면 결국 서로가 어려워지는 순간이 오게 마련이다. 다행히 그들은 하루종일 함께 일하고 저녁에 함께 퇴근하는 데 전혀 문제가 없었다.

둘째, 설령 계획대로 일이 진행되지 않는다고 해도 꿈을 잃지 말고 계속 나아가라. 잭슨 부부가 가장 어려웠던 시기는 둘이 떨어져 살아야 했을 때였다. 하지만 그들은 자신들의 최종 목표를 포기하지 않았기 때문에 다시 합쳐 함께 일할 수 있었다.

셋째, 전력투구하라. 대개 은퇴를 앞둔 이들은 자녀들이 모두 성장했기 때문에, 돈을 벌기 위해 미친 듯이 일해야 한다는 압박감을 느끼지 않는다. 그러나 은퇴 이후의 삶에서 어정쩡하게 해서는 아무것도 성공할 수 없다.

유아 보행 보조기
사업을 창업한
남성복 판매원

급여명세서를 받아든 제프리 내시는 절로 한숨이 나왔다. 불과 몇 년 전까지 일 년에 9만 달러를 벌었을 뿐만 아니라, 최고 영업사원으로 뽑히기도 했는데, 불황이 깊어지면서 급여가 급전직하해 6만 5000달러로까지 떨어졌다. 오랜 영업 활동으로 충성스러운 고객을 적지 않게 확보했지만, 실적이 부진한 동료들에게 고객을 밀어주기 시작했기 때문이었다.

판매 실적이 줄어들면서 수수료 수입도 줄어드는 것을 제프리는 그저 지켜볼 수밖에 없었다. 문제는 하강 곡선이 아직 끝나지 않았다는 데 있었다. 불황이 길어지면서 소비자들은 더욱 신중해질 것이고, 소득은 곧 더욱더 떨어질 것이 분명했다.

'나는 이제 운이 다했어. 새로운 길을 찾아내야 해!'

기울어 가는 배에서 뛰어내리다

15년 동안 라스베이거스의 유통점에서 남성 의류를 판매해 온 제프리는 이대로 세월만 보내다 보면 결국 생활을 유지할 수 없는 지경에 이르게 될 것이라고 생각했다. 그 무렵 그는 '자피'라는 독특한 유아 보행 보조기를 발명했다. 유아들이 더욱 안전하고 자신 있게 걷는 법을 배울 수 있도록 포대기와 띠로 만든 보행 보조기였다.

제프리는 승부수를 던졌다.

"이미 그전에 특허 변호사를 찾아가 특허 출원을 해놓았습니다. 그리고 주변 사람들에게 성공 가능성을 타진해 보기 위해 3주간 휴가를 냈지요."

제프리는 자피를 들고 사람들을 찾아다녔다.

아버지의 반응. "글쎄다. 이런 게 없어도 조금만 지나면 잘 걸어다닐 아기들한테 이런 게 쓸모가 있을지 모르겠구나."

친구들의 반응. "이걸 쓰면 오히려 걸음마가 늦어지지 않을까? 넘어지기도 하면서 배우는 게 좋지 않나."

사람들의 반응은 한결같이 부정적이었지만, 제프리는 흔들리지 않고 LA와 샌디에이고로 차를 몰고 가서 트렁크에 싣고 온 자피를 팔기도 하고 TV에도 출연해 3주간의 휴가 기간에 1만 2000달러의 제품을 판매했다. 그리고 회사로 돌아가지 않고 바로 사업을 시작했다. 그는 저축해 둔 3만 5000달러와 아버지와 친구들에게 빌린 9000달러를 투자해 중국에서 자피를 제작했다.

"직업 전환은 간단했어요. 기울어 가는 배라는 것을 알면서도 과거의 직업에 머물렀다면 결국 나는 패배자가 되었을 겁니다. 나는 이미 끝을 향해 달려가고 있었고, 당장 큰 변화가 필요한 시점이었어요. 나는 수십만 달러의 소득이 필요했지요. 그렇게 하려면 위험, 그것도 크나큰 위험을 감수해야 한다는 건 각오하고 있었습니다."

본격적인 사업을 하기 위해 그는 집을 시세보다 헐값인 20만 달러에 팔고 임대 주택으로 들어갔다.

"렉서스 자동차를 타고 다녔지만, 그것도 팔아 버렸죠."

그는 2년 반 만에 50만 달러의 제품을 판매해 20만 달러의 순수익을 냈다. 연평균으로는 8만 달러였다. 이제 사업이 궤도에 올랐다고 생각한 그는, 익숙한 곳에서 미지의 세계로 성공적으로 도약한 자신을 자랑스러워한다.

"내 나이에 어떤 필요성을 깨닫고 그것을 해냈다는 것이 믿기지가 않아요. 지금은 밀려 들어오는 주문을 따라잡기도 벅찰 정도예요. 수요가 그렇게 많답니다."

물류 전문가에서
친환경 종이포장 회사
창업가로

"물론 세상에는 창업가 양성 기관이 수도 없이 많지요. 하지만 한가하게 자기들 무용담이나 늘어놓는 곳이 대부분이에요. 나는 이런저런 경험을 많이 했지만, 내 사업체를 운영해 본 적은 없답니다. 그래서 노련한 전문가들, 그리고 나와 생각이 비슷한 환경주의자들에게서 실질적이고도 직접적인 멘토링을 받을 수 있는 곳을 찾고 있었죠. 벤처 그린하우스가 바로 그런 곳이에요."

폴 테이스너는 벤처 그린하우스를 찾은 이유를 간단하게 설명했다. 벤처 그린하우스는 이름에서도 짐작할 수 있듯이, 캘리포니아 산라파엘에 있는 도미니컨 대학의 사회 환경 창업가 양성 기관이다.

30년 백전노장, 친환경 포장재 회사를 창업하다

2010년, 오십 대에 접어들고도 몇 년이 더 지났다는 생각이 들자 폴 테이스너는 더 늦기 전에 창업을 하기로 결심했다. 폴은 공급망 관리(Supply Chain Management) 분야에서 30년 넘게 일해 왔다. 신생 기업에서부터 〈포춘(Fortune)〉지 선정 100대 기업에 이르기까지 여러 기업체에서 구매, 제조, 물류 업무 책임자 역할을 맡아 온 이른바 백전노장이다.

폴의 경력은 공급망 유지, 전략적 조달, 공급업체 관리에 집중되어 있었다. 펄프 제조업 분야에 인맥이 풍부했던 폴은 환경 보호를 기본 콘셉트로 이 분야에서 창업하기로 결정했다.

그래서 어렵사리 찾아간 곳이 그의 집 인근에 있는 벤처 그린하우스였다. 사업 파트너인 엘리나 올리버리를 만난 것도 그곳이었다. 엘리나와 함께 그린하우스에서 1년 동안 사업 아이디어를 다듬은 폴은 마침내 펄프웍스(Pulp Works) 사를 창업했다. 펄프웍스 사는 사용 후 버려지는 종이만을 사용해 포장 제품을 만드는 회사다. 이 포장재는 시간이 지나면 썩어 없어지는 친환경 제품이다. 천 년이 지나도 썩지 않는 플라스틱 포장 제품을 대체하여 환경을 보호할 수 있다.

제품 디자인에 집중하다

쓰레기를 재활용해 친환경적인 포장 제품으로 변환시킨다는 모토로 출범한 펄프웍스. 폴은 이 회사를 창업하며 사업 목적을 분명히 정했다. 그가 꿈꾸는 포장 디자인은 아름답거나 세련된 물건을 만드는 데 머물지 않고 우리 삶의 새로운 방식을 만드는 것이다. 그는 훌륭한 패키지 디자인이란 좋은 사업일 뿐 아니라 사람들이 세상을 경험하는 방식을 근본적으로 바꾸는 것임을 강조한다. 펄프웍스의 고객은 광범위한 산업 분야 즉 의료, 화학 부문의 소매업자, 제조업자, 유통업자를 비롯해 무려 5200억 달러의 규모에 이르는 전 세계적인 포장 산업을 아우르고 있다.

"초기에는 우리가 그 모든 것을 다 할 수 있을 거라고 생각했어요. 하지만 방향 전환이 많이 있었죠. 그린하우스에 있는 다른 사람들에게 피드백을 받아 본 결과, 직접 제조하는 것보다는 디자인과 공급에만 집중하는 편이 낫다는 것을 깨닫게 되었거든요."

현재 펄프웍스 사는 친환경 포장, 그린 건축, 도시의 일자리 창출이라는 세 가지 핵심 가치에 기반을 두고 기업을 대상으로 사업을 하고 있다.

쉰 살이 넘어 창업하는 사람들에게 폴은 이렇게 조언한다.

"과거의 업무 경험만 믿고 창업하면 잘할 것이라고 기대해서는 안됩니다. 기업을 직접 운영해 본 경험이 없는 사람이라면, 창업이란 완전히 새로운 영역이어서 새로 배워야 할 게 굉장히 많아요. 현역에 있을 때 관련 분야에서 일을 계속 해왔다고 해도 창업은 아주 힘들지요."

그린하우스 창업 인큐베이터에서 많은 것을 경험했지만, 폴은 다음 두 가지가 꼭 필요하다는 것을 배웠다고 말한다.

첫째, 당신의 고객이 누구인지 파악할 것.

둘째, 시장에서 자리를 잡을 것.

교육계에 헌신해 온
50대 여성,
'숲속학교'를 창업하다

　"콘크리트로 둘러싸인 도시 환경에서 자란 아이들은 숲이나 나무가 어우러진 자연 환경에서 살아 있는 교육을 받아야 합니다. 또래 친구들과 숲속에서 자연을 느끼며 학습하다 보면, 그리고 함께 머물 곳을 짓고 음식을 준비하는 등 팀 작업을 하며 경험을 공유하다 보면 배움에 재미를 느끼게 되고 서로 소통하는 법을 배울 수 있을 뿐 아니라 자연스럽게 자존감과 창의력, 상상력까지 기를 수 있습니다. 자연을 도구화하면서 배우게 되는 이러한 기술은 평생을 통해 개인을 변화시킬 겁니다."

　우연한 기회에 어느 숲속학교 운영자의 강연을 듣게 된 앨릭스 더글러스케인은 자신이 평생 경험하고 익혀 온 것들이 사업성과 사회적 의미를 겸비한 새로운 교육 사업에 최적화되어 있다는 깨달음을 얻었다. 보건안전 전문가, 걸스카우트 지도자, 교육자, 학교 운영회 이사 등 교육계 전반에서 다양한 일을 경험해 온 그녀는 어느새 오십 대 중반에 접어들었다는 생각에 인생 2막을 맞아 사회에 보탬이 되면서도 좀 더 지속적으로 해나갈 수 있는 일을 찾고 있던 참이었다.

'스콜라 포리스'와 '재미난 숲'

숲속에서의 배움이 어린아이들과 청소년들에게 어떤 경험을 선사할 수 있는지를 알게 된 앨릭스는 2009년 10월 바로 에딩턴홀 지역에 '스콜라 포리스(Schola Foris)'를 설립했다. 라틴어로 '야외 학교(School out of doors)'라는 뜻이었다. 이 교육 서비스는 숲속에서 가이드가 인솔하는 정기적인 수업을 통해 어린이들과 청소년들에게 자신감과 자존감을 개발할 수 있는 기회를 제공한다.

앨릭스는 이 사업에 관해 한마디로 이렇게 정리한다.

"실내에서 배울 수 있는 것은 야외에서도 배울 수 있다는 것이 우리 사업의 근본 원리예요. 게다가 야외 수업은 육체적·사회적·정신적으로 건강해진다는 장점도 있지요."

앨릭스의 교육 서비스는 출범하자마자 호평을 받았다. '스콜라 포리스'의 성공에 힘을 얻은 그녀는 어린이와 청소년, 교사, 또는 가족 단위로 온 참가자들에게 신선한 공기를 마시며 신나는 모험을 통해 마음껏 뛰어놀 수 있는 기회를 제공하기 위해 '스콜라 포리스' 안에 '재미난 숲(Wacky Woods)'이라는 브랜드를 만들었다. '재미난 숲'에는 학교 휴일 활동, 방과후 클럽, 가족의 날, 유아 그룹, 정규 토요 자연 클럽, 숲속 생일 파티 등의 프로그램이 있다.

공교육의 빈틈을 메우는 대안 교육, 숲속학교

숲속학교는 1927년 미국 위스콘신 주 포레스트 카운티의 로나 지역에서 시작된 개념으로 덴마크, 스웨덴 등을 거쳐 1990년대에 영국에 소개되었다. 유치원 때부터 숲속에서 놀면서 공부하는 것이 교실에서만 공부하는 것보다 아이들의 지적 발달에 도움이 될 뿐 아니라 신체적 건강과 정신적 건강에 도움이 되며, 특히 주의력결핍과 잉행동장애와 자폐를 겪고 있는 아이들에게 큰 효과가 있다는 사실이 알려지면서 숲속학교는 기존 공교육의 대안으로 각광받아 왔다. 2006년에는 영국에서만 140여 개의 단체가 활발히 활동하고 있다고 집계되었다.

그동안 3000명이 넘는 아이들이 앨릭스의 숲속학교에서 놀이와 배움의 소중한 시간을 가졌는데, 다시 방문하는 아이들의 비율이 상당할 정도로 '스콜라 포리스'는 숲속학교 중에서도 만족도가 높은 편이다. 앨릭스는 3명의 직원들과 함께 숲속학교를 운영하고 있으며, 더 많은 프로그램을 개발하기 위해 제2의 숲속 장소를 확보할 계획을 세우고 있다.

'스콜라 포리스' 덕분에 앨릭스는 성공적이면서도 신나는 교육 서비스를 창출하기 위해 자신이 평생 갈고닦아 온 기술을 세상에 의미 있는 방식으로 활용할 수 있었다. 그리하여 어린이와 가족들에게 야외 놀이와 배움을 통해 자연으로 돌아가는 사회적 장을 제공하는 한편 본인 스스로는 세상에 일익을 담당하고 있다는 보람을 느끼며 활기찬 인생 2막을 꾸려 나가고 있다.

SNS에서 새로운 길을 찾다

— 한국온오프마케팅연구소 소장 겸 대표강사 김성열 씨를 만나다 —

베이비붐 세대를 포함한 시니어들에게 이것저것 시간 때우기 식의 교육을 받지 말고 백 살까지 가는 아이템을 가지라고 말하는 김성열 소장은 학사·석사·박사, 남녀노소를 불문하고 똑같은 조건에서 출발하는 SNS에 길이 있다고 주장한다. SNS 교육과 창업 컨설팅으로 인생 이모작 강사로 명성을 높이고 있는 김 소장을 송파구 문정동의 가든5에 있는 사무실에서 만났다.

인생 후반에 어떻게 SNS 강사라는 새로운 일을 하게 되었나요?

온라인 마케팅을 전공하지는 않았지만, 강남에서 삼성전자 B2B 전문점을 10년간 운영하며 70억~80억씩 연매출을 올렸습니다. 당시에는 판매 활동이라면 발로 뛰는 오프라인 마케팅이 대부분이었죠. 2011년에 B2B 전문점을 그만두고 6개월 동안 뭔가 새로운 일을 찾으러 다녔는데, 그때 한국노인인력개발원에서 실시한

베이비부머 사회참여 교육과정 강의를 듣고 상담사 및 강사직 2기로 선발되었어요. 상담사가 될 생각으로 컨설팅을 하다가, 강사가 부족하다는 말에 3개월 교육받고 강사가 되었죠.

우연히 어렵지 않게 길이 열린 셈이에요. 그 뒤로 SNS, 소셜미디어 관련 서적을 15권 정도 읽었고, 오프라인 마케팅 경험과 연결해 온오프라인 마케팅 관련 강의와 컨설팅을 시작했습니다.

참고로 말씀드리자면, 그 외에도 SBA(서울산업진흥원)에서 100여 시간 교육을 받았고 창업 컨설턴트(3기 수료)와 소셜미디어 전문가(1기 수료) 과정을 수료했어요. 그리고 KDB시니어브리지아카데미 1기의 교수를 하다 2기 수료생이 되기도 하는 등 그동안 온라인을 포함해 50개가 넘는 전문 과정 수료증을 갖게 되었습니다.

명함에 적혀 있는 직함이 여덟 가지나 되는데요, 어떤 호칭을 왜 좋아하시나요?

'SNS정석 김성열 강사'예요. SNS정석은 내 개인적 브랜드인데, 100세 시대에 필요한 브랜드 마케팅을 하고 있어 이 직함을 좋아해요. 포털 사이트 검색 칸에 '김성열 강사'라고 입력하면 자료가 많이 나옵니다.

SBA 청장년창업컨설턴트/ 도심권인생이모작지원센터 교수위원/ KDB시니어브리지아카데미 교수위원/ 소상공시장진흥공단 컨설팅 교육 전문위원/ 네이버·에버영코리아 교수위원/ 소셜미디어 SNS 마케팅 전문가 등이 명함에 적힌 직함입니다.

한국온오프마케팅연구소 대표강사로서 하는 일은 무엇인가요?

SNS·스마트폰·소셜미디어 강의와 마케팅, 그리고 컨설팅을 해요. 대상은 청년 창업자 및 예정자, 베이비부머 창업자 및 예정자, 기업체, 교육·영업·정치·종교 등의 분야로 넓히고 있어요.

강의는 과정별로 9시간 정도 하는데, 순서대로 스마트폰, SNS, 소셜미디어, 블로그, PPT, 강사가 되는 길의 과정이 있습니다. 강의를 수료한 뒤에는 인턴으로 시작해서 처음에는 무료로, 나중에는 유료로 활동하는데, 현재 여섯 명이 유급 강사로 활동하고 있습니다. 네이버·에버영코리아 송파/분당/부천/은평 교육장에서도 강의를 하고 있어요. 스마트폰 재능기부단장을 맡아 오전·오후반으로 송파 지역에서 강의를 합니다. 도심권인생이모작지원센터 모바일기자단(1~3기) 70여 명이 초급과 중급 과정을 수료했고 그중 일곱 명은 블로그 과정과 PPT 과정을 개인적으로 수료했죠. 수료생들은 앞으로 세워질 20여 개의 인생이모작센터 등에서 필요로 하는 SNS 강사로 일하는 꿈을 가지고 준비를 하고 있습니다.

또 SBA의 교육 수료자(6기까지 총 700여 명)를 대상으로 삼성동 장년 창업 센터에서 베이비부머 창업 컨설팅을 하고, 청년 창업 센터에서 경영 컨설팅을 해요. 2014년 말에는 서울 청년 창업 지원 센터에서 운영하는 창업 지원 프로그램 '챌린지1000프로젝트' 행사에서 청년 창업자들을 심사하는 창업 닥터로 참여했고요.

현재 활동 시간은 어느 정도인가요?

2014년 12월에는 20회 정도 강의(총 40시간)를 하고, 5개 업체의 컨설팅(총 20시간)을 했습니다.

왜 SNS를 100세 시대에 필요한 사업으로 택하셨나요?

전 세계의 모든 산업 분야에서 모바일이 대세인 시대가 되었습니다. 우리나라도 대표적인 모바일 디바이스인 스마트폰을 4000만 명이 항상 품다시피 가지고 다니죠. 스마트폰을 가지고 개인적으로 소통하는 SNS에서부터 기업들의 SNS 마케팅까지, 더 나아가 국방, 정치, 교육, 가정 등 전 산업의 분야에서 스마트폰을 활용한 SNS가 폭발적으로 발전하고 있지요.

더 매력적인 것은 1인 미디어로서 베이비부머나 청년 창업자 등 소상공인들이 마케팅에 저렴하게 또는 무료로 이용할 수 있는 대표적인 수단이 SNS 마케팅이라는 점이에요. 예를 들자면, 스마트폰의 이미지 또는 동영상 편집 기능으로 고급 콘텐츠를 만들어 각종 SNS를 통해 홍보 및 광고를 하는 등 고객들과 소통하는 기술에서부터, 블로그를 만들어서 포스팅과 검색을 최적화하는 기술, 모바일 PR 프로필 명함 제작 활용, 스토리텔링 기술까지 교육 과정을 수료하면 경쟁력 있는 SNS 마케팅을 효율적으로 할 수 있습니다.

창업 컨설팅은 어떻게 하시나요?

창업을 꿈꾸는 장년층 베이비부머들에게 장년 창업 센터에서 매주 화요일 오후 2시부터 5시까지 컨설팅을 하고 있는데, 보통 4~5명의 상담자 가운데 70~80퍼센트는 거의 아무런 준비도 없이 와요. 연금은 받고 있지만 집에서 눈치 보이고, 쉽게 프랜차이즈 체인점을 차렸다가 망한 경험을 한 사람들이 많아요(5년 후 생존율이 25퍼센트 정도에 불과하고, 1년 내 폐업을 하는 사람들도 30퍼센트 정도 된다). 상담자 본인의 이전 경력에서 찾지 않으면 실패율이 높아서 장년 창업에 반대합니다. 그런 사람들에게는 본인의 경력 안에서 전문직으로 컨설턴트나 강사의 길을 찾아보라고 권유하죠. 청년 창업 센터에서는 매주 금요일 오후 2시부터 5시까지 컨설팅을 하고 있는데, 대부분의 청년 창업자들은 지식 서비스 분야의 사업을 하고 있어, 온라인 SNS 마케팅에서 더욱더 깊이 있는 차별화 전략을 찾으라고 조언합니다.

노안에 시력이 나빠지고 민첩함이 떨어지는 시니어들이 SNS 같은 소셜미디어와 친해질 수 있을까요?

스마트폰은 삶의 리모콘이라고 말할 수 있습니다. 스마트홈, 스마트카, 사물인터넷, 빅데이터, 클라우드, 헬스케어, 웨어러블 디바이스 등등 스마트폰이 중심인 시대가 되었습니다. 앞으로는 모바일 기기 중 스마트폰을 모르고서는 이런 시대에 적응하기가 힘들다고 봐요. 100세 시대를 준비하고 있는 시니어들에게 스마트폰과 SNS를 교육해 보면 아주 좋아해요. 처음에는 어렵게만 생각하고 교육에 참여했다가 수료 후에는 창업에 의욕을 갖기도 하고 개인적 소통이나 재능 기부도 하고 스마트폰 마케팅을 사업에 적용하기도 하죠.

연금에 기댈 수 없는 많은 시니어들이 일과 함께 수입을 원합니다. 현재의 수입에 만족하시나요? SNS로 돈을 버는 방법이 있나요?

일류 강사로서 억대 수입을 목표로 하고 있습니다. 그 목표가 2016년도에는 이루어지도록 꾸준하게 노력하고 있어요. 시니어들의 재능 기부나 사회 환원은 이 목표가 이루어지고 프로 강사로서 성공한 뒤의 일이라고 생각해요. 성공한 시니어 레전드의 한 사람으로 남고 싶습니다. 수입 면에서는 앞에서 말씀드렸듯이, 스마트폰과 SNS가 필수품이 되어 가면서 전문가를 필요로 하는 시장이 폭넓게 커가고 있습니다. 개인, 소상공인, 도소매, 프랜차이즈, 기업, 선거, 단체, 교육기관 등에서 SNS와 소셜 마케팅 전문가를 필요로 하고 있습니다.

백 살까지 가는 아이템을 가지라고 하시는데, 어떻게 가능할까요?

백 살까지 가는 아이템을 고를 때 네 가지를 고려해야 해요. 우선 첫째로, 신기술일수록 좋습니다. 목숨 걸고 공부해야 해요. 노력만 한다면 그 분야의 전문가가 될 수 있습니다. 둘째, 정부나 교육기관의 오프라인 과정에서 본인의 관련 분야만 선택해 집중해야 합니다. 셋째, 온라인 무료 프로그램을 이용해 전문가 과정을 수료해야 합니다. 넷째, 전문 분야의 오프라인 동아리나 SNS 동아리 모임에 적극 참여해 정보를 입수해야 합니다.

앞으로의 계획이나 꿈이 있다면 무엇인가요?

한국 최고 수준의 소셜 · SNS · 스마트폰 프로 강사로서 일흔다섯 살까지 강의하고 싶어요. 일흔다섯 살이 되면(앞으로 10년 후 정도) 베이비부머 시니어 강사 풀 프로덕션을 만들 계획을 가지고 있습니다. 또한 현재의 교육과정에서 추가로 SNS 선거 마케팅 과정과 불황기의 기업들에게 필요한 VIP 고객 만들기 과정을 신설해 수료생들을 끝까지 책임지는 교육기관을 만들 계획을 세우고 있습니다.

현재 청장년들을 위한 교육기관이 많이 있지만 수료 후에도 후속 조치를 하는 과정은 거의 없다시피 해요. 그리고 외국인이 IT 강국인 한국에 와서 사업하는 데 필요한 소셜 · SNS 마케팅에 도움을 주고 싶어 외국인을 위한 과정도 준비하고 있어요.

내가 하고 싶은 말은 100세 시대를 맞이하려면 프로 기질을 만들어 가야 한다는 거예요. 프로 강사가 되는 길은 험난합니다. 아마추어를 넘어 프로가 되기 위해서는 목숨 걸고 노력해야 해요. 고가 장비인 노트북, 프로젝터, 스크린, 프리젠터, 외장하드 등 강사로서 필요한 장비도 준비해야 하죠. 아마추어일수록 고급 장비를 챙겨 들고 다니며 무료 강의를 해야 해요. 그것이 프로 강사로 가는 길이죠.

———

함께 일하고 있는 앙코르 커리어 멤버들에게서 김성열 강사 이야기를 들었다. 열정적으로 말을 아주 잘하고 재미있다는 평을 듣는다면 강사로서 다 갖춘 것 아닌가. 약속을 잡고 찾아간 그의 사무실은 창업을 꿈꾸는 거대한 클러스터 안에 들어 있었다. 그는 현역 시절에 했던 오프라인 비즈니스의 감을 온라인과 SNS로 옮겨 담아 2막에 접목했다. 새로운 일을 시작하는 데 인생의 전반에 했던 일을 이용하고 활용하라는 이모작 시니어들의 조언과 맞아떨어진다. 바쁜 그의 행보에서 1막보다 더한 열정으로 행복하게 일하는 시니어들을 더 많이 찾게 되겠지 하는 생각을 해본다.

(인터뷰: 홍혜련, 김대석)

▶▷▷현역을 떠난 뒤에도 많은 사람들이 재취업하여 계속 일하기를 희망한다. 하지만 대부분의 기업이 젊은 세대를 원하기 때문에 재취업을 하기란 바늘구멍을 통과하기보다 어려운 것이 현실이다. 이렇다 보니 재취업을 희망하는 사람들도 돈만 벌면 된다고 생각한다. 늘어난 수명과 빨라진 퇴직 시기 사이의 긴 공백기에 파트타임이나 비정규직으로 일하면서 부족한 생활 자금을 버는 것이 주목적이다. 그러나 해외 선진국 시니어들의 재취업 사례를 보면, 비록 수입은 종전의 직장에 비해 적더라도 당장의 취업에 급급하지 않고 인생 2막의 꿈을 실현할 수 있는지를 먼저 생각한다. 그 결과 자신의 적성과 능력을 가장 잘 살릴 수 있는 재취업을 하고 있다.

2부

평생 현역을 꿈꾼다

재취업

BRAVO!
SENIOR
LIFE

시니어 고용시장의 좁은 문을
'겸업'이라는 형태로
돌파하다

"계속 일이 있는 것도 아니고, 정규직으로 일하는 것은 좀…… 어렵겠습니다. 일주일에 이틀만 출근해서 일하는 건 어떨까요?"

쉰다섯 살에 다니던 회사에서 퇴직하고 몇 년 만에 마음에 드는 회사를 찾았는데 이런 말을 듣는다면, 대개는 좌절이 앞서기 마련이다. 하지만 가와구치 오사무는 오히려 기회라고 보았다. 최근에야 달라졌지만, 인생 1막에서는 하기 싫은 일이라도 한 회사에서 정년 때까지 일하는 경우가 많았다. 하지만 2막은 다르다. 가와구치의 경우처럼, 여러 회사에서 자신이 하고 싶은 일만 집중적으로 하면서 삶을 꾸려 나갈 수도 있다.

열리지 않는 재취업의 문 앞에서

가와구치 오사무는 쉰다섯 살에 미쓰비시전기에서 조기 퇴직했다. 전기기술자로 입사해 오랫동안 그 일을 해왔는데, 어느 날 판매 부서로 자리를 옮기게 되었다. 좀처럼 판매 업무에 익숙해질 수 없었던 그는 본래의 능력을 살릴 수 있는 일을 계속하고 싶은 마음에 조기 퇴직이라는 과감한 결단을 내렸다.

미쓰비시전기에서 사직한 뒤 전자 관련 회사에 입사한 그는 DVD 관련 신규 사업의 개발 업무를 맡아 진행했지만, 2년 만에 프로젝트가 무산되는 쓰라린 경험을 맛보게 되었다.

"자금도, 인원도 갖춰지지 않았는데 기술 개발만 하라고 하니 개발이 제대로 될 리가 없었죠. 내 힘만으로는 어쩔 수가 없었습니다."

결국 개발은 중단되었고 그는 퇴직할 수밖에 없었다.

퇴직 후 실업 급여를 받는 동안 가와구치는 컴퓨터 사용법 등을 배우며 업무 능력을 키워 나갔다. 그 무렵 대기업에서 입사 요청이 들어왔다. 그러나 막상 면접을 보러 갔을 때의 첫인상은 실망스러웠다. 새로 진행될 프로젝트는 설비도, 사람도 마련되어 있지 않았다. 두 차례의 쓰라린 경험에 비춰 보면, 개발에 대한 기본 자세가 갖춰져 있지 않다는 것을 어렵지 않게 짐작할 수 있었기 때문에 결국 거절하고 말았다.

그래도 가와구치는 조급해하지 않고 여러 경로로 재취업의 문을 두드렸다. 그는 우선 실버 인재 센터를 찾았다. 하지만 실버 인재 센터라는 이름이 무색하게도 오십 대 후반의 그에게 관심을 보이는 곳은 드물었다. 그나마 소개받은 곳은 규모가 너무 작거나 그의 경력과는 무관한 곳이었다.

가와구치가 다음으로 찾은 곳은 민간 인재 은행. 하지만 이곳 역시 창구 담당자가 전문 분야에 대한 사전 지식이 없어 업체와 구직자를 제대로 연결해 주지 못했다.

그러던 차에 일본 전국 각지의 상공회의소에서 '기업과 퇴직자 연결 사업'을 추진하고 있다는 소식을 들었다. 상공회의소에서는 인재 데이터베이스에 등록한 퇴직자들의 업무 능력을 인터넷 사이트에 소개하고 기업으로부터 요청이 있으면 양쪽에 다리를 놓아 주는 일을 하고 있었다.

가와구치도 사이트에 자기소개를 올렸다. '경험 분야' 칸에는 '기술 및 제품 개발 11년, 생산관리 13년, 판매 및 마케팅 12년'을 입력하고 '자기 PR' 칸에는 '아날로그 계측 회로 설계, 설비 관리, 광반도체 기술 지원 측면에서 다양한 경험을 갖고 있으며, 컨설팅, 세미나 강의, 실무 지도 등 다섯 가지 항목의 일을 할 수 있다'고 기재한 뒤 기업에서 연락이 오기를 기다렸다.

쉰여덟 살이 되던 해 여름, 드디어 상공회의소를 통해 구인 소식이 왔다. 건물 내외장을 시공하는 금속가공 전문 업체인 '기쿠카와 공업'이라는 회사였다. 본사는 지바 현 시로이 시에 있었고, 정사원 110명, 파트타임과 위촉 사원이 90명 정도인 중소기업이었다. 외장 분야에서는 후지TV 사옥의 옥상에 있는 '구체(球體)'와 긴자의 디오르점 시공 작업을 하고, 내장 분야에서는 나리타 공항과 하네다 공항 등의 터미널에서 시공 작업을 한 실적이 있다. 마침 신규 사업으로 풍력발전 분야에 진출할 준비를 하고 있었는데, 회사 내에는 풍력 전문가가 없었던 터라 상공회의소에 적절한 인재를 소개해 달라고 요청했던 것이다.

가와구치는 기술고문으로 영입되었다. 다만 신규 사업이다 보니 일이 많지 않아 주 2일 근무를 요청해 왔다는 것이 마음에 걸렸다. 그마저도 3개월마다 고용계약을 다시 한다는 조건이었다. 하지만 실버 인재 센터와 민간 인재 은행을 드나들며 답답한 시간을 보내던 차에 모처럼 마음에 드는 일을 찾았으니 그로서는 망설일 이유가 없었다. 결국 6개월마다 고용계약을 다시 한다는 조건으로 입사 제의를 받아들였다. 보수는 일당으로 2만~3만 엔 정도로, 기술고문에 준하는 수준이었다. 그의 전문 분야인 '아날로그 계측 회로 설계'는 전력을 직류로 하여 제어하는 풍력발전에 곧바로 활용되었다.

출근하는 날에는 아침 8시 50분부터 저녁 5시까지 일한다. 그중 3분의 1은 공장 부지 내에 설치된 10기의 풍차와 태양광발전 장치의 점검에 쓰인다. 풍차는 저마다 크기가 달라 각각의 디자인도 달라지기 때문에 하나하나 성능을 확인해야만 한다. 그래서 회장, 사장, 시장개발실 실장과 연구회의를 갖고 설계와 조립 등에 대한 조언도 한다.

현재 풍력발전 장치는 실용성은 떨어지지만 자연에너지라는 상징성 덕분에 지자체와 교육 현장에서 수요가 있어 회사로서는 우선 거기에서 활로를 찾으려 하고 있다.

인터넷으로 새로운 구직·구인의 길을 개척하다

가와구치는 지바 현 상공회의소에 인재 등록을 하면서, 'OS월드'

라는 블로그를 만들어 자신의 전문 분야에 관한 정보를 올리기도 했다. 그 블로그를 본 도쿄 도내의 외국계 전자회사 채용 담당자와 이메일을 주고받다 직접 만나 입사를 결정했는데, 그 과정에서도 상공회의소의 보증이 큰 몫을 했다. 그는 이 회사에서 주 3일 동안 '응용엔지니어(Application Engineer)'라는 직함으로 일하고 있다.

가와구치가 블로그에 올린 글은 일반인이 읽어서는 도저히 이해할 수 없는 기술 용어로 가득하지만, 그 기술을 필요로 하는 기업의 담당자라면 마치 금광을 발견했다는 생각이 들 만큼 내용이 알차고 업데이트도 꾸준히 되어 있었다.

인재 은행에서는 아무래도 창구 담당자에게 많이 좌우될 수밖에 없지만, 블로그를 이용하면 당사자끼리 바로 의견을 주고받을 수 있었고 그것이 바로 채용으로 연결되었다. 인터넷으로 구직·구인의 새로운 길을 개척하는 시대가 왔다는 것을 다시 한 번 실감할 수 있는 대목이다.

전자회사에서는 9시부터 5시 반까지 일하고, 그에 상응하는 일당을 받는다. 반도체 관련 지원을 하는 것이 가와구치의 일이고, 직장에는 작업장도 설치되어 있다.

가와구치는 요즈음 일주일에 이틀은 자동차로 시로이 시로 가고, 사흘은 통근전철로 도쿄 도심으로 간다. 애매한 나이를 이른바 '겸업'이라는 재취업 형태로 돌파한 것이다.

"미쓰비시전기에서는 관리직도 경험해 봤지만, 업무 스트레스가 너무 심했습니다. 지금 그 일을 다시 해야 한다고 생각하면 엄두가 나지 않아요. 하지만 개발의 일익을 담당하며, 프로젝트의 일원으로 참여하기도 하는 기술직 일은 앞으로도 계속하고 싶습니다. 그리고 젊은 인재를 키우는 교육 관련 일도 꼭 해보고 싶습니다. 관리직에서 부하 직원들을 키우는 것도 즐겁겠지요."

가와구치는 '겸업'이란 형태의 취업 형태를 매우 만족스러워한다. 그는 휴일에는 30년 가까이 계속 해오고 있는 배드민턴으로 땀을 흘린다. 동물을 좋아하는 아내와는 일주일에 한 번씩 동물원에서 안내 자원봉사도 하고 있다.

02

화장실 청소의
벽을 넘어야
진짜 인생 이모작

"따르릉 따르릉~"

한가로운 가을날 오후, 툇마루에 앉아 볕이 내리쬐는 정원을 바라보며 차를 마시던 구보 마사노루는 화들짝 놀라 안방으로 뛰어 들어갔다. 허둥대며 휴대전화를 찾았지만, 전화벨 소리는 끊어지고 거실에서 아내 미도리의 목소리가 들려왔다. 이웃에 사는 여고 동창인 모양이었다.

다시 툇마루로 나온 구보에게 아내 미도리가 물었다.

"당신, 어디 기다리는 전화 있어요?"

"내가 전화 기다릴 데가 어딨겠어. 그냥 벨소리가 들리니 가본 거지……."

아무 일도 아니라는 듯 얼버무리고 고개를 돌리는 구보의 얼굴에

쓸쓸한 표정이 스쳐 지나갔다.

퇴직과 동시에 휴대전화가 침묵하다

도쿄 공대를 졸업하고 바로 국토교통부에 들어가 예순 살에 정년 퇴직할 때까지 구보 마사노루는 정말이지 바쁜 삶을 살았다. 하천과 댐을 관리하는 일로 전국을 돌아다녔으니, 아내는 팔자에도 없는 과부 생활을 하며 남편을 많이도 원망했을 것이다. 구보는 은퇴하기만 하면 아내와 여행을 다니며 행복하게 살 거라고 언제부턴가 노래 부르듯 말하고 다녔었다. 정년 후에도 일을 하고 싶다고 말하면 관청에서 당연히 일자리를 소개해 주겠지만, 그는 구태여 부탁하지 않았다.

정년퇴직하고 두 달쯤은 정말 행복한 듯했다. 여행도 다니고, 아내를 데리고 외식도 자주 나갔다. 하지만 그마저도 아내가 먼저 시큰둥해지더니, 차츰 하루 종일 혼자 집에 있는 날이 늘었다. 그러다 문득 깨닫게 되었다. 공직 생활을 할 때는 시도 때도 없이 시끄럽게 울어대던 휴대전화가 거짓말처럼 침묵하고 있다는 사실을. 외출한 아내에게서 어쩌다 걸려오는 전화를 빼면 휴대전화는 잠 많은 아기처럼 조용하기만 했다. 사회적 관계가 완전히 단절되었음을 깨달은 구보는 그때부터 심각한 무력감에 시달렸다.

그 무렵, 구보는 오랜만에 볼일이 생겨 다치가와 시청에 가는 길에 우연히 사회복지법인 '니시코이가쿠보 닌진노카이' 연수 센터 앞을 지나게 되었다. 2급 요양보조사 양성 강좌의 수강생을 모집한다는 벽보가 붙어 있었다. 센터 안을 들여다보자, 직원이 팸플릿을 나

뉘 주었다.

"3개월 동안 주 6일, 아침 8시부터 저녁 5시까지 다섯 권의 두꺼운 교과서를 철저히 공부한다"고 쓰여 있었다.

공부하기를 좋아하는 구보는 그 빡빡한 과정이 오히려 매력적으로 다가왔다. 아등바등 일할 생각은 별로 없었지만, 평생 공무원으로 살아왔기 때문에 사회에 공헌하고 싶다는 마음은 늘 갖고 있었다.

'한번 해볼까' 하는 마음이 생겨 그 자리에서 5만 6800엔을 내고 개강일에 가보니, 동기생 40명 가운데 남자는 그 혼자뿐이었다. 나머지는 대부분이 아이 양육을 끝낸 삼십 대 주부였다.

3개월 연수를 마치자 시험 없이 요양보조사 2급 자격을 취득할 수 있었다. 게다가 '닌진노카이' 연수 센터에서는 같은 계열의 요양 시설에 자리가 생기면 수료생을 먼저 소개해 주었다. 근무시간이 일정한 데이 서비스를 희망하고 있던 그는 마침 빈자리가 생긴 '니시코이가쿠보 닌진홈' 요양 시설에 취직하게 되었다.

근무시간은 아침 8시 반부터 오후 4시 반~5시 반까지, 주휴 2일에 월수입은 17만~18만 엔. 자격을 취득하면 자격 수당이 붙는데, 정사원이 아니라 준사원(파트타이머)이기 때문에 승급은 없다. 데이 서비스 직원은 13명으로, 주로 삼십 대가 많고, 사십 대가 두 사람, 오십 대는 없고, 육십 대는 그 혼자다.

정년퇴직 후의 남성이 곧 그만두는 이유는?

구보가 니시코이가쿠보 닌진홈에서 일한 지도 꼭 6년이 지났다. 데이 서비스의 하루는 바쁘다. 아침 8시 반에 차를 몰고 나가서 두 차례에 걸쳐 고객을 모셔오면 10시 반이 된다. 이용 고객이 모두 모이면 레크리에이션 담당자가 재활 체조를 시작한다. 그사이에 목욕 담당자가 차례로 목욕탕에 데려간다.

12시가 되면 배식을 하고 식사를 돕는다. 3시 반까지 다시 레크리에이션을 하고 또 두 차례에 걸쳐 고객을 차로 모셔다 드린다. 고객들이 모두 귀가하고 난 4시 반부터 시설 청소를 하고 나서야 하루가 끝난다.

그가 요양보조사 일을 시작하고 처음 부딪힌 벽은 바로 화장실 청소였다.

"화장실 청소 따위는 집에서 한 번도 한 적이 없었으니, 뭐랄까 자존심이라고 해야 할지…… 솔직히, 이걸 내가 해야 하나 싶은 마음이 들었죠."

그의 말로는, 자신이 들어오기 전에도 정년퇴직을 하고 요양보조사 자격을 취득한 남자가 몇 사람 채용되었지만 거의가 사흘도 견디지 못하고 그만두고 말았다고 한다. 이유는 바로 화장실 청소. 그는 어떻게 이 벽을 뛰어넘었을까?

"이건 자존심 문제가 아니에요. 그저 요양원에서는 꼭 필요한 일일 뿐이죠."

그는 딱 부러지게 결론을 지었다. 지금은 집에서도 목욕탕 청소부터 화장실 청소까지 스스로 하게 되었다고 한다.

"요양 수발은 이용 고객들에게서 감사의 마음을 직접 전해 들을 수 있는 일이에요. 고객한테서 날마다 오고 싶다는 말을 들으면, 정말 기쁘고 즐거워지죠."

요양보조사 실무 경험을 3년 이상 쌓으면, 국가 공인 자격인 요양복지사 시험을 볼 수 있다. 구보는 요즘 이 시험에 도전해 볼까 생각하고 있다.

인턴제를 통해
능력을 인정받아
재취업한 시니어

2년 전, 루이자 헬레거스가 〈뉴욕타임스〉를 훑어보고 있을 때 어머니에게서 전화가 걸려왔다.

"오늘, 〈뉴욕타임스〉 읽어 봤니?"

"지금 막 읽고 있어요."

"스타일 섹션을 보렴. 네가 읽으면 딱 좋은 기사가 있더구나."

스타일 섹션을 찾아본 루이자는 문제의 그 기사를 쉽게 찾을 수 있었다. 높은 연봉을 받던 기업의 임원들이 퇴직하고 1년 정도를 쉬며, "마치 고등학생이나 대학생처럼 마음을 가다듬고 차분히 생각하면서 미래에 과연 무엇이 되고 싶은지를 알아내려 했다"는 이야기였다. 이제 그들은 비영리 영역에서 자기들의 기술과 경험을 적용하며 앙코르 펠로(encore fellow)로 일하고 있다고 한다.

기사에서 어느 앙코르 펠로는 이렇게 말했다.

"쉰 살이 된다는 건 지금 우리 세대에게는 예전 세대와는 아주 다르게 받아들여집니다. 나는 20년 전보다 더 활동적입니다. 테니스, 스쿼시도 하고 자전거도 타죠. 신체적으로나 정신적으로나 과거보다 훨씬 더 건강해요. 그런데 내가 지금까지 잘해 오고 있는 일, '관리하고, 의사결정을 내리고, 문제를 해결하는 일'을 왜 그만둬야 하죠? 나는 내가 평생 해왔던 이런 일들을 다른 영역에서 계속하고 싶었습니다. 그래서 앙코르 펠로십 프로그램에 도전하기로 마음먹었죠."

인생 2막을 위한 인턴 제도

기사를 읽으며 루이자는 생각했다.

'어쩌면 내 생각이랑 이리 똑같을까. 나도 예전의 나랑 전혀 달라지지 않았어. 단지 다른 여건에서 일하고 있을 뿐이지. 그리고 이렇게 일하는 게 정말 좋아.'

루이자는 기사에서 언급한 앙코르 펠로십 프로그램을 처음 들었지만 바로 자신이 찾던 일이라는 걸 직감했다.

뉴욕에서 출판 책임자 및 편집자로 일하다가 정년을 한 해 앞두고 미리 은퇴한 루이자는, 그 무렵 지역 합창단의 음악감독을 찾기 위해 소집된 인사위원회의 위원장을 맡아 일하고 있었다. 그 재능기부 활동을 하면서 루이자는 새롭게 깨달은 것이 있다. 자신이 새롭고, 도전적이고, 지적으로 성취감을 주는 일을 할 준비가 되어 있을 뿐만 아니라 출판사에서 쌓아 온 오랜 경험이 전혀 다른 영역에서도 그대로 통용될 수 있다는 것이었다. 바로 그 전혀 다른 영역을 찾고 있던 루이자는 앙코르 펠로십 프로그램에 대해 좀 더 자세히 알아보기로 했다.

은퇴자들이 사회에 기여하는 인생 2막을 살고 싶어도 그 방법을 모르거나 그러한 프로그램이 없어서 뜻을 이루지 못하는 경우가 많은 것이 한국의 현실이다.

하지만 미국에는 은퇴자들 가운데 비영리단체에서 제2의 인생의 일을 하고 싶어 하는 사람들이 새로운 일에 원활하게 적응할 수 있도록 도와주는 프로그램이 있다. 바로 Encore.org의 앙코르 펠로십 프로그램이다. 간단히 말해, 인생 2막을 위한 일종의 인턴 제도라고 할 수 있다.

앙코르 펠로가 되면 비영리단체에서 1년 동안 매일 네 시간씩 일하게 된다. 이 프로그램은 캘리포니아, 애리조나, 뉴멕시코, 뉴욕, 오리건, 워싱턴 D.C.에서 시행되고 있으며, 기본적으로 두 가지 목표를 갖고 있다. 첫째는 비영리 분야에 역량 있는 인재를 공급하는 것이고, 둘째는 루이자 같은 사람이 제2의 커리어를 시작할 수 있도록 비영리단체에서 일하는 경험의 기회를 제공해 주는 것이다. 루이자가 알아본 바로는 그해에는 200여 명의 앙코르 펠로를 비영리단체에 투입할 예정이었다.

앙코르 펠로십 프로그램에 응모한 루이자는 엄격한 심사 과정을 거친 뒤 '취업 기회 센터'라는 뉴욕 시의 비영리단체에 배치되었다. 이 기구는 교도소에서 막 출소한 사람들에게 취업 관련 서비스를 제공하는 곳이다.

인적 자원을 담당하는 앙코르 펠로로서 루이자의 일은 이 조직에서 일하는 직원들의 직무 능력 개발과 기구 전체의 조직 개발을 돕는 것이었다.

앙코르 펠로의 연봉은 지역에 따라 조금씩 다르긴 하지만, 평균적으로 2만 5000달러가량이었다. 은퇴 전 소득과 비교하기에는 무리가 있지만, 급여는 사실 루이자에게 중요하지 않았다. 연금을 받는데다, 아직도 정규직으로 일하는 남편이 있었기 때문이다.

앙코르 펠로 경험에서 배우고 느낀 점

앙코르 펠로로 1년간 일하며 루이자는 대단히 귀중하고 놀라운 경험을 했다. 사실 처음에 그녀는 자신이 평생 해왔던 일에서 쌓아온 기술이 이 새로운 일자리에서 정말 통용될 수 있을지 확신하지 못했다. 그러나 출판 책임자로서 그녀가 했던 일이 상당 부분 사실은 조직 개발과 성과 관리였다는 것을 깨닫는 데는 오랜 시간이 걸리지 않았다.

또 하나, 루이자가 놀란 것이 있다. 루이자는 비영리단체에 관해서는 나름대로 꽤 안다고 생각했다. 이미 두 곳의 비영리단체에서 책임자로 일한 적이 있었기 때문이다. 그러나 앙코르 펠로십 프로그램을 경험해 보니, 예전에 일했던 자원봉사형 비영리단체와 이번에 일한 사업형 비영리단체에는 적지 않은 차이가 있었다.

자원봉사형 비영리단체, 예를 들면 교육위원회는 직원이라기보다는 자원봉사자처럼 행동하는 공무원을 뽑았다. 반면 사업형 비영리단체는 비록 이윤을 창출하는 곳은 아니지만 마치 이윤을 추구하는 사업 조직처럼 운영된다. '취업 기회 센터'와 같은 사업형 비영리단체에서 관리 책임자는 책임을 수행할 권한을 갖고 있다. 그러나 자원봉사형 비영리단체에서는 그렇지 않았다.

인생 1막의 경험과 지혜, 인생 2막의 보람과 신뢰

앙코르 펠로로서 루이자가 가장 큰 보람을 느낀 것은 '취업 기회 센터'의 목표를 달성하는 데 자신의 오랜 경험과 사람에 관한 직감을 활용할 수 있었다는 점이다.

루이자가 앙코르 펠로로 일하면서 첫 번째 목표로 잡은 것은 가능한 한 많은 직원들과 개별적으로 대화하는 것이었다. 대화를 통해 그들에게 자신의 역할을 설명하고 싶었고, 한편으로는 그들이 하는 일이 무엇인지, '취업 기회 센터'를 어떻게 해야 도울 수 있는지, 그들의 생각을 듣고 싶었기 때문이다.

무엇보다 루이자가 기뻤던 것은 직원들 모두가 한결같이 그녀를 솔직하게 대했다는 점이다. 그들은 업무에서 자신이 관찰한 것, 그리고 그들 자신의 목표에 대해 그녀에게 숨김 없이 이야기했다. 아마도 그녀를 신뢰했기 때문일 것이다. 어느 정도는 루이자가 출판 책임자와 편집자로서 쌓아 온 장점인 객관성 때문이기도 할 것이다. 루이자는 '신뢰'야말로 앙코르 펠로로 근무하는 동안 임무를 성공적으로 수행할 수 있게 할 원천이라고 믿었다.

2012년 6월, 1년간 '취업 기회 센터'에서 앙코르 펠로 활동을 마친 루이자 헬레거스는 그곳에서 조직 개발 책임자로 일하면서 제2의 인생을 보람 있게 살고 있다.

오토바이
뒷자리에서 찾은
라이프 코치의 길

"여보, 우리 공항으로 가요!"

남편의 BMW 오토바이 뒷자리에 앉아 멕시코 바하의 해안도로를 달리던 리즈 할턴(63세)은 불현듯 새로운 인생을 살아야겠다는 생각에 남편에게 소리쳤다. 라이프 코치 자격 교육 프로그램에 남은 자리가 하나뿐이라는 데 생각이 미치자 그녀는 마음이 조급해졌다. 바닷바람 때문에 귀가 먹먹할 지경이었다. 몇 번이나 고함을 지른 끝에 공항에 도착한 그녀는 인생 2막을 힘차게 걸어 올렸다.

샌프란시스코에 있는 엔지니어링 회사에서 25년간 일해 온 리즈 할턴은 CFO(재무최고책임자) 자리에까지 올라갔을 정도로 성공을 거둔 뒤 은퇴했다. 남편 브라이언도 은퇴해, 함께 오토바이 하나로 여행을 다니고 있는 중이었다. 아이 넷은 장성해 모두 독립했고, 손자도 넷이나 있다. 부러울 것 없는 노년이었다.

그렇게 1년이 지났다. 지금 리즈는 캘리포니아 오린다의 시티그룹 센터 35층 전망 좋은 사무실에 앉아 있다. 명함 앞면에는 '카메론 맥앨리스터 그룹', 뒷면에는 '설계 및 건축 컨설턴트'라 쓰여 있다. 명함 어디에도 '코치'라는 단어는 보이지 않는다. '코치'라는 말은 경쟁과 승리를 암시한다. 라이프 코치는 그런 코치가 아니다. 그렇다면?

"라이프 코치가 하는 일은 뭐죠?"

단도직입적인 질문에 리즈는 웃음을 잃지 않고 친절하게 설명했다.

"달성해야 할 목표가 있는 건 아니에요. 여기서 문제를 해결해 주는 것도 아니죠. 사람은 누구나 나름대로 장단점을 갖고 있어요. 라이프 코치는 고객이 자신의 단점을 깨닫는 데 도움을 주고, 자기 길을 찾아 나가는 방법을 일깨워 주지요."

은퇴 후 자신의 소중한 재능을 깨닫다

리즈가 풍족한 노년에 안주했다면 어떠했을까? 그랬다면 그녀는 자기 안에 있는 줄은 까맣게 몰랐던 재능, 다른 사람들이 진정한 자아를 발견하도록 도와주는 능력을 살리지 못하고 여생을 허비했을 것이다.

리즈는 자기 자신을 '고객과 통합된' 라이프 코치라고 설명한다. 무슨 뜻일까? 잠시 숨을 고른 리즈는 좀 더 자세한 설명을 덧붙였다.

"전체로서의 고객에 귀를 기울인다는 뜻이죠. 고객이 말로 자기를 표현하는 부분은 20퍼센트에 불과해요. 80퍼센트는 말로 표현되지 않는 것들이지요. 이 80퍼센트를 끄집어내는 것이 바로 기술이랍니다. 코칭의 목표는 고객이 자기가 도달할 수 있는 최선의 상태가 되도록 불을 붙여 주는 것이에요. 우리는 고객의 꿈의 자국을 따라갑니다."

그렇다고 고객의 심리치료를 해주는 것은 아니다. 라이프 코치는 어린 시절의 문제로 거슬러 올라가지 않는다. 출발점은 바로 이곳, 현재다.

"코칭은 차를 사고파는 것과 같은 거래가 아닙니다. 코치는 고객에게 어디를 가고 싶은지, 무엇을 하고 싶은지를 묻습니다. 여기에서 저기까지 건너가는 것이 쉬운 과정은 아니죠. 고통이 따를 수도 있습니다."

라이프 코치도 고통스럽기는 마찬가지였다. 자격 교육 프로그램 첫날, 리즈는 무료로 코칭할 고객을 세 사람 찾으라는 과제를 받았다. 그녀는 그때가 가장 힘들었다고 회상한다. 그녀는 겨우겨우 세 사람을 모았다. 한 사람은 다음에 무엇을 해야 할지를 모르는 건축가였고, 또 한 사람은 에너지가 다 소진된 엔지니어였다. 마지막 한 사람은 '자기가 정말 원하는 것이 졸업인지, 아니면 단순히 집에서 벗어나고 싶은 것인지를 모르는' 학생이었다.

세 사람 모두 6개월간 그녀와 함께했다. 그런 다음 그녀는 프로그램을 수료했다. 이제 그녀의 코칭은 무료가 아니다. 시간당 225달러. 업계 평균을 밑돌지만, 그녀는 자신감을 잃지 않았다.

"고객들이 자기들의 코치로서 좋아할 수 있게 하고, 보수를 지불할 만큼 믿을 만하다는 것을 확신시켜야겠죠."

라이프 코치 자격증을 취득해 코치로 재취업하다

기다리던 기회가 왔다. 코치 한 명이 '카메론 맥앨리스터'를 떠나면서 공석이 생겼다. '카메론 맥앨리스터'에서 일하고 싶었던 리즈는 늘 그곳을 주시하고 있었고, 자리가 나자마자 이력서를 냈다. 지금 그녀는 최소한 6개월간 코칭을 받을 유료 고객을 다섯 명 확보해 두었다.

일의 과정은 다음과 같다. 먼저 두 시간짜리 사전 상담 과정이 있다. 그리고 나서 일정 기간 프로그램을 설계한다. 그리고 서너 개의 실천 가능한 결과물이 있는 프로그램을 제시한다. 그 후 2주마다 한 번씩 한 시간 반 동안 고객을 만난다.

"그들 인생의 어느 부분에서 균형을 잃었는지를 찾아낸 뒤, 고객에게 부족한 부분을 스스로 채울 수 있도록 방향을 제시해 줍니다. 만약 고객이 태극권을 오랫동안 혼자 해왔다면, 그가 파트너를 구해 스윙 댄스 교습을 받게끔 하고, 그 파트너가 리드하도록 하는 거죠. 아니면 오토바이 뒷자리에 타고 바하를 한번 둘러보면서 자신에 대해 생각하는 시간을 가져 보라고 권하기도 해요. 효과가 있었거든요."

인터뷰를 끝내고 일어서면서 그녀가 마지막으로 말했다.

"인생 2막의 직업을 시작할 기회를 잡았다는 건 내게 아주 큰 행운이라고 생각해요. 바하의 바닷바람이 불현듯 일깨워주지 않았다면, 남편과 여행을 하며 안락한 시간을 보냈겠지요. 그것도 그 나름대로 나쁘진 않았겠지만. 지금 나는 행복하답니다."

줌바 강사로
변신한
경제학 교수

메리 스티븐슨은 보스턴에 있는 매사추세츠 대학에서 평생 사회적 약자에 대한 연구를 했고, 그 내용을 사회적 약자들에게 가르쳐 왔다. 그리고 쉰 살이 되었을 때 문득 자신을 돌아보게 되었다. 평생 캠퍼스에서 연구만 하며 살아온 삶은 나쁘지 않았다. 몸도 건강했다. 하지만 연구에 매달려 운동을 소홀히 해왔으니, 지금의 건강을 당연하게 받아들일 수 없다는 생각이 들었다. 틈날 때마다 체육관을 찾아 러닝머신에서 뛰기도 하고, 근육운동도 열심히 했다.

오십견을 계기로 '니아 테크닉'의 세계에 매료되다

그러던 어느 날 운동을 마친 메리는 집으로 돌아가려고 가방을 메고 나오다 어깨에 심한 통증을 느꼈다. 병원에서는 오십견이라고 했다. 물리치료를 받아야 했고, 당분간은 근육운동도 할 수 없었다.

체육관에 와도 러닝머신에서 달리기만 할 수밖에 없었는데, 그러다 보니 금세 싫증이 났다. 그 무렵 에어로빅 교실을 기웃거리다 발견한 것이 바로 니아 테크닉(Nia Technique) 교실. 메리는 니아에 매료되었다.

니아는 태권도, 합기도, 태극권, 요가, 알렉산더 기법, 펠덴크라이스 방법, 재즈 댄스 동작에서 영감을 받은 마음 수련 프로그램으로, 중급 정도의 유산소성 지구력 운동을 포함한다. 니아는 '자기 몸에 맞는 방식'으로 한다. 다른 사람들이 모두 어깨를 움직이며 운동했지만, 어깨를 움직일 수 없었던 메리는 개의치 않았다. 할 수 있는 만큼, 자기 몸에 맞게 하면 되었기 때문이다. 어깨가 완치되고 나서도 그녀는 체육관에 가서 근육운동을 하지 않았다. 니아를 만나면서, 그녀는 거실에서 TV를 보며 춤을 흉내 내던 활기찬 십 대 소녀로 되돌아갔다.

메리의 어린 시절 별명은 '멍청이'였다. 자라면서도 운동과는 담을 쌓고 살았다. 치어리더는 꿈도 꾸지 않았고, 댄스 교습을 받아 본 적도 없다. 그녀가 몸을 움직이며 즐거워했던 건 아마도 십 대 시절 TV로 음악 프로그램을 보며 춤 동작을 따라 해본 것이 전부였을 것이다.

메리는 경제학 교수 생활을 하며 한 가지 깨달은 것이 있다. 무언가를 이해하는 가장 좋은 방법은 그것을 다른 사람에게 가르치는 것이라는 점이다. 그녀는 니아를 제대로 이해하기 위해 강사 교육 프로그램을 수강했다.

몸치 경제학 교수, 줌바 강사로 변신하다

메리는 강사가 되면 수강생으로 어떤 사람들을 가르치면 적당할지 생각해 보았다. 아무래도 연배가 비슷한 노인들을 상대로 가르치는 것이 가장 효과적일 거라는 생각이 들었다. 그렇다면 그들에게 가장 잘 다가갈 수 있는 방법이 무엇일지 고민했다. 니아만으로는 모든 사람들을 만족시킬 수 없을 것 같았다. 그래서 그녀가 찾은 것이 줌바 골드와 에이지리스 그레이스였다.

줌바는 신나는 라틴 음악에 춤과 운동을 결합한 댄스 피트니스로, 크게 힘든 동작은 없지만 쉴 새 없이 신나는 음악에 맞춰 움직이니 운동 효과가 상당히 커 한 시간에 1000칼로리나 소모된다. 줌바 골드는 활동적인 노인들을 대상으로 개량한 줌바다. 에이지리스 그레이스는 편하고 쉽게 평생 운동을 촉진하는 21가지 독특한 도구를 사용해 앉아서 하는 운동 형태를 말한다. 메리는 줌바 골드와 에이지리스 그레이스를 가르치는 훈련도 받았다.

보스턴 매사추세츠 대학에서 40년 동안 경제학 교수로 일해 왔고 현재는 명예교수로 현역에서 은퇴한 메리는 지금 노인들과 몸이 불편한 사람들을 대상으로 하는 피트니스 강사로서 인생 2막을 살고 있다. 어릴 때 멍청이라는 별명으로 불릴 만큼 운동신경이 꽝이었던 그녀에게는 전혀 어울리지 않을 것 같은 직업이다.

그러나 인생 2막에서 무엇을 하느냐는 선택에서는 잘하는 것만큼이나 좋아하는 것이 무엇이냐가 중요하다. 삶의 에너지가 넘치는 1막에서는 잘하는 것을 해도 행복을 느끼며 보람 있는 삶을 꾸려 나갈 수 있다. 하지만 인생 2막에서는 무엇보다 좋아하는 것이 중요한 기준이 될 수밖에 없다. 오십견이라는 우연한 계기로 어린 시절의 즐거움을 찾았다는 건 분명 메리의 인생에서 큰 행운이 아닐 수 없다.

　이러한 메리의 변신이 극적인 변화의 이야기로 생각될 수도 있겠지만, 그것은 연속성의 이야기이기도 하다. 메리는 평생 가르치는 삶을 살았다. 단, 가르치는 주제만 달라졌을 뿐이다. 경제학에서 댄스로.

PC 교육지도사로
일하는
64세 주부

    요즘처럼 정신없이 변하는 세상에서 학생 시절 배운 것이 평생 직업의 토대가 된다면, 그만큼 행복한 삶도 드물 것이다. 지금 예순네 살인 가쿠다 유코가 바로 그처럼 행복한 삶의 주인공이다. 전문대학에서 컴퓨터를 전공한 그녀는 건축 기사들에게 CAD 사용법을 가르치는 일을 시작으로 지금껏 결혼과 출산을 거쳐 오면서도 컴퓨터 관련 일을 하며 여유로운 삶을 살아가고 있다. 예순네 살 주부의 소박하고 행복한 삶을 들여다본다.

    도쿄 도 미타카 시에는 시니어들의 인생 2막을 후원하는 비영리법인이 있다. 바로 시니어 SOHO 보급 살롱 미타카(이하 시니어소호미타카). 등록 회원이 프로젝트를 입안하면 다른 회원들과 협력해 사업화하고, 그에 따른 보수를 받는 시스템으로 운영된다.

이와 같은 방식으로 시니어소호미타카는 IT 강습에서부터 인근 초등학교의 안전 관리에 이르기까지, 기업이나 지자체와 연계해 폭넓은 활동을 벌여 나간다. 연간 수입은 1억 엔 정도로, 등록 회원 대부분이 한두 가지 전문 기술을 지니고 있다.

가쿠다는 현재 시니어소호미타카의 회원으로, PC 교육지도사 일을 하고 있다. PC 교육지도사란 PC 조작법 교육 자격을 인증하는 공인 자격증이다. 시니어소호미타카에서 기획하는 각종 강좌에서 강의를 할 수도 있고, 노인들이 집에서 인터넷에 접속하고 메일을 주고받을 수 있도록 방문해 기본 설정을 도와주기도 한다. 물론 원격으로 장애나 고장에 대한 상담을 받고 도움을 주기도 한다. PC 기술이 시시각각 진화하면서 OS는 물론 소프트웨어도 해마다 업그레이드된다. 이처럼 기술이 급변하는 세상에서는, 아무리 도트 용지를 사용하던 초기부터 컴퓨터 일을 쉬지 않고 해왔던 그녀라도 최신 기술이나 소프트웨어에 대한 공부를 게을리 할 수는 없다고 한다.

평생의 자산이 된 컴퓨터 기술

가쿠다는 학생 시절 전문대학에서 컴퓨터를 배우고 CAD 학원에서 첫 직장 생활을 했다. 몇 년 지나지 않아 결혼을 하고 출산을 하면서 잠시 일을 쉬었던 그녀는 아이들이 어느 정도 자란 뒤에 대형 컴퓨터 학원에 재취업했다. 그녀의 나이 마흔네 살 때였다. 하지만 PC가 대중화되고 컴퓨터 교육 업계에 진입하는 사업자가 늘어나면서 경쟁이 치열해졌고, 그녀가 다니는 학원의 수강생도 급감했다.

"그 무렵 조기 퇴직자 모집 공고가 붙었어요. 이대로 회사에 남는다고 해도 딱히 할 일이 없을 게 불을 보듯 뻔했죠. 그때만 해도 남편이 아직 직장 생활을 했기 때문에 내가 퇴직을 해도 생활하는 데 별 어려움은 없을 것 같았어요. 좋은 기회라고 생각하고 쉰다섯 살에 조기 퇴직을 하기로 결단을 내렸답니다."

하지만 얼마 지나지 않아 집에만 있는 것이 갑갑하게 느껴졌고, 남편도 정년이 얼마 남지 않았다는 생각에 용돈 정도라도 벌어 볼일이 없을까 생각하던 차에 눈에 들어온 것이 바로 시니어소호미타카였다. 평생 컴퓨터 관련 일을 해왔던 터라 회원 등록을 하고 얼마 지나지 않아 어렵지 않게 PC 교육지도사 자격을 취득할 수 있었다. 그러자 곧 PC 강사 일이 생겼다.

새로운 일에 도전하는 생활

현재 가쿠다는 시민들을 대상으로 주 1회 PC 강의를 한다. 시니어들에게 일대일로 PC를 가르치는 이른바 'PC도장'에서도 주 1회 교육을 담당한다. 또 미타카 시청 직원들의 PC 관련 지원 업무도 주 2회 하고 있다. 더러 워드나 엑셀 사용법을 물어오는 직원들도 있지만, 주 업무는 인터넷 접속이 안 되거나 긴급하게 도움이 필요할 때 해결해 주는 것이다. PC를 신형으로 교체할 때는 표준 설정을 해주기도 한다.

"PC 유지·보수는 지금껏 경험해 보지 못한 분야라서 좀 불안하기는 했어요. 그래도 과감히 도전했더니 새로운 분야에서 일을 찾을 수 있었죠. 지금은 시청 직원들의 PC 환경을 관리해 주며 시청 업무

효율화에 조금이라도 공헌하고 있다는 생각에 일하는 보람도 느끼고 있답니다."

또한 가쿠다는 틈날 때마다 집에서 히타치 그룹 계열사의 퇴직자 모임 사무국 업무도 맡아서 하고 있다. 이렇듯 시니어소호미타카를 통해 찾은 일로도 바쁜 시간을 보내고 있지만, 그녀는 도쿄 도의 복지 시설을 방문해 평가를 정리하는 '복지서비스 제3자 평가 사업'에도 참여하고 있다.

"이웃에 살며 알게 된 지인의 권유로 하게 됐어요. 평생 컴퓨터 분야밖에 몰랐던 내게 새로운 인간관계가 전혀 다른 분야의 일을 가져다준 거죠. 퇴직 후에도 인맥을 넓히는 노력이 중요하다는 걸 깨달았습니다."

가쿠다가 지난해 벌어들인 수입은 200만 엔이며, 그 가운데 시니어소호미타카를 통해 벌어들인 수입이 150만 엔이다. 연금이 많지 않은 그녀에게는 이만큼이라도 정기적인 수입이 있다는 것이 그저 감사할 뿐이다.

"내게 PC 기술이 있다는 것이 퇴직 후의 삶에 크게 보탬이 된 셈입니다. 작년에는 일을 너무 많이 했어요. 앞으로는 일을 좀 줄이고 손자들과 놀기도 하고, 친구들과 여행을 다니며 즐거운 시간을 갖고 싶습니다."

가쿠다는 인생 1막에서는 모든 것을 내일, 좀 더 구체적으로는 노년으로 유예하고 앞만 보며 개미처럼 일해왔다면, 이제는 일과 함께 삶의 의미와 여유를 돌아보아야 할 때라고 믿는다.

07

매일 전철로
통근하는
103세 현역 직장인

백세 살 최고령 현역 직장인

무더운 한여름 오후, JR도카이도센의 쓰지도 역. 말쑥한 양복을 입은 노신사가 승객들을 헤치고 힘찬 걸음으로 혼잡한 개찰구를 빠져나간다. 바로 후쿠이 후쿠타로. 백세 살의 나이에도 복권을 위탁 판매하는 도쿄복권상회의 고문으로 근무하며 매일 쓰지도에서 도쿄의 사무실로 통근하는 '현역 직장인'이다.

"여기서 일한 지는 오래되었나요?"

"여기 도쿄복권상회에서는 일흔 살부터 일했어요. 그래도 내 인생에서 가장 오래 근무한 회사가 되었다우."

후쿠이는 1982년까지 금융업에 종사했고, 이후 30여 년 동안 규칙적인 회사원 생활을 하고 있다. 아침 9시부터 오후 1시 반까지, 복권 정리와 매출금 관리 등을 담당한다. 월급은 30만 엔. 그러나 판매소의 매출금 계산이 맞지 않으면 본인 지갑에서 보충한다. 그래서 몇 년 전부터는 매달 3만 엔을 '보충용 재원'으로 적립하고 있다.

칠십 대로 보일 만큼 정정하긴 했지만, 백세 살의 나이에도 직장 생활을 계속하는 건 무엇 때문인지 궁금해졌다. 언제까지 일을 계속하고 싶은지 물었다.

"직장을 가지고 있는 게 좋잖아요. 사람은 일을 하기 위해 태어났다고 생각해요. 살아간다는 것의 기본은 일이에요. 그건 동물들도 마찬가지라고 봐요. 스스로 일을 하지 않으면 살아갈 수 없다는 것. 그러니 살아 있는 동안은 일을 계속하고 싶은 게 제 욕심이랍니다."

직장 생활을 하는 한편, 후쿠이는 사십 대부터 배우기 시작한 노(能, 주로 귀족들이 즐겼던 일본 전통 가무극)의 '가사'를 부르는 연습을 하루도 빠뜨리지 않았다.

"지금도 소리가 나오는 건 가사를 부르는 연습을 계속한 덕분이지. 오래 살 수 있었던 건 하루도 빠뜨리지 않고 매일 일해 왔기 때문이라고 생각해요. 그리고 역시 걷기를 잘한 거 같아요. 다리를 쓰는 거, 손발을 쓰는 거, 요즘 사람들은 걷는 거 싫어하잖아요. 많이 걷고 몸을 써야 해요. 머리도 써야 하고. 게으르면 빨리 죽을 수밖에 없답니다."

후쿠이는 지금도 만보계를 착용하고 하루에 적어도 7000보는 걷는다. 젊은 시절부터 엘리베이터를 타지 않고 사무실 계단을 걸어서 올라갔다. 물론 출근길에 젊은이에게 부딪혀 다친 적도 있었지만, 크게 걱정하지는 않는다. 식욕도 왕성하고, 먹고 싶으면 스테이크 하나

쯤은 거뜬히 먹어치운다.

"아직은 쇠약해졌다는 생각은 안 들어요. 아흔일곱 살이 되었을 때부터 때때로 노화를 느끼고는 있지만."

굴곡의 현대사를 관통한 인간 중심의 경영철학

그렇지만 후쿠이도 2008년 아흔여섯 살이 되었을 때, 회사에 이제 그만두었으면 한다고 먼저 말한 적이 있다. 그러나 조금만 더 일해 달라는 회사 측의 끈질긴 설득에 다시 머무르게 되었다. 고문이라고 하지만 하는 일은 단순하다. 복권을 분류하고 번호를 조합하거나 복권 매수를 세고 매상을 확인하는 단순 작업이 대부분이지만, 후쿠이에게는 다른 사람은 대신할 수 없는 지혜가 있었다. 그래서 여차할 때는 후쿠이의 조언이 도움이 된다.

예를 들면, 그의 조언은 이렇다.

"컴퓨터는 편리하다고 해서 데이터를 모두 집어넣지요. 하지만 그러다 지워져 버리면 어떻게 하죠? 편리성의 폐해는 컨트롤이 어렵다는 거예요."

"인간은 자기 멋대로 해서는 안 됩니다. 자기 자신을 위해서가 아니라 다른 사람을 위해 행동해야 하지요."

그의 경영철학은 '사람의 길을 벗어나지 않는 경제활동'이다. 그는 인간 사회에서 윤리관을 지닌 기업 경영이 무엇보다 중요하다고 생각한다. 그것은 젊은 시절부터 지켜 온 화두였다. 경제학자를 목표로 했던 대학 시절, 그는 학위 논문의 주제로 '경제윤리학'을 선택했다. 연구 영역은 애덤 스미스. '신의 보이지 않는 손'으로 시장의 중요성을 설파한 애덤 스미스는 그 전제로서 '사회 질서를 이끄는 인간 본성'을 『도덕감정론』에서 깊이 고찰했다.

후쿠이의 100년 인생은 '경제윤리학'을 가슴에 간직하고, 격동의 20세기를 달리며 기업 경영의 혜안을 닦은 역사이기도 하다. 온화하게 웃는 얼굴로는 상상도 할 수 없는 아픔도 간직하고 있다. 9년이나 계속된 태평양전쟁과 만주전쟁에서 두 아이를 잃었던 것이다. 이러한 파란과 고난의 개인사가 있지만, 바로 그렇기에 백세 살이 된 지금도 현역 기업인으로 중용되고 있다.

후쿠이 후쿠타로의 사례에서도 알 수 있듯이, 올바른 윤리관을 갖고 자기관리를 철저히 하면 백 살까지 건강하게 직장 생활을 하는 것도 어렵지만은 않은 일이다.

경험을 살려
창업가를 부화하는
인큐베이션 매니저의 세계

"여보, 아버님이 대장암 진단을 받으셨는데, 장남인 내가 곁에 있어 드려야 하지 않을까……. 회사를 그만두고 고향으로 내려갈까 하는데, 당신 생각은 어떻소?"

"아직 정년이 10년이나 남았잖아요. 고향에 내려가면 뭘 할지 생각해 둔 거라도 있어요?"

"큰애는 취직을 했고, 작은아이는 아르바이트로 제 앞가림은 하고 있으니…… 어떻게든 되지 않겠소."

조기 퇴직을 하고 고향의 품으로

다케우치 게이치가 귀향을 결심한 데에는 부친의 대장암 선고가 계기가 되었지만, 회사 일도 어느 정도는 작용했다. 아내가 걱정할까봐 자세한 말을 하지는 않았지만, 그 무렵 그는 몹시 지쳐 있었다고 한다.

미쓰비시수지에 입사해 공장에서 12년, 도쿄 본사에서 16년간 한 길만 보고 일해 왔는데, 버블 경제가 붕괴하고 난 뒤 회사는 개발 예산을 깎고 기술계 사원을 감축하는 구조조정을 단행하고 있었다. 사업 개발 부서에 있었던 다케우치로서는 괴로운 나날이었다. 결국 그는 쉰 살에 조기 퇴직하고 아내와 단둘이 고향인 고치 현 도사야마다로 돌아갔다.

고향으로 돌아온 다케우치는 우선 누적된 피로에서 벗어나기 위해 도사 만에서 바다낚시 삼매경에 빠졌다. 소형 선박 면허를 딴 뒤 FRP 요트를 구입한 그는 지역의 낚시 클럽에도 가입했다. 어군 탐지기로 포인트를 찾아도 닻을 잘 내리지 못하면 허탕을 치기 십상이었기 때문에 베테랑 낚시꾼에게 지도를 받기도 했다. 몇 달은 나름대로 즐거웠다. 하지만 언제까지나 그렇게 세월만 보내고 있을 수는 없었다. 그는 일을 하고 싶었다.

생산관리 경험이 풍부했던 다케우치는 기술 컨설턴트 같은 일을 하고 싶다고 생각했다. 중소기업 진단사가 하는 일은, 비록 자격증은 없지만 자신도 할 수 있다고 생각했다. 그러나 일자리를 찾아봤지만 그를 맞아 주는 직장은 없었다. 지역의 실정도 모르고 유턴을 단행한 건 너무 성급하지 않았나, 조급해지기 시작했다. 명예퇴직을 해 퇴직금은 넉넉한 편이었지만, 이대로 가다가는 언제 저축해 놓은 것을 까먹게 될지 알 수 없었다.

연봉은 줄어도 보람이 있다

미쓰비시수지 본사에서 근무할 때, 다케우치는 IC메모리 카드 사업, 합작 벤처 설립 등 신규 사업에 도전하며 여러 업종의 사람들과 만났다. 어느새 사람을 만나는 일에 거리낌이 없어졌다. 그때의 경험이 새로운 일을 찾는 데 주효했다.

고향에 돌아온 뒤 다케우치는 어린 시절의 친구든 학교 동창이든, 누가 되었든 만나고 다녔다. 그렇게 계속 사람들을 만나는 가운데 지역 명문 기업 사장인 마쓰시타 준이치에게 인정을 받게 되었다. 어느 날 그의 사무실을 찾았다.

"다케우치 씨, 혹시 인큐베이션 매니저(IM)라는 말을 들어봤나요?"

"아니요, 처음 듣는 말입니다."

"어원인 부화(인큐베이션)가 변화해 경제 용어가 되었답니다. 창업을 준비하는 사람들을 달걀에 비유한 것이지요. 그들이 자립할 수 있게끔 지원하는 사람을 인큐베이션 매니저라고 부른답니다. 마침 경제산업성의 주관으로 우리 지역에도 그 부화기라고 할 '인큐베이션 센터'가 설립되고 있어요. 그래서 인큐베이션 매니저 양성을 서두르고 있답니다."

마쓰시타 사장의 말을 들은 다케우치는 그토록 기다리던 일을 드디어 찾았다는 생각이 번쩍 들었다.

'아, 바로 이거야!'

창업가들을 지원하는 보람이 있는 일인 데다 그가 지금껏 대기업에서 쌓아 온 경륜이 도움이 될 것 같았다.

다케우치는 당장 달려들었다. 2000년, 도쿄에서 실시한 제1회 IM 양성 연수 프로그램을 수강하고, 고치 현의 고치 공과대학 캠퍼스 안에 설치된 인큐베이션 센터에서 일을 시작했다.

"그때 연봉이 725만 엔이었는데, 전 직장에 비하면 수입이 상당히 줄어들었어요. 그렇지만 내게는 무척 보람 있는 일이었습니다."

다케우치가 무엇보다 만족스러웠던 것은, 경험이 쌓일수록 자신의 가치가 더욱 올라간다는 점이었다. 그렇게 쌓이는 경험은 확실히 플러스가 된다. 그런 마음만 있으면 몇 살까지든 일할 수 있다. 조만간 젊은이들에게 밀려날 일도 없다.

경험을 후대에 전하는 인큐베이션 매니저

다케우치는 2006년 4월 활동 공간을 나가하마 시의 '나가하마 바이오 인큐베이션 센터'로 옮겼다. 그에게는 제3의 직장이라고 할 수 있다.

"나는 이십 대와 삼십 대를 나가하마 시에서 보냈습니다. 추억이 많은 곳이지요. 다시 오게 될 줄은 꿈에도 생각하지 못했어요. 그 시절의 인연이 닿아 나가하마 시에서 취업 권유를 받았답니다. 처음 인큐베이션 매니저로 일했던 고치 센터에는 이제 후배들도 많이 배출되었고, 내가 부화시킨 몇몇 기업도 성공적으로 자리를 잡았답니다. 게다가 아버님 병세도 호전되었고요. 그래서 후배들이 마음껏 활동할 수 있도록 이곳으로 옮겨 왔지요. 무엇보다 나가하마에서 두 아이를 낳아 길렀던 아내가 오히려 더 좋아했어요."

나가하마로 직장을 옮긴 다케우치는 월세 8만 엔인 아파트에서 생활하며, 연간 800만 엔의 보수를 받고 있다.

나가하마 센터에는 창업 희망자에게 대여할 수 있는 방이 17개 있는데, 지금은 모두 차 있다. 그곳을 빌려서 사용하고 있는 업체로는 인공 관절의 소재를 개발하는 회사도 있고, 피부의 진드기를 제거하는 비누를 인터넷으로 판매하는 회사도 있다. 모두가 내일의 성공을 꿈꾸는 사람들이다. 센터에 입주할 때 내는 임차료는 13만 8000엔이지만, 그중 절반은 국가에서 지원한다. 다케우치는 그들을 지원하는 역할을 하며 바쁘게 생활하고 있다.

"기업인으로서 힘겨웠던 시대에 내가 체험한 것이 모두 도움이 됩니다. 비꼬는 말이 아니에요. 미쓰비시수지에 정말 감사하고 있습니다."

최근 전국 각지에 설치된 인큐베이션 센터는 200곳이 넘고, 그곳에서 일하는 인큐베이션 매니저는 300명 가까이 된다. 연령층은 삼십 대부터 칠십 대까지 폭넓고, 전직 기술자, 금융인, 공무원 등 경력도 다양하다.

"나는 예순네 살 때부터 연금을 지급받는데, 적어도 그때까지는 일을 해야 하지 않겠어요……."

물론 겸손한 희망일 것이다. 어느새 예순을 훌쩍 넘긴 다케우치 게이치는 한눈에 보기에도 젊은이 못지않게 건강하고, 무엇보다 돈을 보고 시작한 일이 아니기 때문에 힘이 닿는 한 언제까지든 일을 그만둘 생각이 없어 보인다.

61세의 변신,
꿈을 좇아 대기업을 떠나
중소기업에 재취업하다

예순을 눈앞에 두고도 여전히 일선 부서에서 활기차게 살아가던 이토 모토키. 정부와 지자체에 납품하는 문서관리 시스템을 개발 단계에서부터 참여해 반년 만에 마침내 납품까지 끝내고 성취감에 들떠 하루를 보냈다. 그날 저녁, 최고기술경영자와 회사 앞 선술집에서 축하의 술자리를 가졌다.

"자네도 이제 임원급으로 승진을 해야 하지 않겠나?"

"말씀은 고맙습니다만…… 저는 지금 하는 일이 즐겁습니다. 승진은 하지 않아도 좋습니다. 예순다섯 살까지만이라도 지금과 같은 일을 계속하는 것이 제 소망입니다."

하지만 돌아온 대답은 애매했다.

"앞날을 어떻게 보장할 수 있겠나. 그저 지금처럼 열심히 하면 어떻게든 되겠지."

최고기술경영자의 어정쩡한 대답에 실망한 이토는 이직을 생각하게 되었고, 더 이상 망설이지 않고 인재 소개 회사에 구직 신청서를 등록했다.

정부가 법률로 강제하는 바람에, 일본 기업에서는 정년 후에도 재고용하는 등 예순다섯 살까지 일할 수 있는 환경을 정비하고는 있다. 그렇지만 실제로는 계열사로 내보내는 등 능력을 살릴 수 없는 경우가 많다. 이런 점을 잘 아는 이토는 나이가 들어 계열사로 전출된 뒤 은퇴할 날만을 기다리는 삶을 살고 싶지는 않았던 것이다.

평생 현역을 꿈꾸며

1948년 오사카에서 태어난 이토 모토키는 1971년 야마나시 대학 정밀공학과를 졸업한 뒤 대기업인 후지전기에 입사해 시스템 개발에 종사했다. 그는 정말이지 일에 자신의 모든 것을 걸었다고 말할 수 있을 만큼 열정적으로 일했다.

"그만두고 싶다는 생각은 한 번도 해본 적이 없습니다."

다만, 예순다섯 살까지 자기가 좋아하는 일을 할 수 있도록 보장해 줄 수 없다는 대기업이라면 스스로 사직하는 편이 낫다고 생각했을 뿐이다.

이토는 자신의 경력이나 능력이라면 일을 곧 찾을 수 있을 거라고 생각했다. 하지만 예순 살의 구직자를 채용하려는 회사는 어디에도 없었다.

"나이 때문에 이렇게까지 시장가치가 떨어질 거라고는 정말이지 생각도 못했습니다. 나이의 벽을 통감하게 되었죠."

애초부터 창업은 생각하지 않았다. 자영업을 했던 아버지가 늘 노심초사 자금을 구하러 다니는 모습을 어려서부터 지켜봐 왔기 때문이다.

그렇게 시작한 구직 활동에 답을 보내온 곳이 바로 지금의 회사, 'ITbook'이었다. 공공 시스템 컨설팅 회사인 'ITbook'은 사원 50명 정도의 중견 회사였다. 이름만 알고 있는 정도였는데, 직접 전화를 하고 회사를 방문했다. 그리고 임원을 만난 자리에서 단도직입적으로 물었다.

"나를 채용해 주지 않겠습니까?"

다행히도 그가 정보 시스템 개발에 정통하다는 점이 결정적으로 작용해 전격적으로 채용이 결정되었다. 이토는 채용이 결정되자마자 다니던 회사를 그만두고, 2009년 4월 'ITbook'에 입사했다. 예순한 살의 변신이었다. 대우는 임원이 아닌 부장, 평사원 신분이었다. 연봉은 3분의 1 수준으로 떨어졌다. 그때 이토의 두 아들은 이미 독립한 뒤였고, 주택 대출금도 모두 갚은 상태였다. 아내도 기꺼이 찬성했다.

"일할 곳만 주어지면 어쨌든 잘될 거라는 게 아내의 생각이었지요. 고맙게도 아내는 나를 믿고 전폭적으로 지원해 줬답니다."

깜짝 승진 쇼

입사하자마자 이토는 옛 거래처와의 인맥을 살려 적지않은 성과를 올렸다. 사장은 그가 회사에 기여한 공로를 인정해 임원으로 승진시키고 싶었지만, 임원으로 승진하면 본인이 하고 싶은 일을 못하게 될까봐 그가 그만둘 수 있다는 점을 우려했다. 고심 끝에 사장은 그가 출장으로 자리를 비운 틈을 타 전격적으로 임원 발령을 내버렸다.

이토는 그 뒤로도 회사의 비약적인 성장을 이끌어 승진을 거듭한 끝에, 3년 만인 2012년 4월에는 사장에 취임했다.

이토 모토키는 사장이 된 지금도 본사가 있는 도쿄에서부터 아오모리, 사가, 후쿠오카, 그리고 다시 도쿄를 며칠 만에 돌아본다. 이러한 강행군은 그에게 일상다반사다. 스스로 티켓을 끊고 호텔을 예약해 지자체를 돌아다닌다. 비록 사장 자리에 앉긴 했지만, 그는 '세상이 자신을 필요로 하는 한, 현역이라는 유니폼을 벗을 수 없다'는 원칙을 지키며 왕성하게 활동하고 있다.

70세의 신입사원, 20대 동료들과 신시장을 개척하다

2013년, 당시 일흔 살을 맞은 요시다 야스노리는 1년간 근무했던 인도네시아의 전기부품 제조회사를 퇴직하고 일본으로 돌아왔다. 그 무렵 요시다는 테라모터스의 전동 오토바이를 취급하고 싶다는 친구를 따라 도쿄 시부야에 있는 본사를 방문했는데, 뜻하지 않게 그의 재취업 이야기가 화제에 올랐다.

2010년 4월 설립된 테라모터스는 사장만이 사십 대일 뿐 나머지 20여 명의 직원 모두가 이십 대였다. 설립 1년 만에 테라모터스는 저렴한 가격을 무기로 대기업의 아성을 깨고 국내 시장점유율 1위를 차지한 뒤 그 무렵에는 베트남을 비롯한 동남아 시장으로 진출해 빠르게 성장하고 있었다.

사장실에서 테라모터스의 대표 마자 도쿠시케와 차를 마시는 자리에서, 동행한 친구가 요시다를 소개하며 그의 경력을 간단히 설명했다. 소개를 다 듣고 난 마자 대표는 차를 한 모금 마시고는 대뜸 거래와는 상관없는 이야기를 꺼냈다.

"요시다 씨, 보셔서 아시겠지만 이곳은 젊은 조직입니다. 사장인 저를 제외하고는 모두가 이십 대 청년이지요. 모두들 일류 대학을 나왔고, 영어는 물론 세계 각국의 언어에도 능통합니다. 한마디로, 우수한 인재들이지요. 그렇지만, 우리에게도 없는 것이 있습니다. 젊은 혈기 하나만 가지고 이미 자리를 잡은 대기업들의 아성을 깨기 위해 고군분투하고 있지만, 아무래도 경험을 무시할 수는 없다는 것이 요즘 들어 제가 늘 하고 있는 생각입니다."

평소에도 평생을 쌓아 온 경험을 다음 세대에게 넘겨주는 것이 자신에게 남은 의무이자 존재 의미라고 생각했던 요시다는 그렇지 않아도 그 기회를 찾고 있는 중이었다. 이곳에서라면 자신의 해외 경험을 살릴 수 있겠다고 판단한 요시다는 일흔 살의 나이에 테라모터스에 신입사원으로 입사하기로 결심했다.

전 세계를 누비며 시장을 개척하다

요시다 야스노리는 후쿠시마 현의 공업고등학교를 졸업한 뒤 1962년 닛산디젤공업(현 UD트럭스)에 입사해 생산기술부를 거쳐 해외 부문에서 경험을 쌓고 실력을 인정받았다. 처음에는 생산기술부에 배치되어 일하던 요시다에게 우연처럼 전환점이 찾아왔다. 바로 시베리아의 목재 운반용 트랙터 국제 입찰에 담당자로 참여하게 되었던 것이다. 다행히 경쟁에서 이겨 그는 첫 해외 사업을 성공적으로 수행할 수 있었다. 그 경험을 바탕으로 입사 12년째에는 해외 부문에 배치되었다. 고졸 출신이었던 요시다는 외국어에 취약했지만, 회사 내에 해외 업무를 제대로 할 수 있는 인재가 없었던 덕분에 그에게 계속해서 일이 맡겨졌다. 굉장한 행운이었다.

그 뒤로 요시다는 러시아, 태국, 인도네시아 등 50여 나라를 대상으로 판매 서비스, 부품 조달, 상품 기획 등의 업무에 종사해 왔다. 예순 살에 정년퇴직한 그는 전 세계를 누비며 올린 실적을 인정받아 자회사인 태국 현지법인 닛산디젤타일랜드에 부사장으로 취임했고, 공장 운영과 신차 런칭, 상품 기획 등을 담당했다.

"일은 매우 힘들었지만, 공장이 완성되고 상품이 차츰 개선되는 등 추진했던 일이 구체적으로 실현되는 것을 보며 보람을 느낄 수 있었습니다."

4년 뒤에 퇴직하고 귀국했지만, 요시다는 은퇴 생활을 보내기에는 아직 이르다고 생각하고 재취업할 곳을 알아보기 시작했다. 어렵지 않게 인도네시아의 전기부품 회사에 재취업해 1년간 기술 지도와 품질 관리를 담당했지만 아쉬움은 여전히 남았다고 한다.

"경험으로 축적한 노하우를 다 활용할 수 없어서 늘 안타까웠습니다."

세계시장 개척 경험을 젊은 조직에 전파하다

2013년 8월 인도네시아에서 귀국한 요시다는 그해 10월 우연한 기회에 테라모터스에 입사했다.

3개월의 수습 기간을 거친 그는 2014년 1월부터 주 4일 사이타마 현의 집에서 도쿄 시부야의 본사로 통근하고 있다. 인도와 주변 국에서 판매하는 전동 삼륜차의 시제품을 인도 기업의 기술자와 함께 개발 중이다.

사원의 '개인기'를 중시하는 테라모터스와 조직력으로 일하는 닛산디젤공업은 문화 차이가 적지 않다. 그러나 지금 테라모터스의 이십 대 동료들은 자동차에 정통한 요시다의 이야기에 귀를 기울이고 있다.

"평생 쌓은 경험을 다음 세대에 전달해 일본 기업들이 다시 한 번 도약하는 데 힘이 되어 주고 싶었습니다. 이 젊은 조직이야말로 그 꿈을 실현하는 데 최적의 회사라고 생각해요. 경험을 살릴 수 있다는 충만감이 있지요."

테라모터스의 대표 마자 도쿠시케는 젊은 사원들을 혁신적 기업가로 키우고 싶다는 꿈을 갖고 있다. 그리고 그의 옆에 있는 요시다 야스노리는 그 꿈에 디딤돌이 되고 있다는 데서 노년의 희망을 지피고 있다.

"나도 그가 그 꿈을 실현하는 데 큰 힘이 되어 주고 싶어요. 그 결과를 지켜볼 수 있다면, 그것이 이 회사를 내 인생의 마지막 직장으로 선택한 나의 기쁨이겠죠."

평생을 거대 조직에서 세계시장을 개척했던 요시다와 젊고 역동적인 스타트업 회사는 오늘도 서로 윈윈하고 있다.

렌즈를 통해 '봄vom'을 바라보다

— 바라봄 사진관 나종민 대표를 만나다 —

2014년 끝자락, 바라봄 사진관 나종민 대표를 인터뷰하기 위해 합정동에 있는 스튜디오를 찾았다. 그날따라 바람이 몹시 불고 추웠다. 나종민 대표는 7년 전인 2007년 잘나가던 IT 회사의 지사장 자리를 그만두고, 장애인 사진을 전문으로 찍는 바라봄 사진관을 운영해 오고 있다. 2014년 11월에는 캄보디아 장애인 130가족의 사진을 찍고 돌아왔다.

어떤 계기로 인생 2막을 시작하게 됐나요?

2007년, 마흔다섯 살 때 외국계 IT 회사 지사장직에서 퇴직을 했어요. 직장 생활에 회의를 느꼈거든요. 21년 동안 근무했지만 언젠가부터 회사 일에서 재미를 느낄 수가 없었죠. 이제 변화가 필요하다는 것을 절감하고 고민 끝에 회사를 그만뒀습니다. 지금 가진 것을 놓지 않으면 다른 어떤 일도 할 수 없다는 생각에서였습니다.

퇴직하고 한두 해는 재미있게 지냈습니다. 사십 대 중반에 인생 후반부를 고민하다 희망제작소의 행설아(행복설계아카데미, 은퇴자와 은퇴 예정자를 위한 교육 프로그램) 강의를 듣게 됐습니다. 행설아 강의를 듣기 전까지는 구체적인 활동이 없었습니다. 2010년 초에 행설아 강의를 수료한 뒤 수료생들끼리 단체를 만들었는데, 제가 초대 사무국장이 됐어요. 그때 2년 동안 통번역과 사진 재능 기부 등의 활동을 하다가 도봉숲속마을(현 송석복지재단)에서 장애인 사진을 찍게 됐습니다.

사진을 처음 찍게 된 건, 2005년 가족들과 함께 미국으로 여행을 떠났을 때였어요. 그때 사진을 배워야겠다고 생각하고 사진을 찍기 시작했죠.

바라봄 사진관은 어떻게 운영되나요?

10시에 출근해 6시에 퇴근하는 기본 틀은 다른 직장이나 마찬가지입니다. 일을 할 때 시간에 크게 얽매이진 않습니다. 직원은 대표를 포함해 세 명이고요. 사진을 직업으로 삼거나 취미로 하는 사람들, 대학생부터 육십 대까지로 이루어진 자원봉사단과 함께 작업합니다. 지하 1층 스튜디오에서 찍기도 하고, 조명을 가지고 나가 야외촬영을 하거나 행사 사진 등을 찍습니다. 2014년 송년회 때 결산해 보니 올해 670팀(개인+가족)의 사진을 조명 앞에서 찍었더군요. '조명 앞에서'라고 얘기하는 건, 사진관 안에서 찍는 것과 밖에서 찍는 것을 모두 포함하기 때문이에요. 올해 총 20만

컷을 찍었어요. 거기에는 행사 촬영 등 재능기부 활동으로 찍은 것도 108건이 있습니다.

감동을 받았거나 가슴 뭉클했던 사연이 있다면 좀 들려주세요. 그리고 현재의 삶에 얼마나 만족하시나요?

내가 찍은 장애인의 99퍼센트가 사진관이 처음인 사람들이라 그들 모두에게 사연이 있다고 해도 과언이 아닐 겁니다. 무료 이벤트는 공급과 적절한 수요를 찾는 게 중요해서 사연을 받아서 진행합니다. 감히 말씀드리자면, 나는 내가 원하는 대로, 능력 있는 부모 밑에서 훌륭한 교육을 받고 좋은 직장 환경에서 사회적 뒷받침을 받고 잘 살아왔다고 생각합니다. 타인과 나눌 수 있는 기회를 현실화하는 게 은퇴 계획 때문만은 아니었지만…… 현재 충분히 만족하고 행복합니다.

바라봄 사진관에서는 장애인만 찍을 수 있나요?

장애인뿐 아니라 모든 소외 계층 이웃이 바라봄의 대상입니다. 이일을 하면서 장애인, 다문화가정 외에도 백일사진을 찍을 형편이 안 되는 가정, 입양을 기다리는 아기들, 마땅한 장수(영정) 사진이 없는 어르신들 등 사진이 필요한 사람들이 의외로 많다는 것을 알게 되었습니다.

장애인을 주로 찍지만 사진이 필요한 사람은 누구나 이용할 수 있습니다. 비장애인 한 사람이 바라봄 사진관에 와서 사진을 찍게 되면, 장애인 한 사람이 무료로 사진을 찍을 수 있도록 돕게 됩니다.

크라우드펀딩과 1+1 사회 공헌은 무엇인가요?

2014년 7월 20일부터 9월 말까지 장애인 사진 촬영에 대한 크라우드펀딩에 238명이 참가해 2080만 원이 모였어요. 장애인 시설은 서울과 지방의 차이가 큰데, 지방에는 그분들이 사진 찍을 만한 곳이 거의 없습니다. 조명과 배경을 직접 갖고 가서 사진을 찍어 드리려고 해요. 지난주에는 진안에 다녀왔고, 이번 주말에는 완주와 남원에 가서 찍을 거예요. 장수 사진, 가족사진, 증명사진을 찍는데, 거의 처음 사진을 찍는 경우가 허다합니다.

1+1 사회 공헌은, 비장애인 한 사람이 사진을 찍고 비용을 내면 바라봄 사진관이 사회 공헌 대상자인 장애인 한 사람에게 무료로 사진을 찍어 주는 것을 말합니다.

들어 보니 자원봉사가 아닌가 싶은데요, 회사가 맞나요?

아주 훌륭한 수익 모델이라고 하긴 어렵지만, 수익이 나면서 사회 공헌도 할 수 있는 새로운 단체 혹은 조직을 만들었다는 데 의미가 있다고 봐요. 재능기부를 받고 있지만 조직을 갖추고 수익 모델을 갖고 있는 회사가 맞습니다. 하지만 대표는 수익금을 가져가지 않아요. IT 회사를 다니면서 벌어둔 것을 검소하게 쪼개 쓰면서 최대한 비용을 줄여 이 일을 오래하려고 합니다.

이 일을 시작하면서 가족들의 반대가 있었을 텐데요. 어떻게 설득하고 이해시키셨나요?

설득은 아니고, 그만두기 전에 아내와 많은 이야기를 했습니다.

다행히 두 사람의 돈에 대한 가치관이 다르지 않아 동의를 얻을 수 있었고 아이들도 부모의 생각에 따라 주었습니다. 현재 대학 2학년인 아들은 고액 과외를 해서 돈을 버는 대신 무료 과외 봉사를 하고, 방학 때면 동아리 활동으로 농촌 교육 봉사를 다닙니다. 아버지의 뜻을 이해했다고 생각해요.

그리고 충분한 돈이란 없다고 봅니다. 안 벌어도 된다고 생각하는 게 특이하다지만 남들이 얘기할 때 특별한 것이지 나한테는 그렇지 않습니다. 안 벌고 어떻게 사나 궁금해하는 사람들에게는 있는 거 까먹고 산다고 얘기하는데, 지금 아껴 가며 잘 살고 있습니다.(웃음)

앞으로 지향하는 방향성이나 계획이 있다면 무엇인가요?

처음 성북구에서 사진관을 연 뒤로 합정동으로 이사 와서 이제 1년이 지났습니다. 소외된 이들을 위한 사진을 찍는 데 바라봄 사진관 한 곳으로는 물리적으로 한계가 있어요. 상설 공간에 올 수 있는 사람 역시 한계가 있기 때문에 이런 형태의 사진관이 늘었으면 해요. 2015년 2호점 오픈을 염두에 두고 있습니다. 사진 찍기가 꿈인 시니어 은퇴자들의 합류를 기다리고 있지요.

은퇴 시니어들이 좋아하는 풍경 사진 찍기가 자기 기쁨과 만족을 주는 것이라면, 바라봄 사진은 현실적으로 도움이 필요한 사람에게 도움을 준다는 데서 의미를 찾을 수 있죠. 남에게 기쁨을 주면 배가 되어 돌아옵니다.

바라봄에서 봄(vom)은 viewfinder of mind의 줄임말이에요.

대기업에서 CI나 이름, 로고, 카탈로그에 큰돈 쓰며 신경 써서 만들듯이, 우리도 영리 기업의 마인드를 가져야 한다고 생각해요. 우리가 하는 활동을 '알려야' 장애인도 오고, 후원금도 지원금도 받을 수 있어요. 언론 노출이나 대중 앞에 서는 데 이질감은 없습니다. 영업적 마인드로 회사를 운영하려고 합니다. 어설프게 할 수는 없지요.

비영리단체나 사회적 기업 쪽을 준비하고 있는 시니어들에게 선배로서 조언해 주고 싶은 말이 있다면 좀 들려주시겠어요?

'우리는 이러이러한 좋은 일을 하고 있습니다'라는 마음을 버리고 영리적으로 운영하지 않으면 안 됩니다. 비영리단체라고는 하지만 영리 기업의 마인드를 유지하고, 홍보 · 마케팅 · 영업 기술을 개발해야 해요. 그렇지 않으면 후원금이 끊겨 존속을 할 수 없고, 그런 활동이라면 아무런 의미가 없지요. 비영리단체가 하는 좋은 일이니 도와주겠거니 하는 생각은 버리세요. 출발 자체를 다르게 해야 존속할 수 있습니다.

마지막으로, 인생 2막을 설계하고 있는 시니어들이 가장 경계해야 할 것이 있다면 무엇일까요?

무슨 일을 하든 권위의식에서 벗어나야 합니다. 좋은 아이디어만 있다고 해서, 혹은 좋은 뜻을 가지고 있다고 해서 모든 것이 잘되리라는 생각도 버려야 해요. 특히 비영리 분야로 뛰어들 준비를 하고 있다면, 과거에 자신이 지니고 있던 직함이나 지위는 내려놓아야 해요. 기업의 생리에 익숙한 그 마인드를 비영리단체의 잠재력에 접목해야죠. 정리하자면, 과거에 갈고닦은 능력을 최대한 활용하되 바닥에서 새롭게 출발한다는 마음가짐을 가져야 한다고 생각해요.

———

21년간의 직장근무를 통해 알게 된 홍보, 마케팅 효과를 긍정적으로 수용하고 활용한다는 나종민 대표는 "내가 하고 있는 일을 적극적으로 알리는 데 조금도 망설임이 없다"고 말했다. 2014년 한 해 TV, 신문, 잡지 등 매스컴에 43회나 등장한 자칭 홍보대사다. 사십 대 중반에 후반부의 삶을 고민하며 "지금 가진 것을 놓지 않으면 다른 그 어떤 것도 할 수 없겠다"는 생각이 들었다던 그의 말이 "잘 나갈 때가 (은퇴 후) 하고 싶은 다른 일을 생각할 때"라고 했던 다른 시니어의 말에 오버랩되어 잔잔한 울림을 준다.

(인터뷰: 홍혜련)

▶▷▷특히 시니어 세대가 창업에 실패하면 대부분 회복하기 어려운 벼랑 끝으로 내몰리는 우리나라의 현실에서는 창업에 신중하게 접근해 치밀한 준비 과정을 거쳐야겠지만, 문제의식만 있다면 취미나 일상의 순간순간에 번득이는 아이디어를 우연히 발견하기도 한다. 이렇듯 우연한 계기에서 시작되는 아이디어는 창업 형태를 다양화해, 많은 이들이 커피전문점이나 식당, 술집 등의 프랜차이즈로 몰리는 현상을 극복하는 대안이 될 수 있다.

3부

우연처럼 찾아오는
번득이는 창업의 순간들

창업2

BRAVO!
SENIOR
LIFE

애완견 불도그와 함께
회사를 창업하다

"크리스마스 선물로 남편 대신에 개 한 마리를 얻었다. 좋은 거래 맞지?"

애완동물 가게가 후원하는 크리스마스카드 경연대회에 참가한 캐럴 가드너는 이 문구가 적힌 카드로 우승을 차지했다. 그녀 인생의 가장 참혹한 시절이 가장 빛나는 시절로 넘어가는 순간이 이 한마디에 그대로 담겨 있었다.

캐럴 가드너는 쉰두 살 때 이혼을 당했다. 그때 그녀는 빚만 잔뜩 진 데다 일자리도 없었고 따라서 수입도 없었다. 더군다나 몸도 성하지 않았다. 양쪽 다리가 골절되었다가 회복되는 중이었고, 심각한 우울증까지 앓았다. 더 이상 추락할 데가 없는 인생의 바닥이었다.

그때 친구가 조언했다. "우울증 치료를 받든지 아니면 개를 한 마리 키우는 게 어때?" 우울증 치료는 내키지 않았던 캐럴은 태어난 지 넉 달 된 불도그 강아지 한 마리를 입양했다. 이름은 '젤다(Zelda)'라고 지었다. 캐럴과 불도그 젤다, 둘 다 조건 없는 사랑이 절실히 필요한 사회적 약자였다.

돈 때문에 어려움을 겪고 있던 캐럴에게 이번에도 친구가 소중한 정보를 알려 주었다. 동네의 애완동물 가게에서 크리스마스카드 경연대회를 연다는 것이었다. 우승자는 일 년 동안 매달 개 사료 18킬로그램을 부상으로 받을 수 있었다.

크리스마스카드 제작 경연대회에서 우승하다

젊은 시절 CF 감독으로 일했던 캐럴은 그때의 실력을 발휘해 강아지 젤다의 외모를 재미있게 꾸미고, 자기만의 위트와 지혜를 담은 글을 넣어 크리스마스카드를 만들기로 했다. 이웃에서 산타 모자를 빌려와 젤다에게 씌우고, 욕조를 비누 거품으로 채운 다음 젤다를 욕조에 넣었다. 머리에 산타 모자를 쓰고, 비누 거품으로 수염을 만든 불도그 젤다는 '완벽한 산타' 그 자체였다. 캐럴은 그 모습을 사진으로 찍고, 한 줄의 문구를 써넣었다.

"크리스마스 선물로 남편 대신에 개 한 마리를 얻었다. 좋은 거래 맞지?"

6주 후 젤다와 캐럴은 우승했다. 부상으로 강아지 사료를 받은 캐럴은 젤다에게 물었다고 한다. "나하고 나눠 먹지 않을래?" 그만큼 그녀는 절박했다.

크리스마스가 다가오자 캐럴은 우승한 카드를 인쇄해 친구들에게 보냈다. 친구들의 열광적인 반응에 자신감을 얻은 그녀는 일단 회사를 차리기로 결심했다. 이름은 젤다의 지혜라는 뜻의 젤다위즈덤. 거실에 사무실을 차린 그녀는 24종의 크리스마스카드를 만들어 판매를 시작했다. 그리고 기적이 일어났다. 6개월 만에 100만 장이 넘는 카드가 팔린 것이다. 현재 젤다위즈덤은 전 세계에 제품 사용 라이선스를 주는 국제적인 기업으로 성장했다.

라이선스를 사용하고 있는 회사들의 면면을 보면 홀마크, 러스베리, 앤드루맥밀 출판사, 맥밀런 출판사, 아메리칸그리팅스, 웨스트랜드기프트, 페이퍼매직 그룹 등 쟁쟁한 회사들이다. 젤다의 이미지가 들어가는 제품도 캘린더, 책, 봉제 인형, 작은 조각상 등 다양하다.

젤다위즈덤의 카드는 많은 나라의 언어로 번역되었고, 2013년 연간 매출액은 6000만 달러를 넘어섰다. 홀마크에서는 가장 많이 팔리는 카드 가운데 하나다. 또한 젤다에 관한 책도 수십 권이나 출판되었다.

성공의 비결은 젤다의 우스운 모습과 유머

신체 사이즈가 32-32-32인 젤다를 보면 우리 자신의 몸매에 대해 좀 더 너그러워진다. 어떤 이들은 지금보다 상황이 더 나빠질 수도 있다는 것, 그러니 아직은 최악의 상황이 아니라는 것을 깨닫기도 한다.

젤다위즈덤의 성공 비결을 묻는 질문에 캐럴은 망설이지 않고 이렇게 답한다.

"젤다위즈덤의 핵심에는 유머와 힐링이 있습니다. 젤다는 언제나 나를 웃게 만들죠. 젤다와 나는 둘 다 사회적 약자로 시작했어요. 우리 둘은 성공하기 위해서 날씬할 필요도 없고, 꼭 돈이 있어야 하는 것도 아니고, 젊고 주름이 없어야 하는 것도 아니라는 것을 몸으로 증명해 보였답니다."

젤다는 거칠지만 부드럽고, 귀엽지만 강하다. 젤다의 지혜는 우리가 우리 자신에 대해 웃을 수 있게 하고, 굴곡진 인생길에서 결코 혼자가 아니라는 걸 깨닫게 해준다. 우리 모두의 안에는 바로 젤다가 있다!

젤다와 캐럴은 함께 시간과 재능을 기부해 개의 암 치료법을 찾는 비영리단체의 캠페인을 도와주기도 한다. 또한 동물 보호 단체의 일도 돕고 있다.

그녀처럼 성공하기를 꿈꾸는 사람들에게 해주고 싶은 말이 있느냐고 했더니, 캐럴은 젤다의 등을 쓰다듬으며 이렇게 대답했다.

"사회에 보답을 하고 있다는 것이야말로 진정으로 성공했다는 것을 알려 주는 징표가 아닐까요. 젤다 덕분에 누군가가 하루를 미소로 시작할 수 있다면, 우리는 보람 있는 일을 하고 있는 거라고 생각해요."

빵 만들기로
사업가가 된
전업주부

"엄마, 오늘도 리소토예요?"

평소에 투정이라곤 부리지 않던 막내딸 로레인이 식탁에 앉자마자 실망감을 감추지 못하고 투덜거렸다.

"밀가루 음식이 몸에 안 좋다잖니. 그래도 오늘은 해물과 크림을 듬뿍 넣었단다. 난 먹을 만한데……."

아이의 투정에 한마디 할 줄 알았던 남편 제레미가 어쩐 일인지 조용해 옆을 돌아보니, 그 역시 입맛이 없어 보이는 표정이었다.

하긴, 늘 갓 구운 빵을 주식으로 먹던 가족이다. 다른 누구보다 캐시 본인이 빵귀신이라는 소리를 들을 만큼 갓 구운 빵을 좋아했다. 아닌 게 아니라, 질릴 때도 됐다. 아무도 선뜻 수저를 들지 않는 식탁 앞에서 이제는 뭔가 방법을 찾아봐야 할 때라는 생각이 들었다.

아일랜드의 전업주부이자 여섯 아이의 엄마인 캐시 휘티는 어느 날 갑자기 심한 알레르기로 병원에 입원하게 되었다. 입원 후 몇 주가 지나도록 어떤 음식이 문제를 일으키는지 알아내기 위해 검사를 받고 또 받았다. 지리한 검사 끝에 의사가 진단을 내렸다.

"빵을 좋아하신다고요? 빵의 원료가 되는 밀이 환자분에게 맞지 않는 듯합니다. 그렇다고 탄수화물을 섭취하지 않을 순 없으니, 앞으로는 밀을 피하고 다른 곡류로 대신하세요."

글루텐 밀가루의 대안으로 찾은 스펠트

많은 식구들을 위해 항상 빵을 구워 왔던 캐시는 밀가루 대신 쌀을 주재료로 음식을 했지만, 한 달이 지나지 않아 그녀도, 가족들도 질려 버렸다.

뭔가 방법이 없을까 고심하던 캐시에게 친구가 전화 통화를 하다 권해 준 것이 바로 스펠트였다. 스펠트는 글루텐 함량이 낮고 단백질은 풍부한 밀로, 소화가 잘된다고 했다. 그 말이 정말이라면 알레르기 때문에 밀가루를 못 먹는 사람에게는 더할 나위 없는 대안이다.

"스펠트는 원래 9000년쯤 전에 재배됐는데, 말하자면 귀리와 밀의 조상이라고 할 수 있지. 청동기시대부터 중세까지 유럽 일부 지역(중부 유럽과 스페인)에서는 중요한 농작물이었는데, 그 뒤로 거의 재배하지 않게 되었다고 해. 하지만 지금은 건강 식품으로 다시 각광받고 있다고 하네."

친절하게도 친구는 자세한 설명까지 덧붙였다. 전화를 끊은 캐시는 바로 동네의 건강식품점으로 달려갔다.

늘 식구들을 위해 직접 빵을 굽곤 했던 캐시는 쉽게 스펠트에 적응할 수 있었다. 오히려 풍미는 일반 밀가루보다 나았다. 그리고 그녀의 인생 2막을 열어젖힌 사건은 얼마 지나지 않아 우연하게 찾아왔다.

어느 날, 캐시는 스펠트를 구입하러 가곤 했던 건강식품점에 갓 구운 빵을 가져갔다. 자주 들르다 보니 어느새 단골이 되었고, 번번이 신경 써주는 가게 주인 스티브에게 새로 개발한 메뉴를 대접해야지, 벼르고 있던 참이었다.

빵 맛을 본 스티브는 정말 맛있다고 감탄을 아끼지 않았다. 그리고 며칠 뒤 밀가루를 못 먹는 다른 손님들을 위해 가게에서 팔 수 있게 빵을 대줄 수 있는지 물어왔다. 캐시의 빵이 세상에 알려지는 순간이었다.

TV 출연으로 스펠트 빵의 인지도가 급상승하다

그렇게 동네 가게에서 필요로 하는 빵을 매일 구워 공급하게 된 캐시에게 또 한 번 기회가 찾아왔다. 막내딸 로레인이 엄마를 '성공 조리법' 경연대회에 추천한 것이 계기가 되었다. 이 경연대회는 아일랜드의 대형 슈퍼마켓 그룹 슈퍼발루(SuperValu)와 전국 TV 방송국인 RTE가 함께 진행하는 TV 시리즈 프로그램으로, 여기서 우승하는 아마추어 조리사들은 자기만의 조리법으로 만든 제품을 슈퍼발루 슈퍼마켓에서 판매하는 기회를 얻게 된다.

캐시는 결선에까지 올라갔고, 몸에도 좋고 맛도 좋은 스펠트 빵을 전국에 알릴 수 있었다. TV 프로그램이 방영된 뒤로 전국의 상점

과 개인들에게서 어떻게 하면 그 빵을 구할 수 있느냐는 문의가 쇄
도했다.

스펠트 빵의 수요가 있다는 사실은 확실하게 알게 되었지만, 지
금처럼 집에서 소규모로 빵을 구워서는 도저히 수요를 감당할 수 없
었다. 캐시는 지자체의 기업위원회에 조언을 요청했다. 대규모 생
산 시설을 자체적으로 갖출 수 있는지 알아봤지만, 엄두도 낼 수 없
을 만큼 투자비가 많이 든다는 얘기를 듣고 자체 생산은 포기했다.
대신 그녀는 믿을 수 있는 공장을 하나 정해 자신만의 조리법에 따
른 빵 원료 배합물을 외주 생산하기로 했다. 판매는 적합한 판매 업
자를 뽑아 대행시켰다. 그리고 본인은 마케팅과 제품 개발에 집중하
기로 했다.

아일랜드를 넘어 세계로

캐시가 구상한 사업 형태는 이렇다. 스펠트 가루와 기타 재료
를 섞어 종이백에 담은 제품을 소비자가 구입한 뒤, 단지 버터우유
나 두유를 첨가해 오븐에 넣고 조리법대로 굽기만 하면 훌륭한 건강
식 스펠트 빵이 만들어진다. 그리고 가족들의 찬사만 기다리면 끝!

딸이 종일 함께 일하고 남편을 포함한 나머지 가족들이 시간 날
때마다 그녀를 도와주었기 때문에, 캐시는 새로운 사업을 점점 더
야심 차게 추진할 수 있었다.

"아이들을 모두 키운 뒤에는 뭔가를 해야겠다는 생각이 늘 마
음 밑바닥에 있었답니다. 그렇지만 내 사업이 어떻게 시작되어 어떻
게 성장할 것인지는 전혀 예견할 수 없었죠. 다행히도 지금은 지자

체의 기업위원회에서 아주 훌륭한 멘토를 소개받았어요. 그 멘토가 권하길, 내 사업을 아일랜드 내에서만 하지 말고 다른 나라에도 확대해 보라더군요. 해외에도 고품질의 스펠트 제품에 대한 수요가 분명히 있을 거라면서요."

다른 액티브 시니어들에게 당신처럼 창업할 것을 권유하겠느냐는 질문에 그녀는 자신 있게 대답했다.

"스스로 뭔가 하고 싶다는 꿈을 품은 사람이 있다면 지자체의 기업위원회를 찾아 시니어 창업에 대해 조언을 받아 보라고 권하고 싶어요. 뭔가를 시작하기에 너무 늦은 때는 없다고 생각해요. 나는 직장 경험이 전혀 없는 주부였지만, 오십 대 후반에 창업을 해 인생 2막을 열었답니다."

캐시의 제품 가운데 하나인 플랩잭(Flapjack: 귀리, 버터, 설탕, 시럽으로 만든 두꺼운 비스킷) 원료 배합 제품은 2011년 '그레이트 테이스트 어워드(Great Taste Award)'를 수상했다. 이 상의 선정 기준은 영국에서도 엄격하기로 소문이 났다. 2011년에는 1600개의 회사에서 7481개의 제품을 출품해 350명의 전문가들에게 34일 동안 블라인드 테스트를 받았다. 그렇게 결정된 수상작 가운데 하나가 바로 캐시의 플랩잭이다.

캐시는 가정주부로서 제빵 기술을 활용해 자기처럼 알레르기 문제로 고통받고 있는 많은 사람들에게 도움을 주는 방법으로 창업했다. 꼭 제빵이 아니더라도 사업을 발전시켜 나갈 수 있는 방법은 많다. 당신에게 있는 어떤 경험과 기술이 이웃을 행복하게 만들 수 있을지 곰곰이 생각해 보면 훌륭한 창업 아이템이 떠오를 수 있다. 그렇게 망설이지 않고 작은 규모로 시작하고 나면 길은 저절로 열리게 마련이다.

52세 엄마가
디지털 창업가로
변신하다

"정말 기가 막히네요. 어떻게 인적사항이 틀린 게 더 많을 수 있죠?"

쌍둥이 아들의 학교에 자원봉사 활동을 온 트레이시 오켄은 학생명부(이름·주소 등의 관련 정보를 보통 알파벳순으로 나열한 안내 책자)를 뒤져 가며 학부모회 초대장을 작성하다 결국 짜증을 내고 말았다.

"트레이시, 무슨 일로 그래요?"

큰아들과 같은 반인 스티브의 어머니 엘사가 봉투에 붙일 주소를 타이핑하다 돌아보며 물었다. 두 사람은 연배가 비슷한 데다 집도 서로 멀지 않은 곳에 있어 오다가다 만나면 차를 마시며 수다를 떨곤 했다.

소프트웨어 회사의 제품 매니저로서 나름 잘나가는 커리어우먼이었던 트레이시가 결국 육아 문제로 직장을 포기했을 때도 엘사를 만나 수다를 떨며 조금은 위로받기도 했다. 그때, 엘사는 끝까지 직장을 그만두는 데 반대했다. 일단 회사를 그만두고 집에서 아이를 돌보며 살림만 하다 보면 나중에 재취업하기가 하늘의 별 따기라는 말을 할 때는 자신의 경력도 단절되어 버렸다는 아쉬움이 진하게 배어 있었다.

하지만 트레이시는 결국 육아에 전념하는 쪽을 선택했고, 지금도 그 선택에는 후회가 없다. 다만, 이렇게 학교에 봉사 활동을 나오는 날이면 학교의 비효율적인 시스템에 맥이 빠질 때가 있다. 한숨을 내쉬며 트레이시가 말했다.

"어떻게 된 게, 전화를 걸 때마다 없는 번호라고 하는지 신기할 정도예요. 업데이트를 하긴 하는지 모르겠네요."

새삼스럽지도 않다는 듯 엘사가 웃으며 말했다.

"학교에서 하는 일이 다 그렇죠. 학생 명부가 제일 심해요. 일일이 수작업으로 하니 엄청나게 손이 가긴 하는데 결과물은 너무 불완전하죠. 코끼리만 한 바위를 조각하다 보니 개미가 됐다고나 할까요. 참, 트레이시! 소프트웨어 개발하는 일을 했었잖아요. 이참에 한번 프로그램을 만들어 보는 건 어때요?"

엘사의 말을 듣고 보니, 그렇잖아도 왜 그 생각을 못했나 싶었다. 트레이시는 학생 명부를 테이블에 던져 놓고는 자리에서 일어났다. 벌써부터 의욕이 넘쳐 흘렀다.

불편한 학생 명부를 편리하게 만들다

학생 명부는 학교 생활의 중추다. 아이가 수학 숙제를 잊어 친구에게 어느 페이지를 해야 하는지 물어야 한다면? 이렇게 연락처가 필요할 때 학생 명부는 마치 바이블과 같다. 생일 파티 초대장을 보낼 때도 마찬가지다. 만약 당신에 관한 정보가 학생 명부에 한번 부정확하게 기재되면 다시 인쇄할 때 수정하지 않는 한 아무도 당신을 찾을 수가 없다.

쉰두 살의 쌍둥이 엄마 트레이시는 고군분투 끝에 학생 명부용 소프트웨어를 개발했다. 그 프로그램은 정보를 수정하거나 갱신할 수 있고, 학교를 졸업하면 자동적으로 '졸업생'으로 분류되게 하는 기능도 있다. 사용하기 쉽고, 검색이 가능하다. 또 모바일 앱 버전은 구글 지도에 직접 연결되어 있어 부모들이 아이들을 태우러 갈 때면 위치를 바로 알 수 있다. 그리고 길이 막혀 아이를 태우러 가기가 어려울 때 부탁할 사람들과 간단하게 연결해 주는 기능도 있다. 프로그램을 써본 사람들은 한결같이 "이런 프로그램이 왜 이제야 나왔는지 모르겠다"고 엄지를 치켜세웠다.

학생 명부 프로그램을 사업화하다

학교에서 돌아온 아들에게 프로그램에 대한 반응이 열광적이라는 얘기를 들은 트레이시는 그것을 사업으로 전환하기로 결심했다. 그리고 바로 MyDirectoryMaker.com을 만들었다.

트레이시의 이야기는 우연히 창업가가 된 사람의 이야기다. 거실에 사무실을 차려 놓고 3년 정도의 시간을 투자했을 뿐이다. 투입 비용도 채 2만 달러가 되지 않는다(그나마도 대부분은 소프트웨어를 다듬어 줄 프로그래머를 파트타임으로 고용하는 데 들어갔다). 3년 만에 그녀의 사업은 궤도에 올라 연매출이 15만 달러를 웃돌았다. 광고를 하지 않았는데도 입소문을 타고 잠재 고객들에게서 매주 10~25통의 문의 전화가 오고 있다.

학기가 시작되는 성수기(8월 말부터 이른 가을까지)에는 하루에 8~10시간 일하지만, 나머지 기간에는 하루 4시간씩 일한다. 요즘은 교회에도 신도용 명부 소프트웨어를 판매한다.

"늘 일과 가족 사이에서 균형을 잡을 수 있는 일을 꿈꿨어요. 그런데 이 프로그램으로 그 꿈이 현실로 다가왔죠."

여전히 집에서 일하고 있는데, 너무 바쁜 날엔 공인회계사인 남편이 일을 거들어 준다며 환하게 미소 짓는 트레이시의 얼굴은 정말로 행복해 보였다.

다시 일을 갖고 싶어 하는 엄마들을 위한 조언

학부모가 어떻게 기술 창업가가 되었을까? 트레이시는, 자신의 직감을 믿고 그대로 따랐기 때문이라고 설명한다. 창업을 생각하고 있는 사람들, 특히 자영업으로 다시 일을 찾고 싶어 하는 오십 대 엄마들에게 그녀는 다음과 같은 조언을 한다.

첫째, 당신이 잘 아는 것으로 시도하라. 트레이시는 소프트웨어 회사의 프로젝트 매니저 경력을 갖고 있었다. 또 엄마로서 그녀는 부모들이 학생 명부를 어떻게 사용하는지를 잘 알고 있었다. '당신의 열정을 따르라'는 말은 참 멋진 이야기로 들린다. 하지만 그 열정이 돈을 벌어다 주지 못한다면 사업을 할 이유가 없지 않겠는가.

둘째, 문제점에 대한 해결책을 찾아내라. 가장 좋은 사업은 무엇을 해결하는 것이다. 때로는 사람들이 문제가 있다는 생각조차 하지 않고 넘어가는 문제가 있다. 트레이시의 경우를 보자. 그녀의 소프트웨어는 학부모들이 늘 접하고 있지만 당연한 것으로 생각하고 있던 문제를 해결했다. 종이 책자로 된 학생 명부를 온라인 학생 명부로 바꾸면서 추가적인 이점까지 경험해 본 학부모들은 이제 예전에는 온라인 학생 명부 없이 어떻게 살았는지 모르겠다고 한다.

셋째, 실제 제품을 만들어라. 만약 당신 자신이 제품이라면 문제가 있다. 당신을 복제할 수는 없지 않은가. 이것은 많은 프리랜서들이 빠지는 함정이다. 그들은 사업을 만들어 내지 않는다. 대신 작은 계약들을 여기저기서 끌어모아 자신들을 위한 일거리를 만든다. 이런 방식으로 일해야 할 사람들은 작가, 건축가, 변호사들이다. 그들은 제품이 아니라 서비스를 판매하는 사람들이다. 하지만 당신은 한번 만들면 반복적으로 판매할 수 있는 제품을 만들어야 한다.

넷째, 고객들이 다시 돌아오게끔 할 요소를 만들어라. 트레이시는 계속해서 학생 명부의 기능을 향상시킨다. 그녀는 그 열쇠를 쥐고 있다. 매년 신학기가 되면 학교에서는 학생 명부를 새로 만들고 갱신해야 한다. 당연히 그 과정을 관리할 시스템이 필요하다. 그리고 학부모회의 구성원이 늘 바뀌기 때문에 그에 따라 몇 년마다 학생 명부 관리 책임자가 바뀐다. 그들을 교육할 사람도 있어야 있다.

다섯째, 누군가가 당신을 훈련시킬 때를 기다리지 말라. 트레이시

는 온라인상에서 다시 일을 하고 싶어 하는 여성들을 보면 충고하곤
한다. 친구들에게 조언을 구하고 직접 참여해 보라고. 그녀는 스스로
HTML 코딩을 배웠다.

"우리는 흔히 다른 사람들은 자기보다 더 많이 안다고 생각하는
경향이 있습니다. 그렇지만 우리가 인생을 살아오면서 경험하고 배
워 온 것들은 사실 굉장한 가치가 있어요. 우리는 무엇이든 할 수 있
지요."

전업주부,
7년의 공백을 깨고
작가로 변신하다

이제는 여름도 다 가고 제법 서늘한 바람이 부는 9월의 어느 토요일 오후. 재닛 심슨은 노천 카페에서 조금은 초조한 마음으로 노라를 기다리고 있다. 경영 컨설팅 사업을 할 때 동업했던 선배 노라에게 7년 만에 전화를 하고 약속을 잡았다. 함께 일할 때는 누구보다 절친하게 지냈지만, 일을 그만두고 나이 드신 부모님을 간병하며 아이들을 키우다 보니 연락 한 번 못하고 세월을 보냈다.

아버지가 지난해 가을에 돌아가시더니, 어머니도 일 년을 채우지 못하고 올 여름 돌아가셨다. 장례를 치른 재닛은 이제 아이들도 어느 정도 컸으니 다시 일을 하고 싶은 마음이 굴뚝같았지만, 무엇을 해야 할지 막막했다. 7년 동안 사회와는 동떨어져 지냈으니 어찌 보면 당연한 일이었다.

선선한 바람이 얼굴을 스쳐 지나갈 무렵 저 멀리에서 노라가 다가오는 모습이 보였다.

"안녕, 재닛! 이게 얼마만이야?" 예나 지금이나 노라의 목소리는 차분하지만 자신감이 묻어났다.

"7년 만이죠. 언니는 하나도 안 변했네."

걱정했던 것과는 달리 어제 만났다 헤어진 듯 서먹한 느낌은 들지 않았다. 몇 마디 안부를 주고받은 뒤 재닛은 잠시 뜸을 들이다 고민을 털어놓았다.

"7년 동안 사회 생활을 하지 않았더니, 이제 뭘 해야 할지 모르겠어."

"설마, 아무것도 하지 않고 지낸 건 아닐 테고⋯⋯ 재닛, 그동안 뭘 하며 지낸 거야?"

"글쎄⋯⋯ 언니도 알잖아. 회사를 그만둘 때 첫째가 여섯 살, 둘째가 세 살이었던 거. 그것만으로도 벅찬데, 아버지는 대장암에 걸리셨고, 어머니는 치매에 걸리셨으니⋯⋯ 하루하루가 전쟁 같았지. 버텨내기도 힘들다 보니 다른 뭔가를 할 엄두도 낼 수 없었다고. 지금 생각해 보면 아무나 할 수 있는 일은 아니었던 것 같아. 누구나 부모님이 나이 드는 모습은 한 번밖에 볼 수가 없고, 그러니 배운 적도, 경험해 본 적도 없는 일 투성이었어. 그나마 이제 좀 잘해낼 수 있겠다 싶었는데, 부모님이 돌아가셨으니⋯⋯."

재닛의 말을 들으며 골똘히 생각에 잠겨 있던 노라가 무릎을 치며 말했다.

"맞아, 그거야! 부모님과 아이들 사이에 끼여 있는 샌드위치 단계는 누구에게나 찾아오잖아. 재닛 말대로 미리 경험할 수 없으니 누구나 다 조금씩 서툴게 마련일 테고……. 재닛, 자기가 가족들과 지내며 경험했던 거, 그 소중한 추억과 교훈을 다른 사람들과 공유해보는 건 어때?"

선배 노라의 말을 들은 재닛은 왜 여태껏 그 생각을 하지 못했나 싶었다.

노부모 간병 이야기를 책으로 펴내다

7년 전까지는 두 아이의 엄마와 아내로서 생활은 바빴지만, 재닛은 기업 경영 컨설팅 업무를 좋아했다. 그러나 어머니가 치매에 걸리고 연이어 아버지가 암에 걸리자 일을 그만둬야 할 때라고 결심했다. 그때 아이들은 세 살, 여섯 살이었고, 부모님은 일흔여덟 살, 일흔일곱 살이었다. 그녀는 7년 동안 아이들 뒷바라지와 병든 부모님 수발을 동시에 해내며 보냈다. 이 시기는 괴로웠지만, 한편으로는 가족들과 아주 즐거운 추억을 공유하는 계기가 되기도 했다. 노라의 조언을 듣고 깊이 고민한 끝에, 재닛은 그 세월 동안의 이야기와 가족들이 깨달은 소중한 교훈을 다른 사람들과 공유하기로 결심했다.

마침내 재닛은 작가로 전업했다. 그녀가 처음 쓴 책은 『포기하지 말라!─늙어가는 부모를 성공적으로 모시기(Don't Give Up on Me!)』다.

이 책은 모든 가정이 직면하는 생의 마지막 과제, 즉 부모님의 노년이라는 가슴 아픈 문제의 사례 연구집이다. 재닛은 부모님이 생의 마지막 단계에 들어가기 전에 자식으로서 알았더라면 좋았을 50

가지 목록을 바탕으로 이야기를 풀어 나갔다. 독자들로 하여금 나이 드신 부모님의 행복과 재무적 안정을 어떻게 보호할 것인지를 깊이 생각해 보고, 이해할 수 있게 했다.

재닛은 책을 쓰면서 회사를 차려야겠다는 생각을 하게 되었고, 2008년 서클오브라이프(Circle of Life) 사를 창업했다. 이 회사는 베이비붐 세대들이 나이 든 부모를 성공적으로 부양하고 그들의 재무적 안정을 잘 유지할 수 있게끔 돕는 것을 사명으로 한다. '육아와 노부모 부양이라는 인생의 샌드위치 단계가 얼마나 단기간에 가정을 짓누르고 재산을 고갈시키며 사회와 단절시키는지'를 다른 누구보다 본인이 직접 체험했기 때문이다.

05

보통 사람들을 위한
자서전 제작 사업으로
창업한 60대 여성

브라이어 스쿠다모는 사랑하는 어머니 페기의 유품을 정리하다 기어이 눈물을 터뜨리고 말았다. 우연히 오래된 사진과 편지가 눈에 띄었기 때문이다. 문득 어머니의 인생에 대해 얼마나 알고 있는지, 더 알아야 할 것이 얼마나 많은지를 깨닫게 되었다. 하지만 어머니는 이미 돌아가셨다. 어머니가 살아 계실 때, 당신의 삶에 관심을 가졌더라면, 그래서 더 많은 걸 알 수 있었다면 얼마나 좋을까, 생각하면 할수록 가슴이 미어졌다.

사랑하는 이를 떠나보낸 사람들 마음이 대부분 이러할 것이라는 생각이 들었다. 그때 브라이어의 마음속에 한 가지 생각이 싹텄다. 비싼 대필 작가를 고용해 자기 인생을 자서전에 담을 수 있는 부자들, 저명인사들이 아니라 평범한 개인을 위한 자서전 사업을 시작하기로. 말하고 싶은 소중한 이야기가 더 이상은 죽음에 묻혀 사라져 버리는 일은 없게 하겠다고. 그녀는 평생 모은 저축과 집을 모두 쏟아부어 이 일에 필요한 자금을 마련했다.

평범한 사람들을 위한 기억의 창고

BBC에서 25년간의 기자 생활을 성공적으로 마치고 은퇴한 브라이어 스쿠다모는 그 일에 누구보다 적임자였다. 그녀는 우선 웹사이트 관리책임자를 고용해 시스템 코딩을 만들게 하고, 본인은 데이터베이스의 질문 구조를 디자인했다. 이 시스템에서는 일련의 질문을 고객에게 던지고, 고객은 시간이 날 때 대답하기만 하면 된다. 그러면 자서전이 만들어져 고객에게 책이 배달된다.

브라이어는 타깃 연령 집단에서 10명의 실험자를 뽑았다. 그리고 고객으로서 10주에 걸쳐 동일한 질문에 답하는 과정을 거치게 했다. 시스템에 어떤 결점이 있는지를 미리 확인해 보고 사업이 본격적으로 가동되기 전에 수정하려는 것이었다. 실험자들에게는 10주간의 과정이 끝나면 각자에게 무료로 자서전을 하나씩 만들어 주겠다고 약속했다. 또 결점이 모두 해결되면 그 과정을 다시 거칠 수 있는 기회를 주기로 했다. 당연히 실험자들은 의욕을 갖고 성실하게 실험에 임했다. 10주간의 과정이 끝난 뒤, 그녀는 부족한 점을 모두 보완하고 사업을 개시할 만반의 준비를 끝냈다.

2011년 2월, 한정된 고객에게만 제품을 판매하는 사전 행사에서 20명에게 자서전을 판매했다. 사업의 인기를 확인한 순간이었다. 2011년 11월에는 공식적으로 제품을 출시했는데, 그 반응이 굉장했다. 현재도 오토닷바이오그래피(autodotbiography)는 성공을 거듭하고 있으며, 그녀는 지금까지의 결과에 기뻐하고 있다.

새로운 기술로 자서전 만들기에 혁신을 가져오다

자서전 한 권의 가격은 250파운드, 환율을 1파운드당 2000원으로 계산하면 한화로 50만 원 정도다. 하지만 영국의 물가가 우리나라보다 두 배 이상 높다는 점을 감안하면, 20~25만 원으로 보는 것이 적절하다. 영국에서도 전문적인 작가에게 자서전을 의뢰하면 수백만 원부터 수천만 원까지의 비용이 드는데, 이런 가격으로 자서전을 공급할 수 있다는 것은 그만큼 이 회사의 자서전 제작 시스템이 효율적으로 잘되어 있다는 것을 의미한다.

브라이어는 앞으로 온라인 자서전 영역으로 사업을 확대해 회사를 더 키우려 한다. 그녀의 아이디어는 온라인상의 안전하고 개인적인 공간에서 고객의 이야기를 가족과 친구들이 함께 볼 수 있도록 해 더 많은 추억을 추가할 수 있게 하자는 것이다. 이렇게 함으로써 온라인 자서전의 거대한 네트워크가 만들어져, 수많은 평범한 사람들의 추억이 없어지지 않고 대대로 전달될 수 있을 것이다.

창업을 생각하고 있는 쉰 살 이상의 시니어들에게 전하는 브라이어의 조언은 간단하다. 연구 조사를 철저히 하라는 것, 즉 당신이 내놓으려는 서비스가 사람들이 정말 원하는 것인지 직접, 스스로 확인해야 한다는 것이다.

은퇴 부부가 함께
운영하는
온라인 쇼핑몰

　2000년, 39년을 해로한 남편 밥 시릴라가 정년퇴직하자 선물가게를 운영하던 아내 조앤도 가게를 정리하기로 했다. 가계에 보탬이 되면서도 두 딸을 키우는 동안 여유 있게 시간을 낼 수 있었지만, 이제 딸들도 다 자라 삼십 대 초반이 되었다. 앞으로는 남편과 함께 노후를 즐기며 살고 싶기도 했다.

　가게를 정리하려고 보니 담요를 비롯해 정리해야 할 재고품이 많았다. 그때, IT 분야에서 30년을 일해 온 남편 밥이 효과적인 방법을 제안했다.

　시릴라 부부는 킵세이크스(Keepsakes Etc.)라는 온라인 쇼핑몰을 차렸는데, 생각보다 인기를 끌어 개인용 선물을 온라인으로 살 수 있는 사이트로 발전했다. 사실, 밥은 가게를 완전히 정리할 생각이 없었다고 고백한다.

"사실 나는 재정적으로도, 정서적으로도 완전히 은퇴할 준비가 되어 있진 않았습니다. 두 딸이 대학을 졸업했으니, 이제 사업에 모험을 걸어도 되겠다고 생각했지요."

제2의 온라인 쇼핑몰 창업

킵세이크스를 차리고 6년이 지난 뒤, 부부는 자신들의 디지털 공간을 확장하고 창고 효율을 극대화하기 위해 두 번째 쇼핑 사이트인 심플리백스(Simply Bags)를 시작해 대형 패션 손가방과 배낭, 더플백 등을 판매했다.

두 쇼핑몰의 특징은 대형 유통점에서 취급하지 않는 개인용 상품이나 비일상적인 선물 용품을 판다는 것이다. 예를 들어, 킵세이크스에서 가장 인기 있는 품목인 담요는 경조용 기념품이나 추도용 개인 용품으로 사용할 수 있다.

성수기에는 일주일에 40시간 넘게 일을 해야 할 때도 있지만, 그래도 시간을 마음대로 조정해 쓸 수 있었으며, 부부에게는 그 점이 무엇보다 중요했다. 더구나 상품을 구매하기 위해 부부가 전국을 함께 여행하기도 한다.

시릴라 부부는 39년 동안 각자 다른 일을 해왔기 때문에 서로가 약점을 보완하고 강점을 살릴 수 있었다. 아내는 상품 관리를 맡아 창고에서 일상적인 운영을 한다. 남편은 업무 과정, 기술적인 문제, 인터넷 마케팅에 집중한다.

조앤은 말한다. "서로 전혀 다른 기술을 가지고 있어서 좋았어요.

나는 남편에게 배우고, 남편도 나한테서 배우지요."

팀으로 일할 수 있는 또 하나의 비결은 서로 신경을 건드리지 않는다는 것. 둘은 대체로 서로 다른 장소에서 일한다. 아내는 대부분 창고에서 몇 명의 종업원을 관리하며 일하고, 남편은 집에서 일한다. 그 덕분에 예기치 않게 밥은 요리를 배워야 했는데, 이제는 즐기는 경지에까지 이르렀다.

아내는 남편에게, 남편은 아내에게, 서로가 선생이 되다

은퇴한 부부가 작은 기업을 운영하려면 탄력성과 창의성, 그리고 새로운 기술을 따라잡으려는 노력이 필수적이다. 밥은 매주 몇 시간을 할애해 최신 온라인 마케팅 전문 기술을 배우고 자신들의 사이트에 적용하는 한편 구글 같은 검색엔진에서 쉽게 검색되도록 한다.

"사람들은 흔히 키보드를 탁 치면 웹사이트가 자동적으로 운용된다고 생각합니다. 하지만 실제로는 그렇지 않아요. 우리는 우리의 방법을 끊임없이 재평가하고 개선하고 있답니다."

그들이 거대 경쟁 기업에 지지 않고 살아남을 수 있었던 데는 철저한 고객 서비스가 큰 몫을 했다. 밥은 이렇게 말한다.

"우리 창고에 오전 9시부터 오후 5시까지 전화를 하면 그 전화에 응답하는 직원이 있습니다. 고객이 담요를 주문하면 바로 그날 물건을 발송해요. 선물 가방에 넣어 그때그때마다 일일이 손수 카드를 써서 넣지요. 또 완벽하지 않은 물건은 출하하지 않는답니다."

많은 사람들이 편안한 생활을 하고 싶어 하는 나이에, 시릴라 부부는 사업을 운영하며 그것을 즐기고 있다. 그러나 그들은 오십 대나 육십 대에 누구나 창업을 할 수 있는 건 아니라는 점을 인정한다.

"이것은 게임이 아니에요. 신중하지 않으면 모든 것을 잃을 수도 있답니다. 그렇지만 내가 지금 유일하게 후회하고 있는 건 좀 더 일찍 창업을 하지 못했다는 거예요."

밥과 조앤은 지금의 시기를 완전히 은퇴하기 전, 즉 '반은퇴'의 시기라고 본다. 부부가 함께 일하며 소득을 얻고 여행도 하는 재미를 맛보며 즐거운 시간을 보내는 시기라는 것이다.

밥은 창업하는 시니어들에게, 나이가 있기 때문에 너무 열광적으로 일하거나 일주일에 50시간 이상 일하는 것은 좋지 않다고 경고한다. 기력이 소진될 수 있기 때문이다. 일과 생활이 균형 잡혔을 때 일을 가장 잘할 수 있다. 그는 '반은퇴'했다고 생각하기보다는 오히려 '반취업'했다고 생각하며 창업에 임하는 것이 일을 즐기며 의미 있는 노년을 보내는 열쇠라고 귀띔한다.

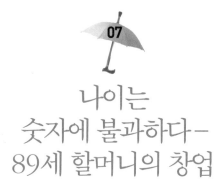

나이는
숫자에 불과하다 –
89세 할머니의 창업

인사차 들렀다며 방문한 큰아들 마크의 친구 애덤이 커피잔을 입에 가져가다 소파 한쪽에 세워 둔 지팡이를 보고는 탄성을 질렀다.

"어머니, 지팡이가 정말 예뻐요. 사람들에게 팔아도 되겠어요!"

평범한 검정색 지팡이에 싫증이 나 밝은색 보행용 지팡이를 만들어 본 것이 넉 달 전이었다. 조화도 몇 개 붙이고, 여러 색깔의 옷에 어울리게 다양하게 만들다 보니 어느새 취미가 되었다.

애덤이 듣기 좋은 말을 한다고 생각한 펄 말킨은 손사래를 치며 말했다.

"내가 사업 밑천이 어디 있다고. 게다가 사업은커녕 지금껏 살림만 하고 살아왔는데 당치도 않지."

"어머니, 너무 어렵게 생각하실 필요는 없어요. 킥스타터라고 어머니처럼 돈은 없지만 좋은 사업 아이템이 있는 사람들에게 안성맞춤인 곳이 있답니다. 판매는 주로 수공예품을 사고파는 엣시라는 인터넷 쇼핑몰이 있으니, 걱정 마시고요."

TV만 보며 지내는 노후는 지겹다

애덤이 정색을 하고 말하니, 펄도 차츰 마음이 동했다. 여든아홉 살의 할머니 펄이 새롭고 재미있는 일에 도전해 보는 것은 이번이 처음은 아니었다.

펄은 은퇴 자금에 보태기 위해 5년 전 동네의 레스토랑에서 시간당 50달러를 받고 코미디 공연을 한 적이 있다. 혼자 하는 공연이었지만, 반응이 나쁘지는 않았다. 다만 레스토랑에 오는 짓궂은 노인네들이 지저분한 농담을 원했고, 그것이 마음에 들지 않았던 그녀는 곧 그만두었다고 한다.

"글쎄…… 그럼, 한번 도전해 볼까? 돈도 돈이지만, 사람들을 행복하게 하고 싶은 마음도 크거든. 작은 즐거움을 퍼뜨리고, 게다가 예쁜 구두까지 다시 살 수 있다면 정말 멋지겠지?"

하는 일 없이 하루 종일 집에 틀어박혀 TV만 보고 있는 것도 지겹기는 했다. 조금이라도 수입이 생길 테니 생활에 보탬이 되기도 할 것이다. 펄은 캘리포니아에 있는 은퇴 공동체, 산라파엘에서 소액의 생활비로 혼자 살아가고 있다. 남편이 먼저 세상을 떠나며 돈을 좀 남겼지만, 2000년대 초반 기술주 폭락 사태와 함께 큰돈을 잃었다고 한다.

두 아들이 생활비를 보태려 했지만, 펄이 극구 사양했다. 매달 지급받는 사회보장연금이 1000달러, 월세 400달러를 빼고 나면 한 달 생활비로 600달러가 남는다. 넉넉하지는 않지만 그럭저럭 살아가기에 충분하다.

펄은 애덤의 도움을 받아 소셜 펀딩 사이트인 킥스타터에 아이템을 등록했다. 브랜드 이름은 '행복한 지팡이.' 목표 금액은 3500달러로 잡았고, 마감 기한은 2013년 3월 23일까지로 정했다. 얼마 뒤 사이트에 접속해 확인해 보니 모두 71명의 후원자들에게서 1856달러의 약정을 받아 목표 금액의 절반을 넘어섰다. 사람들의 즉각적인 반응에 펄은 신명이 났고, 이런 기분을 느끼게 해준 애덤이 고맙기만 했다.

"목표 금액을 채우지 못해도 상관없어. 어머니는 종종 내가 아무것도 제대로 하는 게 없다고 말씀하셨지. 하지만 이번 일로 제대로 된 무언가를 하고 있다는 느낌이 들어. 어머니가 보셨다면 좋았을 텐데."

크라우드펀딩을 활용하여 자금을 확보하다

다행히 펄은 기간 내에 목표를 초과 달성했다. 그리고 수공예품 전문 쇼핑몰 엣시에 판매 가격 60달러에 상품 등록을 했다.

사업이 본격화되면, 가족과 지인들의 도움을 받아 하루에 '행복한 지팡이' 10~20개를 만들 생각이다. 수공예점에서 구입한 조화를 혼자 접착제로 붙이는 데만 40분이 걸린다. 지팡이는 지역의 재활용품 판매점에서 구입한다.

그녀는 또 계절별 신상품을 개발할 계획도 갖고 있다. 예를 들면

봄철에는 튤립, 백합, 수선화, 치자를 사용해 지팡이를 만들 것이다. 회사의 원칙도 정해 사이트 상단에 공지했다.

"'행복한 지팡이'에서 판매하는 지팡이는 모두 주문이 들어오는 즉시 고객의 요구에 따라 맞춤 생산됩니다."

펄은 몇 가지 흥미로운 유인책으로 투자자를 끌어들이려고 노력하고 있다. 22달러를 투자하겠다고 약정하면, 자필 서명한 책 『전문가의 걱정에 대한 유태인 어머니의 안내서』를 한 권 주겠다고 했다. 이 책은 그녀의 아들이 쓴 어머니의 자서전이다.

90달러를 투자하면 그 책에 얹어서 '행복한 지팡이' 하나를 주겠다고 했다. 한 투자가는 500달러를 약정했다. 그는 지팡이를 치장하는 수업을 받을 수 있고, 네 가지 요리가 나오는 가정식 점심을 대접받을 것이다. 메뉴가 뭐냐고 묻는 질문에 펄은 센스 있게 댓글을 달았다.

"500달러를 투자한다면야 포크와 함께 내 자신을 식탁 위에 놓을 거요."

그리고 이렇게 덧붙이는 것도 잊지 않았다.

"아, 실망하지 마시구려. 갖은 재료를 집어넣은 양배추 요리, 그리고 비스킷을 넣은 치킨 수프가 주 메뉴가 될 테니."

흔히 나이는 숫자에 불과하다고들 말한다. 여든아홉 살의 할머니 펄 말킨처럼 나이에 관계없이 작지만 새로운 것에 도전하는 삶의 자세를 갖고 살아간다면 언제까지나 마음은 청춘일 수 있다.

창의적인
재가 요양 서비스로 성공한
재미 교포 여성

재미 교포 최임자는 2002년 여든다섯의 고령에 세 차례 위암 수술을 받고 병원 침대에 누워 있던 어머니의 모습을 잊지 못한다. 예순한 살 때 외손주들을 돌보기 위해 미국에 온 어머니는 도통 영어에 익숙해지질 못했다.

영어로 돌아누우라고 말해도 알아듣지 못하는 어머니를 간호사들이 밀어서 돌아눕게 했다. 자신 때문에 낯선 땅에서 노년을 보내는 어머니가 얼마나 막막하실지, 최임자는 송구한 마음에 차마 어머니를 바로 바라보지도 못했다.

어머니를 돌볼 한인 도우미를 구하다가 창업을 하다
퇴원하는 날 안고 나온 어머니는 솜뭉치처럼 가벼웠다. 환자기록

카드에는 28킬로그램으로 적혀 있었다. 늘 배변 주머니를 차고 있어야 했기 때문에 전문 간병인을 두어야 했다. 요양원은 생각도 해보지 않았다. 어머니의 한국말을 알아듣고 한국 문화를 이해할 수 있는 호스피스가 있는 요양원은 어디에도 없었기 때문이다. 그런 곳에 어머니를 보내면 당신의 인생이 얼마나 비참해질지, 생각조차 하고 싶지 않았다.

최임자 부부는 맞벌이를 했다. 외부의 도움 없이 어머니를 모시기는 불가능했다. 그러나 필라델피아에서는 한국말을 하는 도우미를 보내 주는 기관이 한 군데도 없었다. 7개월 동안 찾은 끝에 간신히 코네티컷에서 필라델피아로 이사 오는 도우미를 찾아냈다.

그러자 친구들이 자신들도 부모님을 돌봐 줄 사람을 찾고 있는데, 어떻게 해야 하는지 물어오기 시작했다. 펜실베이니아 대학에서 MBA를 취득하고 부동산 중개업을 해온 최임자는 이런 요양 서비스가 꼭 필요하다는 데 생각이 미쳤고, 거기서 창업의 기회를 보았다.

최임자는 병실에 누워 있던 어머니의 잊을 수 없는 모습을 염두에 두고, 2004년 자신의 어머니와 같은 고객을 대상으로 재가 요양 서비스를 제공하는 '한미 시니어 서비스'를 창업했다. 얼마 지나지 않아, 같은 문제를 가진 중국인 가정에서도 문의가 왔다. 그녀는 이름을 펜 아시아 시니어 서비스(PASSi)로 바꾸고 다른 나라에서 온 이민자들에게도 문호를 넓혔다. 지금은 한국, 중국, 캄보디아, 인도에서 온 이민자들과 미국에서 태어난 그들의 2세도 고객이 되었다.

2012년, 이 단체의 다문화 인력은 430명의 노인을 돌보았다. 2010년에 비해 47퍼센트나 늘어났다. 최임자는 지금 더 큰 사무실을 찾고 있다. 도우미만 300명을 고용한 그녀의 단체는 이 지역에서 아시아계 인력 고용 면에서 규모가 가장 크다. 그녀는 늘 집에만 있어야 하는 어머니가 일요일에 교회에 나가는 것을 얼마나 좋아했는지를 회상하면서 곧 주간 돌봄 센터도 개설하려고 한다.

아시아계 도우미로 서비스를 확대하다

최임자의 단체는 두 가지 큰 트렌드를 잘 활용하고 있다. 첫째, 미국 내 아시아계 인구가 증가한다는 것, 둘째, 베이비부머들이 나이 들어가고 있다는 것이다.

자기 집에서 늙어가고 싶다는 것은 나이를 떠나 모든 사람들의 바람이고, 따라서 재가 돌봄 서비스는 미래의 유망한 분야다. 개인 돌봄 및 재가 돌봄 사업은 2012년 미국의 노동통계청 자료에 따르면 가장 빠르게 성장하는 분야다. 펜실베이니아에서는 최임자의 업체처럼 숙련된 간호 서비스가 아닌 단순 돌봄 서비스를 제공하는 재가 돌봄 업체가 1259군데 있다. 2009년에 그런 업체에게 허가를 내주기 시작했고, 한 달에 20개의 신규 허가 신청이 들어오고 있다.

펜실베이니아의 8개 군에서 아시아계 인구는 2000년과 2011년을 비교하면 17만 966명에서 27만 7697명으로 62퍼센트 늘어났다. 65세 이상의 1만 8000명이 아시아의 모국어를 사용한다. 그중 80퍼센트 이상이 영어를 잘 못한다.

최임자는 나이 든 이민자들이 언어적·문화적으로 적응하지 못하는 경우가 많으며, 그들에 대한 배려가 필요하다는 인식이 확산되고 있다고 말한다.

"의사소통을 할 수 없다면 다른 사람을 어떻게 돌볼 수 있겠어요?"

펜 아시아 시니어 서비스에서는 도우미 훈련도 실시한다. 각 그룹에 대해 이중 언어를 할 수 있는 코디네이터를 채용해 커뮤니케이션 장벽을 피해 간다. 대부분의 재가 요양 단체들이 감당하기 힘들 만큼 인건비가 많이 들지만, 펜 아시아 시니어 서비스는 보조금을 받을 수 있어 가능하다. 2012년에만 해도 70만 달러의 보조금을 받았다.

펜 아시아 시니어 서비스에는 뷔라는 베트남 출신 도우미가 있는데, 그녀는 베트남 노인 부부 도(92세)와 호(79세)를 일 년 넘게 돌보고 있다. 도 부부는 필라델피아에 있는 시니어 전용 고층 아파트의 유일한 아시아 주민이다. 남편 도는 심장질환과 천식이 있다. 그는 산소호흡기에 의존하고 있으며 휠체어를 필요로 한다. 부인 호는 관절염이 있어 거동이 어렵다. 그녀는 보행 보조기를 쓴다. 두 사람은 영어를 전혀 못하지만 도우미 뷔가 베트남어로 말하기 때문에 문제가 없다.

뷔는 부부가 옷 입는 것을 도와준다. 식료품도 사오고 점심때에는 베트남 요리도 해준다. 그녀는 아파트 청소도 해주고 날씨가 좋으면 부부를 데리고 바깥으로 산책을 나간다. 베트남어로 책을 읽어 주기도 한다.

부부에게는 자녀들이 있지만, 자녀들에게 의존하지 않고 독립된 생활을 하고 싶어 한다. 호는 늦은 밤이나 도우미가 올 수 없을 때가 가장 두렵다고 말한다. 남편 때문이다.

"남편이 넘어질까봐 두렵답니다. 나 혼자서는 이이를 들어 올릴 수가 없거든요."

최임자는 말한다.

"노인이 되어 몸이 아프면 참으로 막막하답니다. 특히 아무도 당신의 언어와 문화를 이해하지 못하는 경우에는 더욱 그렇습니다. 참 측은한 상황이지요."

바로 이러한 상황이 그녀가 펜 아시아 시니어 서비스를 창업하게 된 동기다.

보호와 돌봄이 필요한 나이 든 이민자들에 대한 최임자의 접근 방법은 전국적으로 주목을 받았다. 그녀는 2011년에는 커뮤니티 보건 지도자 상을 받았고, 2012년에는 혁신적 서비스의 모범 사례로 인정받아 '퍼포스 프라이즈 펠로(Purpose Prize Fellow)'에 선정되기도 했다.

자신만의
다이어트 식사법을
사업화하다

"시청자 여러분, 저는 분명 조금 전까지 지쳐 있었고, 기분도 정말 별로였습니다. 만약 여러분이 지금 에너지가 소진되어 기력이 없고, 몸이 마음처럼 잘 움직여지지 않는다면, 이 칩으로 치유될 수 있다는 제 말을 믿어 보세요. 정말입니다."

미국 NBC 방송 〈투데이쇼(Today Show)〉의 프로그램 진행자 호다 코트브의 이 한마디에 브래드 그루노의 건강 야채칩은 하루아침에 전국적으로 유명세를 타게 되었다.

건강도 잡고 맛도 잡은 건강 야채칩

건설업에 종사했던 사십 대 중반의 브래드 그루노는 과체중으로 각종 성인병에 시달렸지만, 먹고살기 위해 어쩔 수 없이 힘겹게 일을 계속해야 했다. 더 이상 버티기 힘들어 방문한 병원에서 의사는 고콜레스테롤 치료제인 리피터를 처방했다. 처방전을 물끄러미 바라보던 그는 이제 결단을 더 이상 미룰 수 없다는 사실을 깨달았다.

2006년, 브래드는 회사를 그만두고 생활방식을 완전히 바꾸어버렸다. 식단을 생식 위주로 바꾼 그는 체중을 18킬로그램이나 감량했다. 하지만 스낵 같은 군것질의 미련을 떨쳐 버리기는 힘들었다.

"생식 다이어트를 실천하고 실제로 효과를 보기도 했지만, 스낵이라면 죽고 못 살았던 사람인지라 그 유혹을 견디기가 너무 힘들었습니다. 이건 말하자면 중독이에요. 아삭아삭한 그 맛을 잊을 수가 없었지요. 다시 과거로 돌아갈 수는 없었던 나는 결국 기름으로 튀기지 않은, 하지만 아삭아삭한 식감은 살릴 수 있는 스낵을 직접 만들기로 결심했답니다."

브래드는 주방에서 야채와 양념의 맛을 혼합해 가며 실험을 하기 시작했다. 목표는 기름에 튀기지 않으면서도 아삭아삭함을 그대로 유지하는 스낵을 만드는 것이었다. 숱한 시행착오 끝에 그는 46도 이하의 온도에서 건조하는 방법으로 아삭아삭하면서도 맛있는 칩을 만들어 냈다.

차고에서 시작한 야채칩 사업

어느 날, 브래드는 자신이 만든 야채칩을 들고 '친환경' 대회를 찾았다가 자연식 샐사를 판매하고 있던 샘 호지슨이란 사람을 만났다.

"당신이 들고 있는 그건 뭐죠?"

"아, 이건 야채를 건조해 만든 건강 야채칩이에요. 몸에 좋으면서도 맛도 그대로지요. 아니, 더 맛있다는 사람도 많답니다."

무심코 야채칩 한 조각을 들어 맛을 본 샘은 정말 맛있다는 듯 엄지손가락을 치켜들었다.

"흠…… 좋군요. 내 살사 소스랑도 잘 어울릴 것 같고. 뉴욕에서 열리는 다음 대회에 가져와 내 전시 테이블에 함께 올려놓는 건 어때요?"

브래드는 샘이 제안한 대로 뉴욕으로 건강 야채칩을 가져갔지만, 샘의 호의는 오래가지 않았다. 너무 많은 사람들이 살사 소스는 쳐다보지도 않고 브래드가 만든 야채칩 이야기만 했기 때문이다. 참다못한 샘은 결국 테이블에서 야채칩을 치워 버리라고 화를 내고 말았다. 그 순간 브래드는 이제 칩 판매에 전념할 때가 왔다는 것을 깨달았다고 한다.

그때까지 브래드는 집에서 야채칩을 만들어 혼자서만 먹었다. 하지만 대회에 다녀온 뒤 유기농 농장을 하고 있던 친구의 차고를 하나 빌려 주방으로 바꾸고 거기서 야채칩을 생산하기 시작했다. 그렇게 생산한 야채칩을 농산물 시장에 가져가 팔기 시작했다.

반년쯤 지나 찾는 사람들이 꾸준히 늘어나자 사업에 확신을 느낀 브래드는 이번에는 홀푸드마켓(Whole Foods Market, 미국의 유기농 제품 판매 체인점)을 찾아가 제품을 진열해 달라고 요청했다. 한 달 뒤 뉴저지 프린스턴의 홀푸드 상점을 방문해 확인해 보니, 한 달 사이에 그의 건강 야채칩은 1만 4000달러어치나 팔려 나갔다고 한다.

그가 개발·생산한 건강 야채칩은 지금 전국 500개 이상의 매장에서 팔리며, 회사는 연간 200만 달러의 매출을 올리고 있다. 건강에 좋은 그 스낵은 펜실베이니아의 벅스 카운티에서 재배되는 야채로 만들어진다. 그는 그곳에서 살고, 칩도 거기서 만든다. 제조·판매하는 칩의 종류에는 햇볕에 말린 토마토, 고구마, 체더, 케일, 붉은 피망, 사탕무가 있다.

고객의 반응이야말로 성장의 원동력

막상 사업을 시작하고 나니, 자금 문제가 만만치 않았다. 개업 자금은 가족과 친구들에게서 융통했지만 한계가 있었다. 바로 그때, 홀푸드마켓에서 사업 자금을 융자해 주었다. 홀푸드마켓에서는 소규모 지역 생산자들에게 적게는 1000달러에서 많게는 10만 달러까지 저리로 융자해 주는 '지역 생산자 대출 제도'를 운영하고 있었다. 그 덕분에 숨통이 트였고, 사업은 제 궤도에 올라섰다.

사업을 시작한 뒤 지금까지 브래드는 일에 대해 확고한 철학 하나를 간직해 오고 있다고 한다.

"'열심히 일하라'는 겁니다. 누구나 당연하다고 생각하겠지만, 그만큼 쉽지 않은 문제이지요. 당신이 열정을 가지고 있는 그 무엇을 하고 있다고 해서, 정말로 열심히 일하고 있는 것은 아니에요. 성공적으로 사업을 해내기 위해서는 열정을 갖고 있을 뿐만 아니라 실제로 아주 많은 시간을 투입해 일을 해야 합니다."

힘들 때마다 브래드에게 가장 큰 힘이 되어 준 것은 바로 고객들의 반응이었다. 고객들이 그의 칩을 얼마나 좋아하는지, 또 얼마나 맛있어 하는지, 더구나 얼마나 건강해졌는지를 들으면 정말 기분이 좋아진다고 한다. 고객의 반응이야말로 그를 앞으로 나아가게 하는 원동력이었다.

그에게 앞으로의 계획에 대해 물었다.

"'생식 식단'에 관한 책 두 권을 출간할 준비를 하고 있습니다. 생식이 내 인생을 어떻게 바꾸었는지를 알려 더 많은 미국인들이 생식을 하게 되었으면 좋겠어요. 그리고 사업 경험을 다른 사람들과 공유하고 싶습니다. 다른 소규모 사업주들에게 본보기가 되었으면 해요. 그들에게 '열심히 일하고, 끈질기게 추진하고, 열정이 있으면' 반드시 성공할 수 있다는 걸 증명하고 싶습니다."

마지막으로, 브래드는 중년의 나이에 직업을 바꾸려는 사람들에게 경험에서 우러난 조언을 전한다.

"당신이 열정을 느끼는 그 무엇을 찾아야 합니다. 필요에 의해서 중년에 직업을 바꾸는 사람들이 많은데, 단순히 일자리를 찾는 데 그치면 안 돼요. 무엇보다도 먼저, 당신이 좋아하는 것을 찾는 것이 중요합니다. 그러면 성공은 자연스럽게 따라오게 마련이거든요."

10

마네킹 재활용 사업!
지구를 보호하는
녹색 산업이 뜬다

"와! 이렇게 싸게 팔아도 남는 게 있나요?"

"물론 남는 게 없죠. 이제 이 동네엔 마네킹을 팔 만한 곳이 더는 없어요. 이 장사도 접을 때가 됐으니, 그냥 폐품 값에 파는 겁니다."

정원을 좀 색다르게 꾸며 볼까 싶어 수소문 끝에 마네킹 판매업자를 찾아온 주디 핸더슨 타운젠드는 마네킹을 거의 공짜로 얻는 횡재를 했다. 처음엔 마냥 좋기만 했는데, 어느 순간 한 가지 영감이 그녀의 머릿속을 스쳐 지나갔다.

마네킹을 한번도 취급해 본 적이 없고 소매업은 근처에도 가본 적이 없는 그녀였지만, 마네킹 임대업은 재미있는 사업이 될 것 같다는 생각이 들었다. 어쩌면 지역의 특성에 맞는 이색적인 일을 할 수 있겠다는 생각에 주디는 판매업자가 내놓은 마네킹 50개를 전부 구입해 온라인 마케팅을 시작했다. 웹사이트를 개설한 첫 주에 지역의 상품전시회에 참가하는 캐나다인에게서 임대 요청을 받은 것을 시작으로 그녀의 마네킹 임대 사업에는 탄력이 붙었다.

폐업하는 마네킹 업자에게서 오히려 영감을 얻다

주디는 서던캘리포니아 대학을 졸업하고 의약·의료 용품 대기업인 존슨앤존슨의 회계 부서에서 10년 가까이 일했다. 조직에 얽매이지 않고 창의적인 일을 하고 싶었던 그녀는 회사를 그만두고 상업용 사진 대리점 사업을 시작했지만, 2년 만에 사업이 망하자 할 수 없이 종업원 35명의 신생 온라인 여행사에 들어갔다. 사업 실패의 경험을 살려 여행사를 공동 창업한 회사 설립자들을 본 그녀는 다시금 창업 가능성을 보고 자신감을 갖게 되었다. 그러던 중 정원을 꾸미기 위해 마네킹을 구하다 우연히 현재의 이 직업을 찾게 되었다.

폐업하는 마네킹 임대업자에게서 마네킹 50개를 구입한 주디는 마네킹이 있는 상점마다 찾아다니며 혹시 버리거나 처분할 마네킹이 있을 때, 자기에게 연락을 주면 와서 가져가겠다고 이야기해 두었다.

"다시 올 것 없이, 그냥 창고에 있는 마네킹 다 가져가도 좋아요!"

"정말 그래도 되겠어요?"

"자연 분해되는 소재가 아니라서 어차피 버리려고 해도 돈을 내야 하는데, 그냥 가져간다니 나야 대환영이죠."

마네킹을 처분하려면 쓰레기 매립 비용을 추가로 더 내야 하는데 그냥 가져가겠다니 상점 주인들이야 마다할 이유가 없었다. 주디는 무려 500개에 이르는 마네킹을 무상에 가까운 금액으로 인수했다.

2001년 주디는 남편과 함께 '마네킹 매드니스'라는 회사를 창업하고, 신품 마네킹과 중고 마네킹을 이벤트 기획자, 무역박람회 참가업체, 박물관, 예술가, 개인 소매업자들에게 판매·임대·재활용하는 사업을 시작했다.

큰 돈벌이가 되는 사업은 아니지만, 주디는 자신이 의미 있는 일을 하고 있고, 재활용에 대한 인식을 넓히는 데 한몫을 하고 있다고 자부한다. 마네킹 매드니스는 재활용 마네킹을 미국 전역과 캐나다에서 판매·임대하고 있다. 현재 연간 50톤 이상의 마네킹을 재활용하고 있으며, 그 공로를 인정받아 미국 환경청으로부터 재활용 부문 특별상을 받기도 했다.

이제 쉰두 살이 된 그녀는 자기가 좀 더 젊었다면 오히려 회사를 시작할 확신을 갖지 못했을 거라고 말한다.

"내게 오랜 직장 경험이 있었기 때문에, 그리고 사업에 실패해 본 경험이 있었기 때문에 이 재활용 사업을 시작하고 유지할 수 있었다고 생각해요."

환경 개선에 기여하는 녹색 일자리

미국에서는 '녹색 일자리'라는 단어가 점점 더 인기를 끌고 있는데, 이는 환경의 질을 개선하는 데 기여하는 일을 말한다. 경제가 침체되어도 녹색 일자리 수는 점점 늘어나고 있다. '미국 경제 회복 및 재투자 법'(경기 부양책)에 따라 에너지 효율화 활동을 전국적으로 지원하기 위해 수십억 달러의 예산이 책정되어 있다.

지구를 보호하기 위한 이러한 공적·사적 노력에 따라 새로운 산업이 생겨나고 있다. 예를 들면 단열재 등을 사용해 냉난방의 효율을 높이거나 악천후로부터 집과 빌딩을 보호하는 일, 에너지 효율성을 높이기 위해 오래된 창문과 파이프, 조명을 개조하는 일, 태양과 바람으로부터 에너지를 얻는 시스템을 설치하는 일 등이 있다.

친환경 녹색 일자리는 아직 큰 돈벌이가 되는 분야는 아니다. 하지만 주디 같은 이들은 올바른 일을 하고 있고 재활용에 관한 인식을 넓혀 나가는 데 일조하고 있다는 자부심, 즉 지구에 거주하는 인간 사회에 봉사하며 자아를 실현하고 있다는 자부심을 이익보다 우선순위에 두며 인생 2막을 개척하고 있다.

모자 만들기
특기를 살려
50대에 창업한 여성

    친구의 결혼식에 입고 갈 옷을 고르던 딸 라나가 울상을 지었다. 아무리 찾아봐도 드레스에 어울리는 모자가 없었기 때문이다. 보다 못한 진 콘드런은 딸의 모자를 직접 만들어 주었다. 창의적이고 뭔가를 만들기 좋아하는 진은 네 아이와 남편의 패션 소품은 물론 옷도 뜨개질해 줄 정도로 손재주와 감각이 좋았다.

    결혼식에 모자를 쓰고 간 라나는 돌아와서, 친구들이 모두 부러워했다고 자랑을 늘어놓았다. 그리고 결혼식에 참석했던 한 친구가 그녀의 모자를 찍어 페이스북에 올렸는데, 특별한 날 쓸 모자를 만들어 달라는 요청이 하루도 거르지 않고 올라왔다.

    진은 모자를 아이템으로 사업을 해볼 수 있지 않을까 고민했다. 그 무렵, 사업에 성공해 바쁜 나날을 보내던 대학 친구가 페이스북의 모자 사진을 보고 전화를 걸어왔다.

"진, 다음 달에 '올해의 신부'라는 전시회가 열리는데, 한번 전시해 보는 게 어때?"

시간이 촉박했다. 진은 단 몇 주 만에 모자 50개를 만들고, 브랜드 이름도 '진의 모자(Hats by Jean)'라고 정하고, 전시대에 비치할 카탈로그도 만들었다. 전문 디자이너들의 작품 사이에서, 진은 전혀 기죽지 않고 도전했다.

50대에 진짜 직업을 찾다

어린 시절부터 재주가 많았던 진은 스무 살 이후 10년마다 자신을 재창조해 왔다. 이십 대에는 〈아이리시 타임스〉에서 기자로 일했고, 가정을 꾸려 네 아이를 낳았다. 삼십 대에는 가족을 돌보는 틈틈이 유명 브랜드의 니트웨어를 생산했다. 사십 대에는 아이들이 자라 어느 정도 시간 여유가 생겼다. 덕분에 대학에 들어가 미용 요법을 공부했다. 그리고 지금 오십 대 초반에 접어든 그녀는 진짜 직업인 '모자'를 찾았다.

전시회가 코앞으로 다가와 정신없이 바쁠 때는 그래픽 디자이너인 남편 닐이 팔을 걷어붙이고 '진의 모자' 브랜드 작업을 도왔다. 전시는 대성공을 거뒀고, 지난 18개월 동안 사업은 더욱 성장했다.

"라나에게 모자를 만들어 준 뒤로 시간이 얼마나 빨리 지나갔는지 나도 믿을 수가 없어요. 아직도 실감은 안 나지만, 과감하게 시작한 건 참 잘한 일인 것 같아요."

전시회에 왔던 모델들과 연예인들이 진이 만든 모자를 찾기 시작하자, TV의 패션 프로그램에서 '진의 모자'를 다루었다. 전시회가 끝나고 일주일 만에 진의 웹사이트 방문자 수는 1500명을 넘어섰고, 따라잡기가 벅찰 정도로 주문이 들어오기 시작했다.

진은 축구선수 부인들, 모델들, 왕족들, TV에 출연하는 유명인들이 경마 대회와 결혼식에 쓰고 갈 모자를 주문해 쓰고 다니는 모습을 보면 이루 말할 수 없이 뿌듯하다고 한다.

"그런 특별한 모임에 여성들이 내 모자를 쓰고 나가 정말 빛이 나도록 멋있어 보이게 만드는 게 내게는 기쁨이에요. 지금 나는 여성이 그날 입고 갈 옷과 완벽히 조화될 수 있도록 모자의 천을 모두 직접 염색한답니다."

진은 자신만의 독특한 개성이 빛나는 그 맞춤 모자의 가격을 적정 수준으로 유지하는 데 매우 신경을 쓰고 있다.

"내 모자는 단지 모델과 유명 인사들만을 위한 게 아니랍니다. 나는 모든 여성들이 쓸 수 있는 모자를 만들고 싶어요."

그녀가 이십 대였을 때, 막내아들 스콧이 물었다.

"엄마는 육십 대, 그리고 칠십 대에는 뭘 할 거야?"

한참을 생각해 봤지만 마땅한 대답이 떠오르지 않자, 그녀는 아이를 향해 활짝 웃어 주며 대답했다.

"글쎄…… 나도 모르겠구나. 그렇지만 그때도 내가 좋아하는 것을 하고 있었으면 좋겠다."

진 콘드론은 여성들은 생애 후반에 자기 역량을 발휘한다고 굳게 믿고 있다.

"나는 스물한 살에는 가질 수 없었던 확신을 지금은 갖고 있습니다. 그리고 또 내 아이들한테도 보여 주고 싶어요. 너희들도 언제든 마음만 먹으면 무엇이든 할 수 있다는 걸."

경기 침체를 사업의 발판으로 삼다

진이 창업할 무렵에는 다른 산업과 마찬가지로 패션 업계도 경기 침체의 늪으로 빠져들고 있었다. 모든 업체가 심각한 가격 경쟁에 압박을 받으며 품질보다는 부담 없는 가격에 매달릴 때, 진은 오히려 특별하고 고급스러운 모자를 갈망하는 여성들의 마음을 사로잡았다.

사업을 시작할 때 무엇이 가장 힘들었냐는 물음에 그녀는 고개를 저으며 힘든 점은 없었다고 단언했다. 너무나 갑작스러운 계기로 패션 업계에 발을 들여놓았고, 그 뒤로 정신없이 일해 왔기 때문이다. 그녀는 자신이 패션 업계에서 오래 일해 왔다면 창업하기가 무척 힘들었을 거라고 했다. 아마도 더 많은 고객을 끌어들이려 고군분투하고, 마감시한에 쫓기고, 끊임없이 의사결정을 내리며 성장통을 겪어야 했을 것이다. 그녀는 여전히 일을 사랑하고 있으며, 앞으로도 무슨 일이 있어도 그것만은 변치 않을 거라고, 마치 다짐하듯이 활짝 웃으며 이야기했다.

개 목욕·애완동물용 자연식품 사업으로 창업하다

대형 디자인 회사인 DLR에서 신사업 개발 책임자로 있던 델레나 스타우트는 2002년 조금은 늦은 나이에 직장 동료와 결혼을 했지만, 신혼의 단꿈을 꿔야 할 때에 연이은 불운을 겪으며 휘청거렸다.

뒤늦게 알았지만, DLR에서는 사내 결혼을 하면 한쪽이 퇴사해야 한다는 사규가 엄격하게 적용되었다. 결국 건축가인 남편 제임스가 회사에 남고 델레나는 회사를 떠났다.

불행은 거기서 그치지 않았다. 실직자가 되고 겨우 마음을 추스른 델레나가 직장을 알아보러 다니던 어느 날, 부부의 아름다운 애완견인 세인트버나드 종(몸집이 크고 성질이 순하고 영리한 스위스 가정견) 애스펀이 현관에서 쓰러졌다. 애스펀은 이제 겨우 네 살이 된 암컷이었는데, 잔병치레가 잦았다.

델레나는 남편과 함께 애스펀을 데리고 동물병원으로 달려갔다. 애스펀을 진찰한 수의사는 앞으로 2년을 넘기기 어려울 거라고 진단했다.

애견 애스펀에 대한 맹세

델레나는 애스펀에게 약속했다. 힘이 닿는 한 애스펀을 위해 최선을 다하겠다고. 그리고 도움이 되지 않는 것을 모두 바꾸기로 결심했다. 의사가 처방해 준 모든 것, 즉 먹이, 스테로이드 주사, 항생제 등은 독성만 더 키울 뿐이었기 때문이다.

델레나는 더 이상 일자리를 찾아다닐 수 없었다. 애스펀을 위해 대체 자연식품, 영양보충제 등 종합적인 치료 방법을 찾기에 바빴기 때문이다. 그때 그녀는 한 가지 깨달음을 얻었다. 그것이야말로 그녀가 하고자 했던 일이라는 것을. 애스펀, 그리고 애스펀처럼 아픈 개들을 돕는 것이 자신의 '사업'이 될 것이라는 것을 그녀는 직감했다.

DLR에서 신사업 개발을 경험해 보긴 했지만, 델레나는 창업의 기본을 배우기 위해 학교로 돌아갔다. 코프만 재단이 주관하는 '창업 단기 강좌'에 등록했는데, 전국 각지에서 운영되고 있는 10주간의 이 단기 교육 프로그램은 걸음마 단계의 창업가에게 시장의 니즈를 파악하는 방법, 리스크를 평가하는 방법, 자금을 조달하는 방법, 사업 계획을 수립하는 방법을 가르쳐 주는 실무 교육 프로그램이다.

델레나는 수업 시간에 큰 개를 목욕시키는 사업 아이디어를 제시했다. 애스펀처럼 70킬로그램이나 나가는 덩치 큰 개를 집에서 목욕

시키는 것은 결코 쉬운 일이 아니었고, 근처에는 그런 사업을 하는 곳이 없었기 때문이다.

그러나 창업 강사는 그 아이디어의 싹을 잘라 버렸다.

"델레나, 사업을 성공시키려면 개 목욕만으로는 안 됩니다. 당신도 문제점이 뭔지는 알고 있지요?"

물론 델레나도 그의 말이 옳다는 것을 인정했다. 자신이 지나치게 조심스러워하고 있다는 것을 깨달았던 것이다. 그녀는 자신도 모르게 당초의 생각, 즉 애완견의 건강과 영양에 관한 아이디어에 바로 뛰어드는 것을 두려워하고 있었다.

사업 아이디어를 재조정하다

결국 델레나는 애완견 셀프 목욕 아이디어와 양질의 애완견 영양 제품을 공급하는 아이디어를 결합하기로 결정했다. 일단 마음을 정한 뒤로는 사업 계획을 수립하고 다음 과제(공간 및 자금 확보)를 해결하기 위해 발 빠르게 움직였다.

장소를 찾는 일은 생각보다 쉽지 않았다. 교외에는 빈 점포가 많았지만, 개는 더럽다는 건물주들의 선입견을 깨지 못하고 번번이 거절당했다. 하지만 델레나는 포기하지 않았다. 흔치 않은 계약 조건을 내걸고서야 어렵사리 가게 하나를 임대할 수 있었다. 가게 앞 인도를 날마다 청소하고, 외부 수도꼭지와 청소용 호스를 설치한다는 조건이었다. 그것으로도 모자라 개 짖는 소리 때문에 민원이 세 번 이상 들어오면 나가겠다는 조항까지 계약서에 끼워 넣었다.

이제 실내장식을 하고 필요한 장비를 구입할 자금을 끌어올 차례였다. 대형 은행에는 대출 서류조차 접수할 수 없었다. 직업도 없는 데다 사업 리스크가 너무 크다고 판단했기 때문이다. 당시만 해도 캔자스 시에는 개를 목욕시키고 애완동물용 자연식품을 판매하는 가게가 없었다. 그녀가 조사한 자료도 동부와 서부 해안에 있는 몇몇 가게에 관한 것뿐이었다. 그녀는 그것을 기회로 보았지만, 은행에서는 위험 요소로 보았다.

델레나는 어쩔 수 없이 지역의 작은 지방은행을 찾아갔다. 다행스럽게도 지점장은 유사한 가게가 없다는 것이 오히려 기회라는 것을 알아차린 영리한 사람이었다. 게다가 그는 개를 기르고 있어 잠재 고객이라는 점도 긍정적으로 작용했다. 은행에서 2만 5000달러를 대출받았는데, 넉넉하지는 않았지만 어떻게든 사업을 시작해 보기에는 충분한 돈이었다.

델레나는 2003년 '브룩사이드 바커리 & 배스(Brookside Barkery and Bath)'라는 이름으로 첫 가게를 오픈했다. 56제곱미터의 작은 가게였지만 첫해에만 50만 달러의 매출을 올렸다. 그녀는 2004년에 미주리 소기업협회에서 수여하는 '역경극복상'을 받았다.

사업 파트너 영입으로 사업을 확장하다

사업이 너무 빠르게 성장하다 보니 새로운 과제가 생겼다. 고객 수요를 충족시키려면 불가피하게 확장을 할 수밖에 없었는데, 그러려면 현금이 더 필요했다. 다행히 2005년에 개 훈련 사업으로 성공한 이웃 여성이 투자 제안을 해왔고, 델레나는 기꺼이 그녀를 사업 파트너로 삼았다. 그 후 곧 2호점을 열었고, 2007년에는 3호점을 열었다. 창업하고 4년째가 되면서 매출은 100만 달러를 넘어섰다. 2011년에는 캔자스 시의 '2011년 소기업상' 심사에서 본선까지 올랐다. 그리고 그해에 열두 살이 된 애스펀이 마침내 수명을 다하고 그들 곁을 떠났다. 수의사가 예상했던 것보다 6년이나 더 살았던 것이다.

요즘 델레나는 매우 바쁜 나날을 보내고 있다. 최근에는 매장 세 곳을 팔고, 홀리스틱 베터리네리언스(Holistic Veterinarians)와 협력해 온라인으로 배달 서비스 사업을 시작하려고 한다.

창업가들을 위한 조언

델레나는 사업을 시작하려는 사람들에게 다음과 같은 조언을 전한다.

첫째, 부지런히 연구·조사하라. 경쟁자를 살펴보고, 당신의 사업 형태를 유지시켜 줄 잠재 고객이 있는지를 확인하고, 남들보다 앞서 나가기 위해 해야 할 것이 무엇인지 결정하라.

둘째, 게릴라 마케팅에 전념하라. 가능한 모든 이벤트로 당신의 이름을 알려야 한다.

셋째, 당신이 진입하고자 하는 분야에서 당신을 기꺼이 지도해 줄 경험 많은 멘토를 구하라.

넷째, 당신의 바로 곁에 있는 훌륭한 자원을 활용하라. 그것이 바로 델레나가 자금을 조달하고 사업 파트너를 찾은 방법이다.

그것은 또한 델레나가 초기의 실수들을 시정한 방법이기도 하다. 그녀는 사업 초기에 마케팅 회사에 로고 디자인을 맡겼다. 그들은 수많은 초안을 보내왔지만, '브룩사이드 바커리 & 배스'의 정체성을 이해하지 못한 듯했다. 델레나가 실망스러워하는 모습을 본 직원이 나섰다. "제가 한번 해보겠습니다!" 그녀를 잘 알고, 사업 비전도 분명히 이해하고 있었던 그는 회사를 가장 잘 나타내는 로고를 만들어 냈다.

다섯째, 당신의 꿈을 확신하라. 당신이 하는 일이 '제대로 된 사업'이라는 것을 절대적으로 믿어야 한다. 그리고 애스펀과 델레나가 그러했듯이 '역경을 딛고' 계속 앞으로 나아가야 한다.

아이 옷 만들기 취미가
연매출 1000만 달러의
회사로 성장하다

2008년, 옷 만들기가 취미였던 전업주부 브랜디 템플은 당시 세 살, 여덟 살이었던 두 딸의 옷을 만들기 위해 옷감을 재단하고 바느질을 하다 문득 너무 많은 옷감을 재단했다는 사실을 알게 되었다. 남은 옷감을 어떻게 처리해야 할지 고심하고 있을 때, 새옷을 입고 좋아하던 큰딸 엘리가 말했다.

"엄마, 이 옷 정말 예뻐요! 몇 벌 더 만들어서 인터넷에 올려 보는 건 어때요?"

"글쎄…… 취미 삼아 만든 옷인데, 사람들이 살까?"

브랜디는 반신반의했지만, 달리 대안도 없어 딸아이의 말대로 인터넷 경매 사이트 이베이에 자신이 만든 옷 사진을 올렸다. 인터넷에 올린 옷은 내놓자마자 팔려 나갔지만, 그때만 해도 그녀는 자신의 취미가 160명을 고용하는 사업으로 확대될 줄은 꿈에도 생각하지 못했다.

지역 최대의 봉제회사로 성장하다

결정적 순간은 2년 뒤 건설업에 종사하던 남편이 실직했을 때 찾아왔다. 템플 부부는 온라인 판매를 이베이에서 페이스북으로 확대하기로 결정했다. 페이스북에서 브랜디는 자신이 디자인한 옷을 선착순으로 판매했다.

"반응이 굉장했어요. 도저히 믿을 수 없는 속도로 성장하기 시작했지요."

지금 브랜디의 아동복 회사인 롤리올리두들(Lolly Wolly Doodle)은 연간 매출이 1000만 달러를 상회한다. 게다가 그 지역에서 규모가 가장 큰 회사로 성장했으며, 최근에는 2000만 달러의 벤처캐피털을 끌어들였다.

브랜디 템플의 성공에는 두 가지 요인이 열쇠로 작용했다. 첫째는 JIT(Just In Time, 적기 공급 생산)라는 혁신적인 제조 방법을 도입했다는 점, 둘째는 소셜 커머스에 전력투구했다는 점이다. 이 회사는 제품의 60퍼센트를 페이스북을 통해 판매하고, 나머지는 회사 웹사이트를 통해 판매한다.

초기에는 판매 목표에 집중하기보다는 SNS에서 고객들과 관계를 강화하는 데 더 집중했다. 브랜디는 페이스북 페이지에서 고객과 열심히 상호 교류하면서 자신의 창업 스토리를 공유하고 고객들의 요청에 따른 옷을 디자인했다.

"고객들이 어느 날 초록색 옷을 보고 그것도 좋지만 빨간색이었으면 좋겠다고 말하면, 그다음 날에는 고객들이 빨간색 옷을 볼 수 있게 한답니다."

그러면 고객들은 브랜디의 옷을 입은 아이들 사진을 페이스북에 올린다. 무료로 브랜드를 홍보하는 열혈 전도사가 되는 것이다. 입소문이 빠르게 퍼져 현재 롤리올리두들은 58만 6000여 명의 페이스북 팬을 보유하고 있다.

"대부분의 패션 브랜드들은 인터넷과 SNS를 나중에 홍보 활동에 추가하지만, 우리 회사는 다릅니다. 우리는 고객과 공감이 잘되는 전형적인 입소문 브랜드예요."

가파른 성장으로 인한 위기가 전환점이 되다

역설적이지만, 성장 곡선이 이토록 가팔랐기 때문에 오히려 2010년 여름 롤리올리두들은 거의 문을 닫을 뻔했다. 사업, 기술, 제조에 관한 경험이 전혀 없는 데다 사업을 확장할 자금도 없는 상태로 브랜디는 오직 친구들과 가족의 도움에 의존해 걷잡을 수 없이 늘어나는 수요를 따라잡으려고 힘겹게 씨름하고 있었다.

"나 혼자 모든 주문을 감당할 수는 없었습니다. 사업을 확장하려면 당장 돈이 필요했고, 결국 회사를 팔 생각까지 했죠."

그때 뉴욕 시에 있는 하이라인 벤처 파트너스의 창업자인 샤나 피셔가 연락을 해왔다. 롤리올리두들에 관해 전해 들은 바가 있었던 샤나는 브랜디에게 그대로 밀고 나가라고 충고했다.

"회사를 팔지 마세요. 우리가 함께할 테니."

샤나는 브랜디의 의류 디자인과 SNS 활동뿐 아니라 그녀의 비즈니스 감각에서도 깊은 인상을 받았다고 한다. 결국 샤나의 회사는 브랜디에게 사업 자금을 투자했다. 2010년 9월, 그 투자의 결과로 롤리올리두들은 처음으로 제대로 된 200평의 생산 공장으로 이사를 했고, 처음으로 재단사와 재봉사를 채용했다.

새로운 시스템으로 경쟁력을 확보하다

브랜디는 자신의 디자인을 SNS와 회사 웹사이트에서 광고하지만, 완성품 재고는 사실상 하나도 보유하지 않는다. 회사는 JIT 시스템으로 제조를 한다. 즉, 판매가 이루어진 제품만을 생산한다. 구매자가 주문을 하면 72시간 이내에 대금을 지불해야 한다. 지불 확인이 되면, 공장 직원들은 제작에 들어가고 구매자는 2~4주 안에 제품을 받는다. 회사는 옷이 팔리지 않아 재고가 쌓이는 것을 걱정할 필요가 없기 때문에 상당한 비용이 절감된다.

롤리올리두들의 이러한 방식 덕분에 전통적인 섬유공업 중심지였던 이 지역에 새로운 바람이 불고 있다. 브랜디는 현재의 200평 공장을 오랫동안 사용하지 않아 비어 있는 1000평 건물로 이전할 계획을 세우고 있다. 2000만 달러의 벤처캐피털이 유입되면 충분히 가능한 일이다. 롤리올리두들은 향후 2년 내에 추가로 100명을 더 채용할 계획이다. 아울러 핀터레스트와 인스타그램에서도 판매를 시작했다. 그러나 회사가 아무리 커져도 그녀 자신은 변하지 않는다.

"나는 아직 처음 옷을 만들던 내 차고에 앉아 일하는 것 같아요. 가장 중요한 것은 초심을 잃지 않는 사랑과 집중이라고 생각해요."

글루텐 프리 음식으로
파워 블로거가 되다

"흠…… 정확한 원인은 알 수 없지만, 셀리악 병이 아닐까 의심됩니다. 앞으로는 글루텐이 함유된 음식은 피하세요."

"선생님, 그러니까 밀가루 음식은 피하라는 말씀인가요?"

"밀은 물론이고 보리, 귀리, 호밀로 만든 음식도 다 피하셔야 합니다. 거기에도 글루텐이 조금씩 들어 있거든요."

2007년 두 아이의 엄마인 다이앤 에블린은 평소에 배가 자주 아프고 만성피로에 시달리다가 병원을 찾았는데, 담당 의사에게서 글루텐을 함유하지 않은 음식, 이른바 '글루텐 프리(Gluten-free)' 음식을 먹어야 한다는 진단을 받았다. 다른 사람들도 대개가 그렇듯, 무엇을 해야 한다는 설명을 듣긴 했지만 어떻게 해야 한다는 것인지 친절한 지도도, 정보도 받지 못했다. 낯선 의학 용어에 다이앤은 당혹스럽기만 했다.

"엄마! 왜 이렇게 오래 걸린 거예요?"

마트에서 식료품을 사서 돌아오는 다이앤을 큰아들 윌슨이 현관에서 반갑게 맞았다.

"와우! 뭘 이렇게 많이 사오셨어요?!"

다이앤이 양손 가득 들고 있던 쇼핑백을 받아들며 작은아들 제레미가 놀랐다.

"아, 그거? 글루텐이 들어 있지 않다는 건 싹 쓸어 왔단다."

다이앤은 대답하면서도 겸연쩍은 표정을 지울 수 없었다.

무섭고 혼란스럽기만 했던 다이앤은 마트에서 식료품을 살 때면 라벨을 하나하나 다 읽으며 사야 했기 때문에 두세 시간이 훌쩍 지나가곤 했다. 또 글루텐이 들어 있지 않다고 하면 뭐든 사느라 예전보다 쇼핑에 쓰는 돈도 많아졌다.

그렇다고 외식을 하자니 글루텐이 들어가지 않은 음식을 어디에서 먹을 수 있을지 막막했다. 그렇게 '글루텐 프리' 생활을 시작하면서, 대부분의 사람들이 겪는 수많은 시행착오를 다이앤도 고스란히 겪을 수밖에 없었다.

'글루텐 프리' 생활을 사람들과 공유하다

2008년, 다이앤은 '글루텐 프리' 음식 블로그를 만들었다. 처음에는 그저 자신이 개발한 조리법과 '글루텐 프리' 자료를 보관하는 용도로 시작했지만, 점차 블로그가 발전해 그녀의 '건강 코칭 사업'에서 빼놓을 수 없는 부분이 되었다.

다이앤은 '글루텐 프리' 생활을 시작하는 사람들이 두려움을 떨칠 수 있도록 도와주고 있다. 또한 이미 '글루텐 프리' 생활을 하고 있는 사람이 자기 몸과 라이프스타일, 기호, 목표에 맞는 건강한 생활을 원하면 고객별 맞춤형 건강관리 코칭을 해주는 사업을 하고 있다.

온라인에서 자신의 블로그가 월 평균 1만 8000건의 페이지뷰를 기록할 정도로 유명해지자, 다이앤은 '글루텐 프리' 생활에 관한 권위자로 자리 잡았다. 또한 글루텐 문제가 있는 고객들을 상대하는 다른 건강 코치들이 도움을 청하는 전문가로서 명성을 얻게 되었다.

다이앤은 블로그를 주로 코칭 업무의 홍보 공간으로 사용하고 있지만, 블로그를 운영하며 요리 관련 전자책 판매와 몇몇 식품 회사와의 스폰서 계약으로 얼마간의 수입도 올리고 있다. 블로그를 하지 않는 시간에는, 남편 스콧이 운영하는 임원 코칭 사업을 도와주기도 하고 요리나 요가 교실에도 다닌다. 그리고 '통합영양연구소' 전문가 과정도 마쳤다.

파워 블로거가 전하는 블로그 성공 운영법

블로그 운영에 성공하고 싶은 사람들에게 다이앤은 다음의 여덟 가지 요점을 잊지 말라고 충고한다.

첫째, 다른 블로거에게 배워라. 당신의 분야에서 좋은 블로그라고 생각하는 것을 5개쯤 골라 그들에게서 열심히 배워라. 그들의 포스트에 댓글을 달아 관심을 끌어라. 그들이 충성스러운 팬을 만들고 유지하는 방법을 주목하라.

둘째, 블로그 컨퍼런스에 참석하라. 다이앤은 BlogHer.com 같은 조직이 개최하는 블로그 컨퍼런스에 참여할 것을 적극적으로 권한다. 특히 그녀는 음식 블로그 컨퍼런스에 가는 것을 좋아하는데, 거기서 다른 블로거들, 요리책 저자들, 음식 산업 종사자들과 만나서 사귄다. 블로그 커뮤니티는 사업에만 좋은 것은 아니다. 컨퍼런스에서 만난 친구들은 다이앤의 사회적 네트워크의 한 축이 되었다.

셋째, 같은 생각을 가진 블로거들의 네트워크를 만들어라. 다이앤은 자기가 성공한 요인 중 많은 부분이 음식 관련 블로거들과의 네트워크가 점점 커진 데 있다고 말한다. 그들은 정보를 공유하고 온라인 블로그 이벤트를 공동으로 후원하여 더 많은 사람들이 블로그를 방문하게 한다.

넷째, 검색엔진 최적화(SEO)에 성공하려면 지속적으로 업데이트하라. 구글은 지속적으로 새로운 콘텐츠를 내놓는 사이트에 보답을 한다. 검색엔진에서 상위 랭킹을 유지하기 위해서는 정기적으로 포스팅을 해야 한다. 다이앤은 최소한 주 3회 이상 포스팅한다.

다섯째, 영감을 얻기 위해 읽어라. 블로그에 새로운 주제의 글을 내놓는 것이 지루해질 때가 있다. 그렇지만 당신의 분야와 관련된 책과 블로그, 신문, 잡지, 트위터 포스트를 읽다 보면 꾸준히 영감을 얻을 수 있다. 다이앤은 항상 옆에다 메모지와 펜을 두고 블로그에 관한 영감이 떠오를 때마다 즉시 기록한다.

여섯째, 블로그 플랫폼을 신중하게 선택하라. BlogHer.com과 같은 무료 서비스에 블로그를 만들고 싶겠지만, 그러면 나중에 더 활발하고 유연성 있는 플랫폼으로 옮기려고 할 때 문제가 생길 수 있다. 다이앤은 블로그 제작 툴인 워드프레스(WordPress) 플랫폼을 아주 좋아한다. 내용이 다양하고 비용이 적게 들기 때문이다.

일곱째, 블로그 에티켓을 실천하라. 블로거들은 대체로 콘텐츠를 아낌없이 공유하지만, 블로그 에티켓을 따르지 않는 사람들을 좋아하지 않는다.

여덟째, 어디에서 수입을 올릴지를 분명히 하라. 다이앤은 블로그를 주로 '글루텐 프리' 커뮤니티와 연결되는 수단으로, 그리고 그녀의 코칭 서비스에 사람들을 끌어들이는 수단으로 사용하고 있다. 그녀는 요리 관련 전자책 판매와 몇몇 식품 회사와의 스폰서 계약에서 일정한 수입을 얻고 있다. 그녀는 광고 게재를 좋아하지 않는다. 그렇게 하려면 수많은 방문자가 있어야 한다.

끝으로 그녀는 다음과 같이 충고한다.

"실패할 것을 두려워하지 말라. 완벽할 때까지 기다리지 말고 그냥 시작해 보라."

개 한 마리가 어떻게
300만 달러의 회사를
만들게 했을까?

1997년 봄, 유난히 햇빛이 눈부셨던 어느 날 로니와 켄 디룰로 부부는 가까운 강아지 공원을 찾았다. 애완견 미드나이트와 함께 프리스비 원반 던지기를 하며 주말 오후를 즐길 생각이었다.

그런데 평소에 늘 민첩하던 미드나이트가 번번이 원반을 놓치는 바람에 좀처럼 흥이 나지 않았다.

"로니, 미드나이트가 좀 이상하지 않아? 오늘, 어디 아픈가……?"

"켄, 햇살이 너무 눈부신가봐요. 미드나이트가 햇빛에 좀 민감하잖아요."

몇 번 더 원반 던지기를 시도해 본 디룰로 부부는 미드나이트가 여전히 원반을 놓치곤 하는 바람에 집으로 돌아가기로 했다. 그때, 가져온 스포츠가방에 프리스비를 집어넣던 로니의 머릿속에 재미있는 생각이 떠올랐다.

'그래! 스포츠 고글을 강아지 눈에 맞게 개조해서 씌워 보면 어떨까?'

다음 날, 미드나이트에게 고글을 씌우고 강아지 공원을 다시 찾은 디룰로 부부는 사람들의 반응에 깜짝 놀랐다. 공원 곳곳에서 단연 이야깃거리는 고글을 쓴 미드나이트였다. 강아지 고글에 매혹된 동네 사람들의 반응에 고무된 부부는 웹사이트를 개설해 고글을 쓴 강아지를 찍은 사진을 몇 장 올렸다. 반응은 폭발적이었다.

강아지를 위한 스포츠 고글

며칠 뒤 웹사이트에 들어간 부부는 깜짝 놀라고 말았다. 애완견 주인들이 너도 나도 강아지 고글을 사고 싶다고 댓글을 달았기 때문이다.

"평생을 소프트웨어 개발자로 일해 왔으니, 애완견용 고글 사업을 하게 되리라고는 한 번도 생각해 본 적이 없었죠."

로니가 그 순간을 회상하며 말했다.

새로운 주문이 들어올 때마다 그녀는 스포츠 고글을 구입해 네 다리를 가진 손님(개)에게 맞도록 개조했다. 판매가 점점 늘어나다 보니, '도글(Doggles, 개가 착용하는 고글이라는 뜻)'을 하나하나 만들어서는 더 이상 주문을 감당할 수 없겠다는 생각이 들었다. 디룰로 부부는 시제품을 개발하기 위해 안경 제조 업체들과 상의를 해봤지만 사이즈가 개에게는 맞지 않았다.

그 무렵 타이완의 한 회사가 개에 맞게 넓은 코걸이와 깊은 렌즈

컵으로 된 맞춤형 제품을 만들어 주겠다고 제안했다. 2002년, 디룰로 부부는 첫 거래로 3만 개를 주문했다. 제품 개발을 하는 와중에 도글은 데일리캔디와 CNN에서 방송되기도 했다.

방송에 나가고 얼마 뒤, 미국의 유명 애완용품점인 펫스마트(PetSmart)에서 자기들 상점에서 제품을 취급하겠다는 제안을 해왔다. 로니는 그날을 회상하며 이렇게 말했다.

"바로 그때가 우리가 진정한 성공으로 도약하는 발판이 된 순간이었죠."

도글에는 두 가지 모델이 있다. 오리지널 모델, 그리고 렌즈를 교환할 수 있는 ILS. 둘 다 다양한 개 종류에 맞게끔 디자인되어 있다. 렌즈는 안전유리로 되어 있고, 김이 서리지 않으며, UV광선을 백 퍼센트 차단한다. 그리고 고글이 개의 머리에 꽉 붙어 있도록 조정할 수 있는 머리끈과 턱끈이 있다.

지금은 펫스마트뿐 아니라 펫코, 아마존, 타깃에서도 하나에 16~20달러에 판매하고 있으며, 3500개의 애완용품점에서도 도글을 판매하고 있다. 또한 도글 컴퍼니에서는 애완견 장난감과 의상, 기타 장비도 생산한다.

다양한 용도의 도글

도글은 단지 귀엽고 신기한 제품만은 아니다. 안과 수의사의 자문을 받아 본 부부는 개들이 눈 수술을 한 뒤 도글로 눈을 보호할 수 있다는 것을 알게 되었다. 그래서 도글 컴퍼니에서는 백내장 수술과 수정체 제거 수술을 받은 개들을 위한 맞춤형 렌즈도 제조한다. 도글은 군용견 유니폼의 일부로 국방부에 납품하기도 한다. 미 육군에서는 지난 10년간 1000개 이상의 도글을 구매했다.

"육군 조련사들이 개들을 귀엽게 보이게 하려고 도글을 착용시키는 건 아니랍니다. 이라크전에 군용견들이 투입되었을 때는 도글 덕분에 사막의 따가운 햇빛과 모래바람을 피하고 작전을 무사히 수행할 수 있었죠." 로니의 설명이다.

이렇게 사업 영역을 확대한 덕분에 도글은 2012년 매출이 300만 달러에 달했다. 새로운 기회를 받아들이면서도 소기업 문화를 유지하기를 원했던 디룰로 부부에게 급속한 성장은 늘 만만찮은 과제로 떠올랐다.

하지만 그것도 매년 봄가을 새로운 제품과 색상을 도입할 때의 어려움에 비하면 아무것도 아니다. 언제나 유행을 한 발 앞서가는 강아지 주인들을 끌어들이기 위해 로니는 신상품을 개발하고 카탈로그로 찍어 DM을 발송한다. 그때마다 사진 촬영을 위해 모델 개들을 줄 세워야 한다. 알다시피, 개들을 가만히 앉아 있게 하는 건 고양이들을 다루는 것보다 훨씬 어려운 일이다. 개를 사랑하는 로니로서도 봄가을마다 치르는 강아지들과의 전쟁에는 몸서리를 치고 만다고 하는데, 그 말을 하는 로니의 표정에는 즐거움이 넘쳐 보인다.

애완견에게 장난삼아 고글을 착용시켜 보았던 디룰로 부부는 인생 2막을 생각지도 않은 사업으로 화려하게 장식하고 있다. 성공적인 인생 2막의 계기는 어디서나 찾을 수 있다. 단, 항상 깨어 있는 문제의식만 있다면.

아일랜드를 넘어 세계로

— 스펠트 빵 만들기로 전업주부에서 사업가로 변신한 캐시 휘티를 만나다 —

창업을 생각하고 있는 사람들에게 어떤 조언을 해주고 싶나요?

시장조사를 하고 테스트를 하고 사업 계획을 만들라는 거예요. 그리고 돈을 투입하기 전에 어떤 비용이 얼마만큼 들어갈지 명확하게 알고 있어야 합니다. 주위에서 도움을 청할 수 있는 사람들을 찾아 도움을 받는 것도 중요하고요. 자기 아이디어만 멋지다고 혼자 생각하지 말고 장기적으로 돈벌이가 될지 스스로에게 묻고 또 물어야 합니다.

사업을 하게 되면서 배운 가장 중요한 교훈은 무엇인가요?

사업을 성장시키는 데는 생각보다 엄청난 시간과 에너지가 필요하다는 거예요.

지금까지 사업을 하면서 가장 큰 도전은 무엇이었나요?

판매를 끌어올리는 것, 그리고 수출 시장을 개척하는 것이었어요. 지금은 유럽과 외국에도 수출을 하고 있습니다.

사업을 하면서 지금까지 가장 자랑스러웠던 순간은 언제였나요?
우리 제품이 처음으로 매장에 진열되어 있는 것을 보았을 때였답니다.

당신의 제품은 밀 알레르기 때문에 고생하는 사람들에게 큰 도움이 된 것으로 알고 있습니다. 한국에서는 아이들이 아토피 때문에 고생을 많이 하고 있는데요, 당신의 스펠트 믹스 제품이 아토피에도 효과가 있나요?
스펠트 믹스 제품이 딱히 아토피에 효과가 있다고는 할 수 없지만, 스펠트는 밀처럼 품종 간 잡종 교배를 한 것이 아니기 때문에 일반적으로 건강에 훨씬 더 좋은 곡물이라고 할 수 있습니다. 그리고 영양 성분도 훨씬 좋지요. 그리고 우유가 아닌 두유나 코코넛 밀크 등으로 빵을 만들 수 있기 때문에 피부 문제가 있는 사람들에게는 정말 좋다고 생각해요.

당신의 제품을 한국으로 수출할 계획이 있나요?
그런 계획은 아직 구체적으로 없습니다. 유통과 포장 문제가 없다면 수출하고 싶기는 해요.

보내 주신 스펠트 믹스 제품 샘플은 잘 받아 보았습니다. 제빵 전문가가 그 재료로 빵을 만들어 시식을 했고, 여러 사람들에게 의견도 들었습니다. 우선 첫째, 직접 빵을 만들어 먹어 보니 한국 사람들 입맛에는 친숙하지 않은 맛이 더군요. 한국 사람들의 입맛에 맞추려면 따로 레시피를 만들어야 할 것 같습니다. 그리고 둘째, 밀 알레르기가 있는 한국 사람이 있다면 구태여 스펠트를 찾을 것 같지는 않습니다. 왜냐하면 한국에서는 빵이 주식이 아니라 밥이 주식이기 때문에 빵을 먹지 않으면 되니까요. 마지막으로, 스펠트 빵이 한국에서 건강에 좋다는 것이 증명되면 스펠트 가루를 수입해 대량으로 빵을 만들어 빵집에서 파는 것이 더 좋을 것 같습니다. 당신의 제품과 같은 믹스를 판매하는 것은 채산성이 맞지 않을 것 같아요. 한국에서는 믹스를 구입해 빵을 만들어 먹는 사람들이 그리 많지 않답니다. 결론적으로 당신의 제품이 한국 시장에 들어오는 것은 시기상조인 것 같습니다. 좋은 의견을 전해 주지 못해 유감입니다. 그래도 당신이 보내 준 스펠트 믹스로 빵을 만들어 보고 맛을 보는 체험은 정말 즐거웠습니다.

우리 제품으로 직접 빵을 만들고 피드백까지 해주시니 정말 고맙고 또 흥미롭습니다. 아일랜드에서는 빵과 감자가 주식인데 한국에서는 쌀이 주식이라서 밀가루에 알레르기가 있는 사람은 쌀을 먹으면 된다는 말은 일리가 있네요. 당신의 피드백은 정말 훌륭한 시장조사가 되었어요. 감사드립니다. 시기가 되면 스펠트 가루를 제품으로 공급할 수 있겠지만, 스펠트 가루는 밀처럼 오래 보관되지 않기 때문에 공급 과정에 문제가 있을 수도 있어요. 수요가 있다면 한국에서 스펠트를 재배하는 것이 더 쉬울지도 모르겠네요. 아일랜드에 올 기회가 있다면 차와 스콘을 대접해 드릴게요. 혹시 다른 질문이 있거나 도움이 필요한 일이 있으면 언제든지 연락을 주면 기꺼이 돕겠습니다. 다시 한 번 감사드립니다.

전업주부가 자신의 건강 문제를 해결하기 위해 스펠트 빵을 만들어 먹다가 자기와 같은 문제로 고통받고 있는 사람들이 있다는 것을 알고 사업화의 단계에까지 이르는 과정은 마치 한 편의 드라마를 보는 것 같다. TV 요리 경연대회에 출전하도록 딸이 권유하고, 일등을 하지는 못했지만 전국에 알려지게 되어 사업화의 계기가 된 스토리는 마치 우리나라 TV에서 볼 수 있는 광경처럼 생각되기도 했다. 비즈니스의 '비' 자도 모르던 한 주부가 지역의 창업 지원 단체에서 일하는 경험 많은 시니어들의 지도를 받아 제대로 사업을 전개할 수 있는 아일랜드의 환경이 부럽기도 했지만 우리나라 시니어들의 사회 기여 활동에 대해서도 많은 시사점을 준다고 생각되었다.

스펠트 빵의 사업화의 계기, 성공 과정 등은 본문에서 충분히 소개되었기 때문에, 인터뷰에서는 캐시에게 아토피와 관련하여 스펠트 빵이 도움이 될 수 있을까 하는 측면을 집중적으로 물어보기로 했다. 비록 아토피 치료에 직접적인 효과가 있다는 것은 아직 확인되지 않았지만, 캐시가 보내 준 믹스로 직접 빵을 만들어 시식하고 그녀와 피드백을 나눈 것은 즐거운 경험이었다.

(인터뷰: 김경회)

'자서전 쓰기'로 창업한 60대 영국 여성

— 자서전 제작 웹사이트를 만든 브라이어 스쿠다모를 인터뷰하다 —

오토닷바이오그래피에 대한 아이디어는 사랑하던 어머니가 돌아가신 뒤 유품을 정리하면서 발견한 편지에서 비롯했다고 들었습니다. 하지만 신문과 BBC 방송에서 오랜 기간 근무한 뒤에 중년에 새로운 사업을 시작하기 위해서는, 그것에 대해 아주 많은 조사와 연구, 그리고 심사숙고의 과정을 겪었을 것 같습니다.

당신의 질문과는 반대로, 오토닷바이오그래피를 시작하기 전에 어떠한 사업적인 훈련이나 경험도 하지 않았답니다. 회사를 시작한 뒤에 '프라임' 같은 조직이나 영국도서관(British Library)의 사업 키우기 강좌 등을 통해 상당히 많이 배우긴 했지만, 그건 사업을 시작한 뒤의 일이에요. 이런 과정을 사업을 시작하기 전에 이수했다면 좋았겠지만, 나는 그러지 않았어요.

은퇴하고 자신의 얘기를 자식들에게 해주길 원하는 대부분의 나이 든 사람들은 IT에 익숙하지 않지요. 게다가 그들은 IT를 알고 도와줄 수 있는 자식들과 함께 살지도 않습니다. 그들이 당신의 오토닷바이오그래피를 이용하도록 할 만한 장치가 있습니까?

영국에서는 노인들도 IT에 대해 잘 알고 있답니다. 오토닷바이오 그래피 시스템을 사용하는 사람들은 모두 쉰다섯 살 이상이고, 대부분은 칠십 대이며 그들 중 99퍼센트는 자신들의 컴퓨터로 직접 신청하고 이용합니다. 컴퓨터를 사용하지 않고 오토닷바이오그래 피 시스템을 사용하는 것은 불가능해요.

사업 비밀이 아닌 한도 내에서 책이 만들어지는 과정에 대해 알려 주실 수 있나요? 그저 질문에 답만 하면 아름다운 책이 만들어진다는 건 아주 놀라운 일입니다.

시중에는 손으로 직접 쓰는 자서전 쓰기 책이 나와 있긴 해요. 각 페이지마다 질문이 있고, 그 질문에 답하는 식이죠. 이 책들로는 문답식은 되지만 물 흐르는 듯이 이야기를 쓸 수는 없답니다. 나는 질문에 답변만 하면 생생한 이야기가 되는 그런 책을 만들 수 있어야 한다고 생각했어요. BBC에서 책임편집자로 근무했던 경험으로 판단해 볼 때, 작문과 구조를 모두 할 수 있는 내용 관리 시스템이 있으면 된다는 것을 알았죠. 전문 기업을 찾아 작업을 의뢰했고, 그 기업이 완벽한 기술적 해결책을 고안해 냈습니다. 그렇지만 내가 웹사이트의 내용을 작성하고 조정하는 데는 4년이란 시간이 소요되었습니다.

나는 기본 틀을 만들었고, 한 사람의 일생을 서술하는 수십만 개의 단어를 제공했어요. 고객들은 그저 질문에 따라 대답하고 사진과 문서를 올리면 시스템이 그들의 이야기를 pdf 파일로 만들어 줍니다. 더 이상 자세히 얘기하기는 좀 곤란하군요. 왜냐하면 극소수의 사람들이 무료로 시험판을 이용하면서 나의 포맷을 훔치려고 하는데, 아주 곤혹스럽답니다. 이 사업은 내가 평생 모은 재산을 다 쏟아부어 만든 것이고, 그러니 도둑맞을 수는 없지요.

온라인 자서전 영역으로 사업을 확대하기를 원한다고 기사에서 읽었습니다. 온라인 자서전을 포함한 향후의 계획에 대해 말해 줄 수 있나요?

오토닷바이오그래피는 언제나 온라인 사업이었기 때문에 온라인으로 확대한다는 기사를 보고 나 역시 당황했어요. 나는 온라인 미국 버전으로 미국에까지 사업을 확대하겠다는 얘기를 했을 뿐입니다.

당신의 이야기를 읽고 회고록을 시작할 생각을 하는 한국 사람들에게 어떤 조언을 해주겠습니까?

간단해요. 하라는 거죠.(웃음) 그것은 가족에게 줄 수 있는 가장 값진 선물이에요. 어떤 방법으로 하든 상관없습니다. 종이에 쓰든, 음성녹음을 하든 혹은 비디오로 녹화해서 남기든. 어떻게든 그들의 기억과 추억을 가족들과 공유하라고 말하고 싶어요. 그런 것들이 그들의 유년 시절과 학교 교육이 흥미로웠다는 것을 보여 줄 거예요. 자신의 인생이 대단히 재미있는 인생은 아니었다고 생각할지 모르지만, 가족들에게는 아주 멋진 인생입니다.

한국에는 값비싼 대필 작가를 고용할 수 없는 사람들을 위해 저비용으로 자서전을 써주는 비영리단체들이 있습니다. 당신의 오토닷바이오그래피와 비교할 때 비용과 질적인 면에서 명확한 한계가 있지요. 당신의 웹사이트가 미래의 고객들에게 훌륭한 것이라고 하더라도, 대부분의 한국 사람들이 언어 장벽 때문에 그 시스템을 사용할 수 없다는 건 유감스러운 일입니다. 당신의 시스템이 전혀 다른 언어 구조를 가진 한국어로 변환될 수 있을까요? 당신의 시스템이 한국어로 적용되고 조건이 맞는다면, 한국에 수출할 의향이 있나요?

지금으로서는 한국어 버전을 개발할 계획이 없어 유감이지만, 한국인들이 어른을 공경한다는 것은 알고 있습니다. 오토닷바이오그래피가 머지않아 한국에 가게 되기를 희망합니다.

브라이어 스쿠다모가 보통 사람들의 삶을 기록할 수 있는 자서전을 싸게 만들 수 있으면 참 좋겠다는 소박한 꿈을 전문가의 경험과 기술을 접목시켜 사업화한 것은 인생 2막에서도 혁신적인 비즈니스를 만들어 낼 수 있음을 보여 준 좋은 사례다.

브라이어의 이야기를 접하고 나서, '자서전 쓰기 사업'을 추진하고 있다는 행복설계아카데미 출신 시니어들에게 이 사례를 소개했다. 아쉽게도 그 중에는 브라이어 스쿠다모처럼 전문적인 기술을 가진 사람이 없어서 종전 방식대로 자서전을 만들되 비용을 싸게 받는 비영리 활동을 하게 되었다. 한국에서도 머지않아 최신 기술을 활용한 싸고 멋진 자서전을 원하는 사람들이 늘어날 것이라는 생각에 그녀에게 이메일로 인터뷰를 요청했다.

브라이어는 사업상의 비밀 유지 때문에 충분한 노하우를 알려 주지는 않았지만 성의 있는 답변을 보내 주었고, 한국에 대한 관심을 표명했다. 한국어의 특질을 잘 아는 전문가가 그녀와의 합작으로 오토닷바이오그래피와 같은 한글 자서전 쓰기 사업을 시작하게 되는 날을 기대해 본다.

(인터뷰: 김경회)

▶▷▷비영리단체는 미국에서 정부나 민간 기업의 손길이 닿지 않는 분야의 문제를 해결하기 위해 시작된 것이, 차츰 자원봉사의 차원을 넘어 사회 공헌 활동을 하면서 고용 창출과 수익 창출을 꾀하는 단계로 변모해 왔다. 민간 기부 문화의 토대가 약한 일본에서는 고베 대지진 복구 작업에 자원봉사 단체들이 크게 기여한 것을 계기로 비영리단체가 활성화해 지금은 10만여 개의 단체가 활동하고 있다.

한국에서도 경제력이 있고 현역 시절의 경험을 살려 사회에 기여하고 싶은 퇴직자들이 늘어나고 있지만, 이들을 모두 받아들일 여건은 아직 갖춰져 있지 않다. 그렇지만 해외 선진국의 사례를 거울삼아 문제의식을 갖고 지역사회를 잘 살펴보면 스스로 비영리단체를 설립해 사회문제 해결에 기여할 수 있는 길을 찾을 수 있다.

4부

인생 1막의 경험과 지혜를 사회에 환원한다

비영리단체·자원봉사

BRAVO!
SENIOR
LIFE

빈곤층의 집을
수리하여
지역을 변화시키다

"따르릉!"

— 안녕하세요? 잰 커크 라이트입니다. 지금은 부재중이니 전하실 말씀이······

15개월 간격으로 부모님을 떠나보낸 잰은 부동산 중개소에 출퇴근하며 일과 시간을 보내고 나면 집에서 두문불출하고 지냈다. 고향 테네시 주의 조그마한 도시에서 부동산 중개업을 하며 바쁘게 지내다 보니, 학교를 졸업하고 직장을 잡으면서 스무 해 동안 부모님과 제대로 시간을 보내지 못하고 살았다. 두 분 다 돌아가시고 나니 바쁘다는 건 핑계였을 뿐 그동안 부모님께 너무 소홀했다는 생각에 후회스러웠다. 사람들을 만나도 즐겁지 않았고, 그저 앨범을 뒤적이며 옛 추억을 곱씹고 있을 때, 다니던 교회의 애킨스 목사에게서 전화가 걸려왔다.

"잰! 잘 지내고 있지? 요즘 통 교회에도 안 나오던데, 이번 주말에는 시간 좀 내게. 나랑 가볼 데가 있으니. 잊지 말고 꼭……."

사람들을 함께 돕는 사람들의 모임

애킨스 목사의 손에 이끌려 잰이 찾아간 곳은 이스트사이드 인근의 황폐한 마을이었다. 집들이 하나같이 낡고 빛이 바랬으며, 담장이며 유리창이며 오랜 세월 손보지 못한 티가 역력했다. 애킨스는 그중에서도 가장 낡아 보이는 집으로 그녀를 안내했다.

"세상에! 이런 집은 난생처음 봐요……."

부동산 중개업을 하며 수많은 집을 다녀 봤지만, 잰은 정말이지 이런 집이 있다는 걸 믿을 수가 없었다. 지붕에는 사람이 드나들 수도 있을 만큼 큰 구멍이 나 있었다. 그곳만이 아니라 침실과 주방, 거실 어딜 봐도 멀쩡한 데가 없었다. 천장에서는 물이 샜고, 문짝은 달려 있는 것이 신기할 정도로 너덜거렸다. 거실 바닥도 군데군데 패여 있어 어두운 밤에 자칫 방심하면 걸려 넘어지기 십상일 것 같았다.

칠십 대로 보이는 집주인 엘사의 표정 없는 얼굴을 마주한 잰은 더 생각해 볼 것도 없이 마음을 굳혔다.

잰은 다음 주말에 바로 엘사의 집을 수리했다. 전문 수리업자를 불러 지붕을 수리하고, 문도 바닥도 손을 봤다. 환한 미소가 되살아난 엘사의 얼굴 위로 얼마 전 돌아가신 부모님의 얼굴이 겹쳐 보였기 때문일까, 그녀의 마음속 상실감도 한결 가벼워진 느낌이었다.

그날의 방문은 잰의 인생에 전환점이 되었을 뿐만 아니라 컬럼비아 이스트사이드 동네에도 큰 전환점이 되었다. 나중에 알게 된 사실이지만, 그 지역에서 오래 살아온 주민들은 많지 않은 연금 소득만으로 살아가는 노인들이 대부분이었고, 따라서 집에 문제가 생겨도 수리를 할 여유가 없어 그대로 살아가고 있었다.

잰은 부동산 중개업을 그만두고 본격적으로 그들의 집을 수리하고 복원하는 일에 뛰어들었다. 잰은 '사람들을 함께 돕는 사람들의 모임'(이하 사함사)이라는 조직을 결성했다. 이사 13명을 선출하고, 규약을 만들고, 기금을 모금하고, 수리할 주택을 선정하는 기준을 만들고, 웹사이트를 개설하고, 자원봉사자를 선발하는 일련의 과정이 일사천리로 진행되었다.

사함사 프로그램은 잰이 다니는 교회에서 입에서 입으로 알려지다가, 그다음에는 다른 교회로, 지역의 기업체로, 정부기관으로 널리 알려졌다.

첫 번째 대상 주택을 수리하기 위해 지역의 한 은행에서 종잣돈으로 5500달러를 내놓았다. 그렇게 기부 릴레이가 시작되어 총 9만 달러의 기금이 모였다. 결정적으로, 테네시 주 주택개발청에서 대응교부금으로 20만 달러를 내놓았다.

사함사는 육체적으로나 재정적으로나 스스로 집을 수리할 형편이 되지 않는 주민들의 집 35채의 지붕을 교체하고, 깨어진 창과 부서진 문을 수리하고, 외부를 다시 페인트칠하고, 벽판지와 조경을 추가했다. 민간 기금과 정부 기금으로 자재를 구입하고, 지붕 공사와

배관 작업처럼 규모가 큰 수리는 전문 업자에게 돈을 주고 맡겼다.

그렇게 집수리가 끝나면, 소수의 자원봉사팀이 그 집을 맡아 현관에 벤치용 그네를 추가하거나, 화분과 화단을 가꾸거나, 우편함을 교체한다든지 하는 추가 손질을 했다.

동네의 자존심을 회복시키다

애니 하디슨(73세)은 1976년부터 방 2개짜리 단층집에서 살아왔다. 애니의 집은 거실과 부엌 그리고 방 하나에서 빗물이 흘러내렸다. 결국 수리업자에게 800달러를 지불하고 수리했지만 얼마 지나지 않아 다시 비가 샜다. 이제는 수리할 돈도 없고 더는 엄두가 나지 않아 애니는 그냥 내버려 두고 지낼 수밖에 없었다.

사함사가 나섰다. 이번에는 자매결연을 맺은 전문 업체에 지붕 공사를 맡겼고, 더 이상 비가 새는 일은 없었다. 게다가 중앙난방과 에어컨을 설치하고 단열처리를 추가했으며, 외장을 다시 페인트칠하고, 현관 계단에 난간을 설치하고, 천장에 남아 있는 물 얼룩을 깨끗하게 지우고, 앞마당을 맵시 있게 단장했다.

그러한 노력은 단순히 집을 수리하는 데 그치지 않고 마을 전체를 변화시켰다. 36년 전 애니가 이사 왔을 때, 이스트사이드는 벽돌이나 목재로 벽을 만든 단층집으로 이루어진 작지만 단정한 동네였다. 그러다 20년 전쯤 마약 밀매업자들이 하나둘 드나들더니 동네 자체가 그들의 소굴이 되었다. 사람들이 집을 버리고 떠났고, 빈터는 쓰레기로 넘쳐났다. 골목마다 전선에 운동화가 매달리기 시작했다. 그것은 마약을 살 수 있는 곳임을 의미하는 신호였다.

사함사의 재건 노력으로 동네 사람들의 마음속에 자존심이 되살아나고 활기가 넘쳤다. 그것은 주민들이 동네가 다시 살아나고 있음을 마약 밀매업자들에게 알리는 신호라고 잰은 믿는다.

2012년 10월 토요일 오후, 엘사의 집에 동네 주민들이 모여들었다. 잰이 지역사회에 기여한 공로를 인정받아 전미퇴직자협회(AARP: American Association of Retired Persons) 테네시 지부에서 수여하는 앤드러스 상을 받은 것을 축하하기 위해 소박한 파티를 열기로 한 것이다. 뒤늦게 참석한 그녀를 포옹으로 환영하며 엘사가 말했다.

"우리 집 현관에 앉아 꽃을 돌보는 것만큼 세상에서 행복한 일도 없다는 걸 요즘 들어 새삼 느끼고 있다우. 정말 고마워요."

수상 소감을 말해 보라는 동네 사람들의 성화에 잰이 수줍게 입을 열었다.

"한 사람의 주거 환경을 변화시킨다는 건 그 사람의 세계 전체를 변화시키는 거라고 생각해요. 돌아가신 부모님이 생각나 시작한 일이었지만, 이제는 평생을 두고 하고 싶을 만큼 내게도 행복한 일이 되었답니다."

잰은 부상으로 받은 2500달러를 사함사 프로그램에 기부했다. 그녀는 사함사 프로그램을 이스트사이드 너머, 테네시 주 전체로 확대하기 위해 오늘도 바쁜 하루를 보내고 있다.

시니어가 만든
커뮤니티 카페로
지역을 활성화하다

오늘은 한 달에 한 번씩 고등학교 동창들이 모여 결속을 다지는 날. 어쩐 일인지 한 명도 빠지질 않아, 모임이 생긴 이래 가장 많은 친구들이 모였다. 역시나 한 친구가 좌중을 빙 둘러보더니 말했다.

"그러고 보니, 면면이 정말 화려하잖아! 세무사도 있고, 변호사도 있고, 은행원도 있고, 현청 공무원도 있고, 건축 기사도 있고, 선생님도 있고, 부동산 중개인도 있고, 그렇지, 여기 구와바라는 리모델링 일을 하고……."

"여기, 전업주부도 있다네!"

오랜만에 얼굴을 보인 미즈코의 너스레에 모두들 한바탕 웃음을 터뜨리고 잠잠해지자 구와바라가 말했다.

"그러게, 정말 완벽한 전문가 집단이네. 전부터 생각했던 건데, 우리가 학교 다니던 시절에 비하면 시내에 활기가 사라진 것 같지 않아? 이웃들과 왕래도 뜸해지고……. 우리도 벌써 오십 대가 되었으니 아이들도 다 컸고. 그래서 말인데, 우리 고장을 위해 우리의 경험과 기술을 발휘할 수 있다면 정말 재미있고 보람 있을 것 같지 않아?"

모인 사람들이 모두 오타 시에서 태어나고 자랐으니, 고향을 활기차게 바꿔 보자는 말에 너나 할 것 없이 한마디씩 거들고 나섰다. 구체적으로 무엇을 할 것인지, 친구들의 지혜가 조금씩 쌓여 나갔다. 구와바라가 마지막으로 정리하듯 말했다.

"우리 모임의 첫 번째 목적이 상호부조잖아. 그런 생각을 모임 밖으로 확대해 보는 건 어떨까? 주민들의 고민거리에 대해 전문 분야에서 일하는 사람들이 상담을 해주는 거지. 또, 모두가 가볍게 모일 수 있는 공간, 이를테면 교류 거점을 만드는 거야. 어때?"

이렇게 얘기가 어느 정도 결론에 이르렀을 때, 현청 공무원 친구가 중요한 정보를 보탰다.

"정부의 지원 사업을 이용해 보면 어떨까? 정부에서 시행하는 시민 활동 활성화 모델 사업이라는 게 있는데, 응모해 보는 거야!"

친구의 말로는 그해부터 경제산업성이 시민 활동의 사업화를 지원해 그 성과를 전국에 보급하고 있다고 했다.

동창 모임에서 시작된 커뮤니티 카페, 요노스케 찻집

오타 시에서 태어나고 자란 구와바라 사부로는 오타 고등학교를 졸업한 뒤 도쿄에 있는 대학을 졸업하자마자 자동차 세일즈의 세계로 뛰어들었다. 20여 년을 도쿄에서 일해 왔지만, 어느 날 회사가 고향 군마 현에 영업소를 만든 것을 계기로 그는 고향으로 돌아와 자동차 영업을 계속했다. 그리고 얼마 뒤 아버지가 돌아가시자 형과 함께 가업을 물려받았다. 주택의 대문이나 차고 등의 설비 공사를 하는 외장(exterior) 사업이었다.

어느 날 예의 동창 모임에 참석한 구와바라는 친구들과 지역을 위해 일해 보자는 데 의견을 모으고 그 즉시 현청 공무원 친구의 말대로 정부 사업에 응모했는데, 전국에서 선정된 13건의 모델 사업 중 하나로 당당히 선정되었다. 요로즈야 요노스케('요로즈야'는 무엇이든 한다는 의미이며, 요노스케는 에도시대의 유명한 문학작품 속 남자 주인공의 이름을 빗대어 재미있게 쓴 것이다)라는 이름으로 NPO법에 따른 인증을 받았고, 정부에서 지급되는 지원금 1000만 엔으로 경매에 나온 상가를 구입했다.

공동 출자는 나중에 말썽의 씨앗이 될 수도 있다는 의견이 많아, 인테리어 비용을 비롯해 나머지 자금 2500만 엔은 모임의 리더였던 구와바라가 전액 기부했다.

2002년 12월, 그렇게 '요노스케 찻집'이 문을 열었다. 오십 대의 고교 동창생 20명이 모여 의기투합한 지 겨우 넉 달 만의 일이었다.

무엇이든 상담하고 해결해 주는 커뮤니티 공간

군마 현 오타 시의 커뮤니티 카페 '요노스케 찻집.' 문을 열면 온통 향긋한 커피 향이 감돈다. 웃음소리가 나는 쪽으로 눈을 돌리면 마치 소녀처럼 이야기하느라 정신이 없는 부인들이 보이고, 방의 안쪽에서는 초보자로 보이는 중장년들이 강사 옆에 둘러앉아 PC 사용법을 배우고 있다.

'차 마시는 방'은 수요일을 제외한 평일 나흘 동안 오전 10시부터 오후 5시까지 영업한다. 파트타임 유급 직원이 커피를 내리기도 하고, 런치 세트를 만들기도 한다. 지역의 고령자가 가볍게 들러서 커피를 마시면서 이야기하는 장이 되고 있다.

고령자들이 모여 수예나 그림 등의 작품을 만들기도 하는데, 거기서 만든 작품을 '차 마시는 방'에서 판매하고 있다. 그 밖에도 지역의 지적장애아 특수학교 학생들이 만든 쿠키 같은 것도 판매하는데, 커피를 마시러 온 사람들이 마음에 들면 사간다. 100~200엔 정도의 물건이 많아 큰돈이 되지는 않지만, 만든 사람은 돈벌이가 아니라 삶의 보람을 찾고자 하는 일이다.

고민 상담은 햇볕이 들어오는 카페 창 쪽의 밝은 공간에서 무료로 이루어진다.

"관공서나 상공회의소에서는 대개 정취가 없는 곳에서 상담을 하는데, 그래서는 안 됩니다. 마치 이웃 사람끼리 이야기하듯이 편안하게 상담할 수 있는 장소가 좋아요. 그래서 우리는 커피를 마시면서 푸념을 들을 수 있는 카페 스타일로 상담을 하고 있지요."

멤버들이 대부분 본업을 갖고 있기 때문에 주 2회 예약제로 돌아가면서 차례로 상담에 나선다. 상속 문제부터 집수리 문제까지 폭넓은 주제로 상담을 받으러 오는데, 그 내용에 따라서 전문 분야에서 일하는 사람이 상담에 응한다.

예를 들면, 작년에 단둘이 사는 노부부가 상담을 하러 찾아왔다.

"지진으로 집 벽에 금이 갔는데, 또 큰 지진이 오면 집이 무너지지 않을지 걱정이에요. 그렇다고 무턱대고 업자한테 의뢰하자니 돈을 얼마나 청구할지도 모르겠고⋯⋯. 와서 한번 봐주면 고맙겠습니다."

1급 건축 기사가 그 집을 방문해 설계 도면을 보고 건물의 구조 등을 체크했다. 벽의 금은 지진으로 흔들릴 때 벽을 구성하는 자재가 삐걱거리면서 생긴 것으로, 다행히도 건물 본체로부터 생긴 것은 아니었다.

"어지간히 큰 지진이 오지 않는 한, 무너지지는 않을 테니 안심하셔도 됩니다."(그 정도로 큰 지진이 일어나면 다른 건물도 무너지고 만다.)

전문가가 설명을 하니 그제야 노부부는 마음을 놓았다.

이런 상담은 무료로 진행되지만, 건물의 수리가 필요한 경우에는 손님이 판단하여 요로즈야의 협력 사업자에게 발주하기도 한다. 그때는 비용이 발생한다. 그렇게 생긴 이익의 5퍼센트가 요로즈야의 운영 자금으로 들어간다. 비영리단체 요로즈야는 이처럼 커뮤니티 비즈니스 방식으로 운영되고 있다.

일본에서는 기부 세제를 비롯해 비영리단체를 지탱하는 시스템이 미약하다. 그래서 요로즈야에서는 전기·가스 비용 등 최소한의 경비를 충당하기 위해 상담에 따른 건물 수리비 등에서 일정 수수료를 받아 비용에 충당하는 것이다. 돈을 받는 데는 다른 의미도 있다.

"우리는 단순한 자원봉사를 하는 게 아니에요. 일에 관여한 사람이 정확히 보수를 받는 게 중요합니다. 그렇게 돈이 오고가게 되면 책임감이 생깁니다. 자연스레 일하는 보람으로도 이어지고요. 단, 묵

묵히 작업만 하는 것이 아니라 말을 주고받아야 하지요. 의뢰한 사람과 웃는 얼굴로 이야기를 주고받고, 그 결과가 서로 좋았다고 생각되면 그다음으로 이어지는 것이죠. 사회에서 고립된 독거노인을 지켜 준다는 의미에서도 커뮤니케이션이 중요해요.”

기업이나 관청에서는 다룰 수 없는 지역 수준의 문제야말로 커뮤니티 비즈니스가 필요한 부분이다. 요로즈야는 이름 그대로 '무엇이든 상담해 드린다'는 점을 내세우기 때문에, 마당 손질이나 전구 교환 같은 사소한 의뢰가 들어와도 달려가고, 지역 주민들과 교류가 별로 없는 고령자의 고민을 듣고 조언하며 문제를 해결해 주고 있다.

즐거운 시간을 공유하는 지역의 테두리가 넓어진다

요노스케 찻집의 역할은 고민 상담에 그치지 않는다. 지역 주민들이 서로 교류하는 장으로서 영화감상회나 포크밴드의 라이브 공연 (포크 다과회) 등 여러 가지 이벤트를 정기적으로 개최한다.

여기서는 영화를 본 뒤 커피를 마시면서 모두가 모여 이야기한다. 영화를 보고 나면 자연스레 서로 감상을 이야기하고 싶어지는데, 그것만으로도 참으로 즐거운 일이다. '포크 다과회'도 단지 라이브 연주만을 듣는 것이 아니라 모두 노래를 함께 부르고 일체감을 느낀다. 영화나 라이브 공연은 수단이고, 모두가 커뮤니케이션을 하는 것이 목적인 셈이다.

이웃 사람들끼리 즐거운 시간을 공유하다 보면 웃음이 꽃피고 지역사회의 범위가 넓어지기도 한다. '요로즈야 모델'은 주변에서 높은 평가를 받아 견학이나 연수를 하러 오는 사람도 많다. 구와바라 사부로 본인도 강연에 초대되어 각지를 분주하게 다니는 나날을 보내고 있다. 그러나 그런 데 욕심이 있는 것은 아니다.

"우리가 재미있다고 생각하는 것을 하고 있을 뿐입니다. 수지타산이 맞는 일은 아니죠. '차 마시는 방'의 매출을 포함해도 본전이 될까 싶지만, 이익을 낼 필요는 없기 때문에 비영리단체 활동으로는 합격점이라고 생각합니다."

20명 정도의 친구로 시작한 요로즈야의 관계자는 현재 80명이 넘는다. 2013년 예순네 살이 된 구와바라는 가업을 계속 잇고는 있지만, 요로즈야에 7할의 시간을 할애하고 있다고 한다. 친구들도 정년을 맞이하기 시작해 점점 이 활동을 즐기는 참이다. 마지막으로 구와바라 사부로에게 물었다.

"구와바라 씨, 당신에게 요로즈야란 무엇인가요?"

그는 웃으면서 이렇게 답했다.

"이제 와서 발을 빼고 싶어도 그럴 수 없는 것, 삶의 보람이랄까, 인생의 완성된 틀 같은 것이 되었죠. 사람은 아무것도 할 일이 없어지면, 생기가 없어지고 어느 날 갑자기 죽어 버리고 맙니다. 뭔가 하고 있지 않으면 안 돼요. 그러니 요로즈야 활동은 나를 위한 것이기도 하지요."

'무료 학원'으로
가난 대물림의
고리를 끊다

2013년 새해, 이와키 시 시민 시설의 한 방에 중학생 여섯 명이 ㄷ 자로 늘어선 긴 테이블에 모여 앉아 있다. 학생들 앞에는 무료로 나눠 준 노트북이 한 대씩 놓여 있고, 빔 프로젝터 화면 앞에서는 자원봉사 대학생이 인터넷 접속 절차와 페이스북 등록 방법 등을 설명하고 있다. 한마디라도 놓칠세라 모두들 열심히 귀를 기울인다.

학생들은 인근 중학교에서 온 1, 2학년생. 동일본대지진이 쓸고 지나간 이 지역에는 현 바깥으로 대피했던 사람들 중 돌아오지 않은 사람들도 많고, 그나마 떠나지 않은 사람들도 대부분 조립식 가설 주택에서 생활하고 있다. 당연히 집에서 PC와 인터넷을 이용할 수 있는 학생은 극히 드물다. 대부분이 이메일이나 SNS에도 서툴렀다.

사흘간 계속된 '겨울 집중 강좌'를 마친 학생들의 컴퓨터 사용 능력은 몰라볼 정도로 좋아졌다. 인터넷과 이메일, SNS는 물론 프레젠테이션 소프트웨어 등을 다루는 방법까지 습득했다. 이날은 강좌 마지막 날, 학생들은 직접 만든 프레젠테이션 자료를 공개하며 모두가 영어로 자신의 의견을 발표했다.

키즈도어의 창립자 와타나베 유미코는 지바 대학 공학부를 졸업한 뒤 백화점과 출판사를 거쳐 프리랜서 마케팅 플래너로 일했다. 그러다 결혼을 한 와타나베는 아이를 낳고는 일에서 손을 떼고 육아에만 전념했다. 2000년부터 2001년까지 1년 동안, 남편의 해외 발령으로 가족과 함께 영국에서 생활하게 되었는데, 그때 그녀는 그곳의 교육 시스템에 깊은 인상을 받았다.

공교육이 국가의 자금에 의존하는 일본과는 달리, 영국에서는 민간 기업이 학교를 지원하는 교육 시스템이 확립되어 있었다. 이를테면, 당시 영국에서는 대형 마트에서 상품 구입 금액에 따라 소비자에게 돌려주는 포인트를 학교에 기부하는 캠페인이 벌어지고 있었는데, 영리 기업의 판촉 활동이 사회 공헌으로 이어지는 모습에 크게 감명을 받았다고 한다.

1년 만에 돌아온 와타나베가 마주한 일본의 교육 현실은 영국의 교육 현장과 대비되어 문제점이 더욱 선명하게 눈에 들어왔다. 그녀가 무료 교육 사업에 뛰어들 결심을 하게 된 것도 바로 그 무렵이었다.

일본 아이 6명 중 1명이 빈곤으로 고통을 당한다

와타나베가 주목한 것은 바로 제대로 된 교육을 받지 못하고 구석으로 내몰리고 있는 빈곤 가정의 아이들이었다. 의무교육 제도가 갖춰진 경제대국 일본에서 교육을 받을 수 없을 정도로 빈곤한 가정의 아이들이 있다고 얘기하면, 쉽게 수긍하지 못하는 사람들이 대부분이다. 국가는 물론 사회 전반에도 이러한 인식이 널리 퍼져 있다.

"일본에는 빈곤한 아이들은 아예 없다는 것이 사회 통념이었습니다. 그러니 그런 아이들을 지원하는 비영리단체도 존재할 수가 없었던 것이죠."

그러나 OECD의 조사에 따르면, 일본에서 연간 1인당 112만 엔도 되지 않는 돈으로 생활하는 빈곤층 아이들의 비율은 16퍼센트로, OECD 가맹국 30개국의 평균(12퍼센트)을 웃돌았다. 실제로 일본 어린이 6.3명 가운데 한 명이 '빈곤' 상황에 놓여 있었다. 그중에서도 한부모 가정 아이의 빈곤율은 51퍼센트로, OECD 가맹국 가운데서 최악의 수준이었다.

한부모들은 일에 쫓겨 아이에게 공부를 시키는 습관이 몸에 붙지 않는다. 아이들은 가고 싶은 고등학교는 있지만, 학원에 다닐 여유가 없다. 공부방이 없고, 어린 형제자매들 때문에 숙제에 집중할 수 없다.

빈곤 가정 아이들이 직면하는 교육 격차 문제는 지금 그 어느 때보다 심각해지고 있다. 국가 학력 테스트 결과를 분석해 보면, 2000년 이후 아이들의 학력 수준은 최상위층의 비율은 일정한 반면 중상위층은 감소하고 있으며, 사회생활에 심각한 지장이 우려되는 최하위층은 서서히 증가하고 있다. 이 아이들은 성년이 되어 고수익 직종에 종사할 수도 없고, 오히려 실업 등으로 생활 보호 대상자가 될 공산이 크다.

사회 전체가 아이를 키우는 영국 교육 현실과는 너무나 상반된 일본의 현실에 문제의식을 느낀 와타나베는 고심 끝에 2007년 임의 단체인 키즈도어를 설립했다. 2009년에는 내각부의 정식 인증을 받아 비영리단체 키즈도어를 출범하면서, 마침내 그녀에게 제2의 인생이 시작되었다.

키즈도어의 설립 당시 활동 목적은 '가쿠보라'라는 프로그램으로 교육 격차를 해소해 가난 대물림의 고리를 끊는다는 것이었다. 그에 따라 자원봉사 대학생들을 모집해 공공 시설 등에 파견하고, 중학생들을 대상으로 하는 무료 학원 '다다제미', 대학 입시를 준비하는 고등학생들을 대상으로 하는 무료 학원 '가치제미'를 열었다.

현재 등록된 자원봉사 대학생은 1500명이다. 2012년에는 '다다제미'를 통해 도쿄 도에서 24명의 고교 합격자, 센다이 시에서는 50명의 고교 합격자를 배출했다.

무료 학원을 운영하다 보면 늘 따라다니는 고민거리가 두 가지 있다. 우선 선생님이 될 대학생 자원봉사자를 확보해야 한다는 것이 하나고, 다른 하나는 도저히 공부할 동기를 찾아낼 수 없는 학생에게서 의욕을 끌어내는 것이다.

키즈도어는 포털 사이트를 통해 자원봉사 대학생을 모집해 왔는데, 이제는 제법 노하우가 쌓여 꽤 많은 학생들을 확보한 상태다. 또한 자원봉사 대학생을 적어도 1년 동안은 같은 아이에게 붙여서 신뢰 관계를 구축하는 신중한 운영이 성과를 올리고 있다. 믿기 힘들겠지만 학생들 가운데는 누군가에게 직접 학습 지도를 받아 본 적이 없는 아이도 있고, 진짜 대학생을 처음 본 아이도 있다. 그런 학생들이 대학생들과 교류하다 보면 진학에 대한 의욕이 생기는 경우가 많았다.

키즈도어는 이러한 실적을 인정받아, 최근 도쿄 도의 세다가야 구와 메구로 구에서 행정기관의 자금 지원을 받아 한부모 가정이나 생활 보호 가정의 어린이 학습 지원을 시작했다. 그러다 보니 무료 학원의 노하우를 배우고 싶다고 키즈도어의 문을 두드리는 운영자의 수도 늘고 있다.

2009년 정식 출범한 키즈도어가 조금씩 자리를 잡아가던 2011년 봄, 리히터 규모 9.0의 대지진과 쓰나미가 동일본을 휩쓸고 지나갔다.

키즈도어는 지진 발생 이후 뱅크오브아메리카와 메릴린치에서 자금을 지원받아, 겨울방학과 여름방학 기간 중에 이와키 시와 도쿄에 거주하는 후쿠시마 현 출신 중학생을 대상으로 정기적으로 글로벌 강좌를 열고 있다.

"글로벌 스트림(Global Stream), 도호쿠의 미래를 만드는 글로벌 기초교육 프로젝트!" 영어와 IT를 집중적으로 가르치는 이 강좌를 개설한 비영리단체 키즈도어의 캐치프레이즈다.

와타나베는 이렇게 강조한다.

"학원이나 보충수업처럼 성적을 올리는 것만을 목표로 하는 지원으로는 지진 피해 지역에 정말 필요한 인재를 키울 수 없습니다."

교육 격차 해소를 위해 발벗고 뛰어온 와타나베의 말이라고 하기에는 언뜻 엉뚱해 보일 수도 있지만, 피해 지역에서 영어와 IT 중심의 '글로벌 교육'을 시작한 배경에는 지진 피해 지역 아이들을 지켜보며 느낀 안타까움이 있었다.

지진 피해 지역 아이들에게 '글로벌 교육'을

"고등학교에서는 과외활동을 열심히 해서 졸업하고 소방관이 되거나 자위대에 들어가고 싶어요."

지진 피해 지역 중학생들에게 장래의 꿈을 물어보면 열에 아홉은 이렇게 대답한다고 한다. 여학생들도 별반 다르지 않아, 간호사나 교사가 되고 싶다고 하는 아이들이 많다. 그렇다면 도쿄의 중학생들은 어떻게 대답할까? 도쿄의 아이들은 대부분 이렇게 대답한다고 한다.

"영어를 배워 해외에서 일을 하고 싶어요."

"최첨단 IT 분야에서 활약하고 싶습니다."

도호쿠 지역 아이들 가운데는 이렇게 대답하는 아이가 거의 없다. 도호쿠라는 지리적인 조건에다 지진 피해를 겪으며 나타난 심리적 변화가 더해져 피해 지역 아이들의 직업관이 대도시권과 달라진 것은 어떤 면에서는 당연해 보인다. 그래도 와타나베는 위기감을 지우지 못한다.

"새로운 산업을 담당할 기업가, 전 세계를 무대로 활약할 인재가 크지 않으면 도호쿠가 지진 피해의 상처를 씻고 부활하기는 요원합니다."

키즈도어는 학생 한 사람 한 사람에게 PC를 나눠 주고 방학 중에도 영어와 IT 강좌를 열어 아이들을 가르친다. e학습 시스템과 페이스북을 통해 날마다 원격으로 공부를 지원하기도 한다. 성과가 구체적인 형태로 나타나기까지는 오랜 시간 끈기 있게 씨름해야 한다. 하지만 와타나베와 그 동료들의 활동이 없으면 누구도 그 역할을 대신할 수가 없다.

정부와 영리기업의 틈새를 메우는 비영리단체

사회적으로는 큰 과제이지만 정부나 영리기업이 해결하기는 힘든 문제를 다루는 것이 키즈도어와 같은 비영리단체의 사명이다. 그러나 뜻이 있다고 해서 아무 비영리단체나 그 역할을 감당할 수 있는 것은 아니다.

당연한 이야기이겠지만, 자금을 대주는 정부나 복지 단체, 민간 기업 등은 실제로 그 조직이 과제를 해결할 만큼의 역량을 갖고 있기를 기대한다. 그런 의미에서 '충분한 교육을 받을 수 없는 아이들을 지원한다'는 목표로 출범한 비영리단체 키즈도어는 착실하게 실적을 쌓아 온 일본 국내의 선구적 존재다.

최근 일본에서는 젊은이들이 연봉이 높은 민간 기업에 입사하기보다는 사회적 기업이나 비영리단체의 일원으로 일하는 길을 선택하는 사례가 늘고 있다. 돈이나 안정적인 생활만이 일의 목적이라고 할 수는 없지만, 젊은이들이 영리기업이나 관공서가 아니라 비영리단체를 선택하는 현상은 반가우면서도 한편으로는 선뜻 이해하기 힘든 구석이 있다. 이러한 현상에 대해 와타나베가 그 나름의 의견을 내놓았다.

"사업의 밑천이 되는 자금을 어디에선가 조달하고, 어떤 과제를 해결하기 위한 전략을 생각하는 건 비영리단체나 민간 기업이나 마찬가지예요. 자금을 수익자(고객)가 부담하게 하느냐, 재단 등이 출연하게 하느냐가 다를 뿐이죠."

사실, 키즈도어도 설립 당초부터 비영리단체 형태로 하려 한 것은 아니었다. 기업과 아이들을 연결하는 포털 사이트의 광고 수입을 중심으로 수익 모델을 구축할 생각도 했었다. 와타나베는 키즈도어의 정직원들에게 항상 사업비에 걸맞은 성과를 낼 것을 잊지 말라고 당부하곤 한다.

일본에 엄연히 존재하는 교육 격차에 맞서는 열의와 냉철하게 사업 모델을 운영하는 경영 수완. 두 가지 자질을 겸비한 와타나베의 도전이 도쿄와 도호쿠의 지진 피해 지역에서 전국 각지로 그 무대를 넓혀 나갈 날도 그리 멀지 않아 보인다.

베테랑 연구원이
설립한
'시민 싱크탱크'

"어쩌다 보니, 나는 29년이나 그곳에 머물러 있었더라고요."

스쿠다 하루오는 29년간 근무한 첫 직장을 떠올리며 씁쓸하게 말했다.

오사카에서 태어나고 자라 오사카 시립대학에서 물리학을 전공한 스쿠다는 졸업한 뒤 곧바로 민간 싱크탱크인 간사이 정보산업 활성화 센터에 연구원으로 입사했다. 싱크탱크에서 그가 해온 업무는 대부분 관청에서 위탁받은 일이었는데, 이를테면 간사이 지구에 지진이 일어나면 그 진도에 따라 어떤 피해가 발생하는지를 시뮬레이션해 재난 상황 대비를 뒷받침하는 작업이다.

지역 현실과는 동떨어진 민간 싱크탱크

"재난 대비 같은 일이라면, 일을 하며 느끼는 보람도 적지 않았겠군요?"

싱크탱크에서 지역사회를 위해 일한다는 자부심이 대단했을 듯해, 별 뜻 없이 물어본 질문에 돌아온 대답이 의외로 미묘했다.

"폭넓은 시야로 지역사회를 바라보는 일이었죠. 지역으로 들어가 주민들과 함께 지역이 나아갈 이상적인 모습을 모색하는 일은 아니었습니다. 그래서 늘 답답했습니다. 현실과는 너무 동떨어져 있었거든요."

싱크탱크의 직원은 모두 50여 명. 그중 연구원은 20명 남짓이었다. 하지만 연구원 20명 가운데 14명은 일찌감치 그만두고 독립해 소프트웨어 회사를 차렸다고 한다. 스쿠다만이 29년이나 그 자리를 지켜 왔다.

그 긴 세월 동안 그는 자신의 일에 대해 불쑥불쑥 회의감이 들곤 했다고 털어놓았다. '관공서든 싱크탱크든 지역사회와 시대의 흐름을 면밀하게 읽고 있는 걸까?' 지금까지 오사카에서 진행되어 온 '마을 만들기 사업'의 결과를 돌아보면 답이 나온다. 즉 그렇지 않다는 것.

그렇듯 고민을 거듭하던 스쿠다는 마흔네 살이 되던 무렵, 마침내 오사카 부 미노 시 시장의 주도로 출범한 '미노 시민문화 간담회'에 공모하기로 결심했다. 별 기대 없이 엽서로 응모했는데, 덜컥 20명 가운데 한 명으로 선정되었다고 한다. 오사카에서 나고 자랐지만 마흔이 넘도록 지역사회와는 특별한 관계를 맺지 않았던 그가 처음으로 지역사회 속으로 들어가는 순간이었다.

미노 시민문화 간담회(이하 간담회)는 이름에서도 알 수 있듯이, 시민들이 정기적으로 간담회를 열어 여러 가지 문화 포럼을 기획·개최하기도 하고, 마을 만들기 사업에 대해 이런저런 의견을 내놓기도 하는 모임이다. 스쿠다는 10여 년 동안 간담회의 일원으로 '쾌적한 환경 만들기 시민회의' '미노 시민 거리회의' '미노 문화 팜' '미노 산록 보전위원회' 등의 시민회의에 참여해 활발히 활동해 왔다. 그는 민간 단체가 행정기관이나 기업을 끌어들여 새로운 사회를 만들 수 있을 거라고 굳게 믿기 시작했다.

이제 마을 만들기는 시민의 손으로

그의 생각을 굳힌 사례가 있다. 어느 날 간담회에서 한 회원이 지역 주민들이 모일 수 있는 공간으로서 '시민주점'을 운영하자는 제안을 했다. 좋은 의견이라고 생각한 간담회 회원들은 시민 한 사람당 10만 엔씩을 출자받아, 가볍게 먹고 마시며 서로가 마음껏 이야기를 나눌 수 있는 '엔다이야'라는 주점을 열었다. 작고 사소한 사례로 보일 수도 있겠지만, 제안이 구체화되어 가는 과정을 바라보는 데는 적지 않은 보람과 즐거움이 있었다.

"이제 행정기관에게만 마을 만들기를 맡겨 두는 시대는 지났습니다. 앞으로는 시민들이 여러 가지 조직을 만들어 공동체를 직접 만들어 나가는 주민자치의 새로운 모델이 생겨날 거라고 생각해요. 정책 목표를 잡는 단계에서부터 시민들이 참여해 행정기관과 협업하는 것이죠. 이 일에는 직장을 다니면서는 결코 맛볼 수 없는 묘미가 있으니까요."

스쿠다는 쉰네 살이 되던 해에 싱크탱크를 그만두고 비영리단체의 세계에 본격적으로 뛰어들었다. 예순 살이 되어 정년퇴직하고 나면 과연 체력과 활력이 남아 있을지 자신할 수 없었던 것이다. 그래서 그는 수입이 줄어들 것을 감수하고 결단을 내렸다.

오사카 시 후쿠시마 구의 '오사카 NPO플라자' 빌딩에는 30여 개의 단체가 입주해 있다. 그 빌딩 2층에 스쿠다가 이사장으로 일하고 있는 'NPO 정책연구소'가 있다. 연구소 사람들은 '지역에 뿌리내린 시민들의 싱크탱크가 되고 싶다'는 생각에 '커뮤니티 싱크탱크'라고 부르기도 한다.

NPO 정책연구소의 방침은 정책 만들기에 관한 것이라면 무엇이든 손을 댄다는 것이다. 관공서나 지자체에서 사업을 위탁받기도 하고, 지자체 직원들의 연수를 맡기도 한다. 연간 진행하는 사업은 3~4건. 금액이 큰 건은 예산이 1500만 엔이나 된다고 한다. 정규직원은 두 명뿐이지만 외부의 연구자들에게 협력을 얻을 수 있는 네트워크가 탄탄하게 구축되어 있다.

최근 수년간 진행한 위탁 사업 가운데 큰 건으로는, 국토교통부 긴키 지방 정비국이 위탁한 덴리 뉴타운의 마을 만들기 리서치 및 컨설팅이 있다. 시민, 학자, 행정 관계자 등 25명 이상의 인원을 기본 구성원으로 하여 회합을 거듭하고, 정책연구소 직원이 사무국 일을 맡아 진행했다. 그 결과 고령자의 주거 문제 하나를 보더라도, 건물 개축 때 지금까지의 생활이나 커뮤니티(자치회 등을 포함한다)를 그대로 계승해 주거 생활 방식을 지원하게 한다는 세밀한 지표가 세워졌다.

마을 만들기를 위한 12개의 지혜

NPO 정책연구소에서 진행하는 마을 만들기의 키워드는 '지속 가
능한 사회'의 실현이다. 다시 말해, '살기 좋은 생활'을 목표로 주민
과 행정기관이 협동하자는 것이다. 아파트의 노후화, 거주자의 고령
화, 근린 센터의 쇠퇴, 커뮤니티 활동에 대한 무관심 등 걸림돌은 많
지만, 그 안에 내재되어 있는 '사회관계 자본'에서 가능성을 찾아내
려 애쓰고 있다.

마을을 되살리는 데에서 결정적인 수단은 바로 주민끼리의 연계
라는 재산, 즉 사회관계 자본이다. NPO 정책연구소에서는 '마을 만
들기를 위한 12개의 지혜'를 리플릿에 정리하고, 그 하나로 '주민들
의 교류의 장을 만들자'고 호소한다. 그렇게 사람들이 모이면 네트
워크가 구축되고, 새로운 활동이나 사업의 싹이 생긴다. 그것은 이제
지역사회에 대량으로 유입되고 있는 단카이 세대에 대한 메시지이
기도 하다.

05
식품 중개업체 대표에서
비영리단체의
혁신가로

대학을 졸업하자마자 바로 식품 중개업에 뛰어들어 32년 동안 뒤도 돌아보지 않고 외곬으로 달려온 게리 맥스위디. 자신의 일이 천직이라고 생각했고, 열심히 노력한 결과 식품업계에서는 기업가로 인정받게 되었다.

그러던 1993년, 암으로 투병하던 아내가 세상을 떠나자 갑자기 일상의 중심이 흔들리기 시작했다. 일에 미쳐 집안에 소홀했던 남편을 한결같이 믿고 기다려 준 아내에게 미안한 마음, 고마운 마음도 전하지 못하고 떠나보냈다는 생각에 괴로워하던 게리는, 지금 자신의 모습은 아내도 결코 바라지 않을 거라는 데 생각이 미쳐 새로운 삶을 찾아 나섰다. 두 아이는 이미 장성해서 독립해 나갔고, 주택 대출금도 모두 갚은 데다 노후 자금도 충분했다. 벌써 쉰여섯 살이 되었으니, 이제는 돈이나 사회적 성공보다는 공동체에 기여하는 삶을 살고 싶었다.

유통 전문가, 푸드뱅크에 메스를 들다

인생 2막에는 어떤 삶을 살아야 할지 고민하던 게리는 식품 중개업을 할 때 몇 번 방문한 적이 있는 샌프란시스코 푸드뱅크를 찾아 갔다. 푸드뱅크는 식품을 기탁받아 소외 계층에 지원하는 식품 지원 복지단체였다.

자원봉사자로 1년을 일하고 나니, 식품 중개업에서 잔뼈가 굵은 게리에게 푸드뱅크의 두 가지 큰 문제점이 보였다. 적극적인 유통 전문가였던 그에게는 문제가 아니라 오히려 기회였다.

첫째, 푸드뱅크에서는 주로 통조림이나 포장된 물건을 취급하고, 빨리 변질되는 신선한 제품은 대부분 기피한다. 그 결과 빈민층에게는 건강과 정상 체중을 유지하는 데 꼭 필요한 신선한 음식이 돌아가지 않는다.

둘째, 식품 유통업체들은 단지 '시장 기준에 맞지 않는다'는 이유로 수만 톤의 신선한 농산물을 매년 쓰레기 매립지로 보내거나 동물 사료 공장으로 보낸다. 시장 기준이란 것도 별것이 아니다. 조금 흠이 있을 뿐, 맛과 영양에는 아무런 차이가 없다.

엄청난 양의 농산물이 그것을 필요로 하는 저소득층이 있는데도 버려지는 현실을 보다 못한 게리는 2000년에 소매를 걷어붙이고 나섰다. 과일과 채소 재배 업자들을 푸드뱅크와 조직적으로 연결해 시장 기준에 맞지 않는 신선한 농산물을 가난한 사람들에게 배분하는 새로운 시스템을 만들기로 결심한 것이다.

게리는 대량의 농산물을 기부받거나 싼값에 공동으로 구입하도록 개별 푸드뱅크들을 일일이 설득하는 것이 해결책이라고 판단했다. 그러나 이들로 하여금 이처럼 일사불란하게 협동하게끔 하려면 기존 푸드뱅크들의 비협조적인 문화를 바꿔야 한다는 문제가 있었다.

"그들 생각은 이렇습니다. '식품의 양은 정해져 있는데, 한 푸드뱅크에서 모두 가져가 버리면 다른 푸드뱅크에서는 하나도 가져갈 수 없지 않은가.' 그러나 실제로는 우리가 협동하면, 사실상 더 많은 식품을 가져올 수 있습니다."

게리는 푸드뱅크 책임자들을 한 사람 한 사람 일일이 만나서 협동하자고 설득했다. 그 결과 탄생한 것이 '농장에서 가정으로' 프로그램이다. 주 정부가 후원하고 캘리포니아 푸드뱅크협회의 지원을 받아 운영되는 프로그램이다. 지금은 40개 푸드뱅크 연합에서 재배자들과 포장업체들에게 40킬로그램 용량의 플라스틱 통을 나눠 주어 농산물을 담게 하고, 냉장 트럭을 이용해 그 통을 수거한 다음 이 운동에 참여한 푸드뱅크에 분배한다.

운영 첫해에 빈민층에게 나눠 준 과일 양이 220톤이었는데, 2006년에는 활동을 확대해 주 정부 차원에서 '농장에서 가정으로' 캠페인을 펼쳐 신선한 사과, 아보카도, 멜론, 양파, 감자, 수박, 옥수수, 호박 등의 농산물 1만 톤을 40여 군데 캘리포니아 푸드뱅크에 나눠 줄 수 있었다.

캘리포니아에는 신선한 식품을 살 돈이 부족한 저소득층이 300만 명가량 있다. 그들이 굶주리는 데는 여러 가지 원인이 있겠지만,

분명한 것은 식품이 부족해서 그런 것은 아니라는 점이다. 특히, 캘리포니아에서는 과일과 채소가 부족한 것이 아니라 신선한 농산물이 부족한 것이다. 신선한 농산물은 건강을 유지하고 정상적인 체중을 유지하는 데 필수적이지만, 정작 그것을 절실히 필요로 하는 사람들에게까지는 도달하지 않고 있다. 가난한 사람들에게 식품을 나눠 주는 푸드뱅크가 그 역할을 떠맡으면서 수백만의 저소득층에게 혜택이 돌아갔다는 점에서, 게리는 인생 2막에 누구보다 뿌듯한 자부심을 느낀다.

인프라를 구축하다

쉽게 상하는 1만 1000톤의 농산물을 저소득층 주민들에게 나눠 주는 것은 결코 쉬운 일이 아니었다. 창고를 빌리거나 신축해야 했고, 식품을 분류해 줄 자원봉사자도 구해야 했으며, 최종 소비자들에게 배분하려면 식품저장소도 만들어야 했다. 자금이 부족한 몇몇 푸드뱅크로서는 감당하기가 쉽지 않은 일이었다.

"푸드뱅크가 많다면 훨씬 더 많은 일을 할 수 있겠죠. 하지만 여전히 인프라가 제대로 갖춰져 있지 않습니다. 게다가 지역사회에서 들어오는 기부금도 턱없이 부족한 형편입니다."

이러한 상황에 해결의 실마리가 된 것이 '농장에서 가정으로' 프로그램이다. 이 프로그램은 이처럼 열악한 푸드뱅크들을 경험 많은 식품산업 자원봉사자들과 연결시키고, 스태프 훈련 세미나를 운영하고, 기금 모금 리스트를 공유하고, 푸드뱅크 지역에서 무료로 텔레비전 광고를 할 수 있도록 후원한다.

이 프로그램에는 조금은 미묘한 장애물이 하나 있었다. 앞서 말했듯이, 몇몇 푸드뱅크에서 지저분하고 빨리 상하는 농산물을 취급하지 않으려 한다는 점이다. 오랫동안 관행적으로 신선한 농산물보다는 통조림 식품을 취급해 왔던 푸드뱅크의 창고 직원들은 "내가 왜 이런 쓰레기를 청소하고 있어야 하죠?"라고 불평부터 늘어놓았다.

오랫동안 식품 중개업계에서 경영자로 살아온 게리는 자신의 경력을 십분 살려 이 문제에 대처했다.

"문제를 충분히 숙고한 다음, 일일이 사람들을 만나 방향을 제시하고 협력을 끌어내는 것은 내게는 아주 신나는 일입니다."

제2의 직업으로 '공공 부문의 노벨상'을 받다

게리는 이 일을 13년 동안이나 해오고 있다. 샌프란시스코 푸드뱅크에서 자원봉사자로 출발한 그는 정식 직원으로 채용되어 식품 자원 매니저로 일해 왔고, 지금은 이 비영리단체 이사회의 이사로 일하고 있다. 그가 푸드뱅크에서 처음 일을 시작했을 때는 그리 큰 규모의 일이 아니었다.

"처음에는 100제곱미터도 되지 않는 비좁은 창고에서 일을 했습니다. 화장실도 없어서 가까운 버스 터미널의 화장실을 이용하곤 했지요."

지금 캘리포니아 푸드뱅크는 매우 원활하게 기능하는 식품 유통 센터로 변모했다. 온종일 트럭들이 줄지어 들어왔다 나간다. 직원들은 시리얼, 통조림 콩, 샐러드드레싱 등의 상자와 사과, 늙은호박, 수박 등의 농산물 통을 내리느라 부산하다. 자원봉사자들은 끝없이 밀려드는 말린 제품과 농산물을 작은 상자에 포장하고, 포장된 물건들을 다시 트럭에 실어 시내에 있는 162개소의 1차 식품처리장으로 보내느라 눈코 뜰 새 없이 바쁘다.

지난 10년 동안 800만 달러를 모금해, 전기회사에서 기증한 부지 위에 1500평 규모의 창고를 신축했다. 후원자들을 설득해 낡은 지게차를 신형으로 교체했으며, 기업체 및 기타 단체들과 성공적으로 결연을 추진해 온 덕분에 7000명의 자원봉사자(32명의 정규 직원에 해당한다)가 매년 운영을 돕고 있다.

게리 맥스워디는 이러한 사회적 공헌을 높이 평가받아 2007년에 '더 퍼포스 프라이즈(The Purpose Prize)'를 수상했다. 2010년에는 캘리포니아의 300만 저소득층에게 4만 톤의 농산물을 나눠 준 샌프란시스코 푸드뱅크 프로젝트로 제퍼슨 상(Jefferson Award)을 받기도 했다. 제퍼슨 상은 미국에서 공공 서비스 분야에서 공이 큰 사람에게 수여하는 공공 부문의 노벨상이라고 할 정도로 권위 있는 상이다.

어느덧 일흔을 앞두고 있는 게리 맥스워디는 여전히 활기찬 모습인데, 사회에 봉사하고 있다는 자부심이 건강의 비결이라고 이야기한다. 또 저녁 시간과 주말은 무슨 일이 있어도 10년 전 만나 재혼한 지금의 아내와 함께 보낸다고 한다.

해외 자원봉사에서
자신감을 찾다

바야흐로 오십 대 중반, 30여 년 동안 잘 다니고 있는 대기업이 인수 합병되면서 섬령군이 주둔한다. 열 살이나 어린 점령군이 상사로 와서 대뜸 말한다.

"부하 직원들이 그만두는 건 다 부장의 인격 탓이오!"

능력 있는 직원들이 하나둘 회사를 떠난 건 점령군의 횡포 때문인데, 적반하장 어린 상사에게 이런 말을 듣고 있자니 지나온 세월이 주마등처럼 떠오른다. 베이비붐 세대의 일원으로 어떻게든 살아남겠다고 숱한 경쟁을 헤쳐 온 자신의 발자취가 너무도 또렷이 보인다.

2002년, KDDI 해외영업부 부장 구라바야시 가즈오는 안전한 대기업의 울타리 안에서 떠밀려 그렇게 미지의 벌판으로 나아가고 있었다.

배경 없는 사립대 출신이 살아남는 법

구라바야시 가즈오는 삼수 끝에 대학에 입학하고, 졸업한 뒤에는 운 좋게 KDD(국제전신전화주식회사)에 입사했다. 국공립대학과 유명 사립대 출신이 많이 들어오는 KDD에서 그와 같은 일반 사립대 출신이 출세하기란 하늘의 별 따기였다. 그에게는 일찌감치 나름의 생존 전략이 생겼다.

"회사에서 살아남는 요령은 많은 사람이 서로 경쟁하는 씨름판에 서는 것이 아니라 다른 사람과는 다른 분야에서 분발하는 것이라고 생각하게 되었죠."

회사에서 유학을 보내 줄 때도 입사 동기들은 미국이나 유럽의 대학을 희망했다. 하지만 스물일곱 살 젊은 구라바야시는 멕시코의 과달라하라 대학에 가서 1년간 스페인어 연수를 받았다. 덕분에 서른다섯 살 때부터 3년 동안 주재원이 둘뿐인 스페인 사무소에서 현지 통신회사인 텔레포니카와의 연락과 조정을 담당했다.

1991년 걸프전쟁에서 승리를 거둔 미국은 모든 면에서 아메리칸 스탠더드를 강요해 왔다. 통신 분야에서도 '자유화'를 강요해 일본 정부에 정책을 변경할 것을 요구하기까지 했다.

그즈음 입사 동기 중 앞선 이들은 이미 차장으로 승진해 있었지만, 구라바야시는 기획·계획 부문의 과장직에 머물러 있었다. 과장, 즉 실무의 중핵에 있는 사람이라고 하여 그는 정부 교섭단의 스태프로 1개월 가까이 워싱턴에 머물며 회신안을 작성하는 등 교섭 전반에 참여했다.(그는 이때의 경험을 '패자의 부수입'이라고 불렀다. 퇴직 후에 유용하게 쓰였던 것이다.)

　그때까지 통신 업계는 거의 독점적인 분야여서 '영업'이라는 것은
생각조차 하지 않았던 KDD에도 '자유화'에 따라 영업 부서가 만들
어졌고 구라바야시는 과장으로 발령받았다. 일본에 있는 외국인 노
동자에게 다른 회사보다 국제전화카드를 많이 판매하는 것이 주요
업무였다. 마닐라에 직접 가서 일본으로 출발하기 전의 노동자들에
게 '001번 전화 거는 법' 강좌를 열기도 했고, 군마 현의 브라질인 커
뮤니티, 사이타마 현의 이슬람 모스크에 가기도 했다. 그 공로를 인
정받아 해외영업부 부장으로 승진하며 앞서가는 동기생들과 격차를
줄인 그는 이제 임원 승진을 향해 각오를 단단히 다졌다. 바로 그때
였다.

　2000년 10월, KDD는 교세라 계열의 DDI(제2전전주식회사)에 흡
수되었고, 이름도 KDDI로 바뀌었다. 인수 회사인 DDI 출신 사원
들은 '우리는 점령군'이라는 말을 아무렇지도 않게 하고 다녔고, 그
에 따라 회사 분위기도 점차 험악해졌다. 결국 KDD 시절의 사원들
이 하나둘 사직하고 나가기에 이르렀다. 나이 어린 상사가 그 원인
을 '부장의 인격 탓'으로 돌리자, 분노한 구라바야시는 사표를 던지
고 나와 버렸다. 회사가 흡수·합병되고 1년 3개월 후, 그의 나이 쉰
네 살 때의 일이었다.

어디에 가더라도, 살아남을 수 있다!

　직장인의 자신감은 사상누각일까? 부장 자리까지 올라갔던 구라
바야시는 이내 자신감이 흔들렸다. 새출발을 하기에 앞서 본인의 능

력을 재확인하고 자신감을 되찾는 것이 다른 무엇보다 시급하다는 생각이 들었다고 한다.

"하나뿐인 딸은 그때 중학교 3학년이었어요. 생활비는 어찌어찌 줄인다고 해도 교육비는 줄일 수가 없었죠. 아무리 생각해 봐도 회사에 남는 것이 최선이더라고요. 하지만 그대로 계속 가면 보람도 없이 하루하루 죽어가는 꼴이고, 그래서 나름대로 행동을 하긴 했는데 막상 앞으로가 깜깜했습니다. 아직 통신 거품이 꺼지기 전이었던 터라 외국계 통신회사에서 입사 권유가 있었죠. 가정 형편을 감안하면 거기로 전직하는 게 차선의 안전한 방법일지도 몰랐습니다. 하지만 외국계도 흡수·합병이 일어날 수 있으니, 또 비슷한 체험을 하게 될 게 뻔했죠."

그때 구라바야시는 JICA(일본국제협력기구. 한국의 KOICA에 해당한다)에서 '시니어 해외 자원봉사자'를 모집한다는 정보를 지인에게서 들었다. 개발도상국에서 지원 요청이 오면 40~69세를 대상으로 공모해 1~2년간 파견한다고 했다. 자원봉사라고는 하지만, 검소하게 살면 가족이 생활할 수 있을 정도는 보수를 받을 수 있다고 했다.

'통신행정' 전문가로 응모한 구라바야시는 카리브 해에 있는 섬나라 세인트루시아에 1년간 혼자 몸으로 부임하게 되었다. 세인트루시아는 인구 16만 명의 조그마한 섬으로, 바나나 재배와 관광이 주수입원이다. 이 나라의 통신 사업은 120년 넘게 한 회사가 독점해 왔다. 구라바야시의 일은 그곳의 시장을 '자유화'해 기업의 공존 공영을 도모하도록 제도를 정비하는 것이었다.

기업의 간판을 등에 업고 조직적인 지원을 받는 주재원과는 달리,

그는 무엇이든 혼자 해내야 했다. 현지 파트너인 정보통신부, 그리고 동카리브 통신 연합체의 스태프와 회의를 거듭해 프로젝트를 마무리해 나갔다. 이때, KDD 시절 워싱턴에서 미일 교섭 스태프로 일했던 경험이 크게 도움이 되었다.

"애쓴 보람이 있어, 유럽과 미국의 2개 사가 세인트루시아의 새로운 통신 사업에 참여해 간판이 걸리게 되었을 때는 정말 감개무량했습니다. 그런 체험을 하고 보니, 이제 어디에 가더라도 살아남을 수 있다는 자신감이 생기더라고요."

자원봉사였지만 저력을 발휘해 혼자 힘으로 일을 실행하고 정신적으로도 단련되었으니, 단지 봉사만은 아니었던 셈이다.

JICA '자원봉사 조정원' 시험에 도전하다

구라바야시가 귀국했을 때는 이미 통신 업계의 거품이 꺼지고 상황이 급변해 있었다. 1년 전에 오리고 했던 몇몇 외국계 통신회사는 미국 파산법의 적용을 받아 모두 법정관리를 받고 있었다. 사방팔방이 다 막힌 상황에서 그는 실버 인재 센터와 인재 은행을 다니며 구직 활동을 했다.

"이상하게 기운이 빠지지 않았어요. 반드시 내가 원하는 곳을 찾을 수 있을 것이라는 자신감 같은 게 있었죠."

구라바야시가 재취업한 곳은 '싱가포르 텔레콤 재팬'이었다. 싱가포르 본사의 임원과 화상면접을 본 그는 KDD 시절의 경험과 시니어 해외 자원봉사 활동을 높이 평가받아 '글로벌 전략영업부장' 자리에 채용되었다. 공교롭게도 KDDI와도 경쟁을 해야 하는 자리였다.

"트레이드로 방출된 투수가 친정 팀의 타자와 대결하는 듯한 기분이었죠. 멋지게 해보자는 오기가 생기더군요."

그러나 그 회사에도 60세 정년이 있었다. 구라바야시는 정년 후를 대비해 쉰여덟 살 때 JICA의 '자원봉사 조정원' 시험(논문·어학·면접)에 도전했고, 과테말라로 2년간 파견되었다. '조정원'은 말하자면 국제 협력의 코디네이터라고 할 수 있다. 시니어 자원봉사자나 청년협력대를 파견할 때, 해당 국가의 니즈를 발굴하고 그 니즈에 상응하는 인재를 현지에 정착시키는 일을 한다. 그는 1년을 더 연장하고 2008년 사임했다.

대기업 부장 자리에서 미련 없이 떠나온 뒤로 구라바야시 가즈오는 나름대로 역동적이고 파란 많은 인생 2막을 살아왔다. 하지만 멈출 생각은 없다. 그동안의 체험을 바탕으로 "지금까지 사람들이 비즈니스의 대상으로 여기지 않았던 곳에서 거대한 잠재 수요를 찾아 비즈니스적인 접근을 해나가고 싶다"고 포부를 밝히는 그는, 지금도 멈추지 않고 계속 도전하고 있다.

정년 후 고향에 돌아와 지진 피해 복구에 매진하다

2011년 3월 11일. 동일본 대지진이 일어나던 시각, 의료 방사선 기사 다이보 슈이치는 도쿄 히비야에서 회의를 하고 있었다. 지진이 나고 회의장을 빠져나온 그는 제일 먼저 고향 이와테 현 미야코 시 의 다로 지역에 홀로 계신 어머니에게 전화를 걸어 안부를 확인했다.

어머니는 휴대전화를 갖고 있지 않았기 때문에 집으로 전화를 걸 었지만 연결되지 않았다. 어머니의 생존을 확인할 수 없었는데, 신칸 센마저 멈춰 있었다. 며칠 동안 다이보는 온통 어머니의 생존 여부와 고향 다로 지역의 피해 상황에 신경이 쏠려 있었다. 다행히 며칠 만 에 친척과 연락이 닿아 어머니가 무사하다는 소식을 들을 수 있었다.

그제야 마음이 놓였지만, 그렇다고 바로 고향으로 달려갈 수도 없 었다. 결국 다이보가 고향으로 갈 수 있었던 건 사고가 나고 한 달

가까이 지난 4월 6일이었다.

다이보는 원래 2011년 3월이 60세 정년을 채우는 달이었다. 오랜 세월 일해 온 의료 분야에서의 경험을 살려 이제는 제2의 고향이 된 정든 도쿄에서 일을 계속하며 사는 것이 그가 꿈꾼 인생 2막이었다. 하지만 인생은 뜻하지 않은 계기로 방향이 바뀌곤 하는 법, 동일본 대지진 때문에 그는 평생을 일해 온 직장에서 제대로 작별 인사도 하지 못하고 서둘러 귀향길에 올랐다.

대피소에 있는 어머니를 보았을 때

다이보의 집은 고지대에 있어 쓰나미는 간신히 피할 수 있었다. 다만 인근에 있는 산에 불이 났다. 쓰나미에 떠내려온 집에서 불이 붙었고, 그 불이 산으로 옮겨 갔던 것이다. 어머니의 이야기를 들어 보니 더 위쪽에 사는 팔십 대 노인 한 분이 젊은 시절 소방대원이었는데, 흙을 뿌려 불길을 저지했다고 한다. 어머니도 그를 도와 불 끄는 일을 함께 했던 것 같다. 그 후 정전이 되었고, 아키다(秋田)에서 온 소방대원들과 함께 잔해 속을 헤쳐 가며 피난했다.

고향 다로의 상황을 처음 보았을 때 다이보는 큰 충격을 받았다. 하지만 더욱 충격을 받은 것은 대피소에 갔을 때였다. 시립 체육관에 많은 사람들이 모여 있었는데, 마룻바닥에 달랑 모포 한 장만을 깔고 앉아 있었다. 제대로 누울 곳도 없었다.

그 모습을 본 다이보는 이대로는 안 되겠다는 생각이 들었다고 한다. 그리고 그 길로 어머니를 모시고, 아직은 전기가 복구되지도 않은 고향집으로 돌아갔다.

다이보는 대지진이 없었더라면 아마 고향으로 돌아오지 않았을 것이라고 말한다. "지금까지 내내 살아왔던 도쿄 쪽이 살기에는 더 편하죠. 동료들도 많고, 내가 원하기만 하면 다닐 직장도 있었고."

그러나 다이보는 마음 한구석에 고향인 다로를 위해 뭔가를 하고 싶다는 생각이 있었던 것 같다고 한다. 그리고 그 마음이 대지진을 계기로 끓어오른 것이 아닐까 생각한다며 수줍게 웃는다.

비영리단체를 설립하고 활동을 개시하다

다로에서 생활하기 시작하자 다이보는 지역을 위해 뭔가를 해야겠다는 생각이 점점 커져 갔다. 다만 개인으로서 무엇을 하기보다는 조직으로 행동하는 쪽이 행정기관에 대한 영향력도 있을 것이라 생각한 그는 비영리단체 형태로 활동하기로 했다. 40년이나 고향을 떠나 있던 사람을 받아줄까 하는 불안감이 없지는 않았지만, 오히려 그렇기 때문에 더욱 신속하게 행동에 들어갔다. 자칫 머뭇거리다 보면 자신감은 점점 더 떨어지기 마련이었기 때문이다.

우선 고향에 남아 있는 동창생들에게 연락하니 20명 정도가 모였다. 7월 28일에 설립식을 하고 인가가 난 것이 10월, 법인격을 취득한 것은 11월이었다. 정관에는 관광과 이벤트, 의료와 복지, 어린이 육성, 자립 지원 등 지역 부흥에 필요할 거라고 생각되는 것을 모두 집어넣었다.

본격적으로 활동을 시작하기에 앞서 그들이 처음 벌인 사업은 지진이 발생하고 다섯 달이 지난 8월에 개최한 연등 축제였다. 다로 지역의 주부들이 손으로 만든 2300여 개의 등이 마을을 밝혔다. 1킬로미터 넘게 이어지는 방파제에도 부흥을 염원하는 '진혼의 등'이 켜졌다.

비영리단체가 설립되고, 다이보는 본격적으로 활동에 들어가 지금까지 크게 네 가지 사업을 벌여 왔다. 첫째, 미야코 시에서 시작한 마을 만들기 검토위원회에 참가하지 않겠냐는 요청을 받고, 그와는 독자적으로 마을 만들기에 관한 설문을 실시했다. 시에서 실시한 설문조사는 가설 주거 시설에 있는 사람만을 대상으로 했는데, 집이 남아 있으면 재난 피해자가 아니라고 보는 듯했다.

그렇지만 다이보의 비영리단체는 그런 사람들에게도 설문을 받기로 했다. 그동안 얘기를 들어주는 사람조차 없었는지, 지역 주민 모두가 잘 왔다고 하며 기뻐했다. 15분을 예정하고 시작한 설문조사가 한 시간이 넘도록 끝나지 않았다. 다이보는 활동 초기에 아주 큰 힘이 되었던 좋은 활동이었다고 회상한다.

둘째, 미야코 시의 긴급 고용 지원금으로 지진 피해 기록을 만들었다.

셋째, 2012년 9월에는 '일본과 독일 여름학교 환영 이벤트'에도 협력했다. 독일 학생들이 '그린 피어 다로'를 숙박 연수 시설로 정해 여름학교를 하는데, 도와달라는 요청이 왔다. 행사 내용은 재해 방지에 관한 강연회, 좌담회, 공부 모임, 일본 문화와 음식 소개 등이었는데, 그것을 정리하여 기록했다. 3년째인 2013년에는 지진 피해 기록도 보완할 예정이다.

넷째, 다이보의 비영리단체는 재난 1주년, 2주년을 맞아 추도식을 개최했다. 추도식을 맞아 해마다 빠뜨리지 않는 것이 바로 '손 맞잡기'였다. 2주년을 맞은 2013년에는 쓰나미 사진과 비디오 전시회, 부흥의 자료 전시회, 쓰나미 전후의 미야코 시 각 지역의 항공사진 전시회, 다로 관광호텔에서 촬영한 쓰나미 상영회를 열었다.

다로를 보람 있는 농업의 도시로

지금 다이보 슈이치가 가장 주목하고 있는 것은 농업을 통한 진흥이다. 미야코 시가 책정한 스마트 커뮤니티 부흥 계획의 하나로 그는 '식물공장'이라는 것을 제안했다. 지진 후에는 집을 세워서는 안 되는 유휴지가 생기기도 하고, 경작하지 않는 밭도 있다. 거기를 농업에 활용하면 어떨까, 착상하고 계획한 것이 바로 식물공장이었다.

다이보는 그 계획의 중심에 고령자가 있다고 말한다.

"노후에 보람을 갖고 살아가고 싶다, 뭔가 활동적인 일을 하며 살아가고 싶다, 이런 생각을 지닌 사람들이 나로에 와서 활동하면 좋겠다고 생각했어요. 은퇴한 사람들이 보람을 갖고 생활할 수 있는 '다로 농업촌'을 만들고 싶습니다."

다만 문제가 있다. 대기업과 행정기관 중심으로 세운 계획은 시민이 어떻게 참여할 수 있는지, 그 방법이 간과되기 쉽다. 좀 더 시민의 관점에서 계획을 세울 필요가 있다는 것이 다이보의 지론이다.

하지만 그에 앞서 그것을 할 수 있는 인재가 필요하다. 지금 다로에서 그것을 할 수 있는 것은 다이보가 조직한 비영리단체밖에 없다. 그는 기초적인 것을 공부해 미야코 시의 프로젝트에 참가하는 수밖에 없다고 생각한다. 그래서 올해 계획하고 있는 것이 사회적 사업을 담당할 인재 육성 프로그램에서 배워 실력을 갖추는 것이다. 그 방편으로 그는 야마나시(山梨)에서 하는 인턴십 프로그램에 참가 신청을 했다.

"다른 멤버들은 모두 일이 있고, 자유로운 사람은 나밖에 없습니다. 그러니 내 자신이 공부하여 이끌어 갈 수밖에 없지요."

시니어가 시니어에게
PC 사용법을 가르치다

"우리, 홈페이지를 만들어 보는 건 어떨까? 정기적으로 만남을 가지려면 아무래도 홈페이지가 구심점이 되지 않을까 싶은데."

"그래, 그거 좋은 생각이군. 대학 졸업하고 이렇게 많이 모인 것도 처음이니, 아예 이번에 모임을 구체화해 두는 것도 좋겠지."

"기이치로, 넌 아직도 현역에서 뛰는 엔지니어잖아. 아무래도 IT 쪽은 빠삭할 테니 네가 책임지고 홈페이지를 만들어 보는 게 어때?"

1999년, 호리이케 기이치로는 모처럼 미타카 시에 사는 대학 친구들과 동창 모임을 갖고 있었다. 대기업인 히타치에서 30년 넘게 현역 엔지니어로 일해 온 호리이케가 뜻하지 않게 인생 2막으로 첫발을 내딛게 된 순간이었다.

동창회 홈페이지가 씨앗이 된 비영리단체

회사일로 한창 바쁜 와중에도 짬을 내어 홈페이지를 만들고 다시 동창 모임에 참석했을 때였다. 이번에는 여기저기서 PC와 인터넷을 가르쳐 달라는 부탁이 쏟아졌다. 호리이케는 PC를 배우려는 친구들의 마음이 얼마나 진지한지 알아보고픈 마음에 한 명 한 명에게 간단한 설문 조사를 했다. 질문은 단 하나. "당신은 인터넷을 배워서 무엇을 하려고 합니까?"

"나는 기독교 신자라서 해마다 이스라엘로 성지순례를 다녀오고 있어. 그 경험을 언젠가 책으로 내려고 하는데, 우선 홈페이지에 자료를 올려 정리해 두고 싶거든."

"미국이나 유럽의 산에 있는 작은 산막을 방문하는 것이 우리 부부의 취미야. 그때 알게 된 사람들의 홈페이지를 보고 싶어. 나 역시 홈페이지를 만들어 그들에게 보여 주고 싶고."

그 밖에도 독특하고 재미있는 답이 많았는데, 하나같이 나름대로 분명한 목적의식이 있었다. 친구들에게 PC를 가르쳐 주는 것도 꽤 의미가 있겠다 싶어, 호리이케는 PC교실을 열었다. 처음 수강생은 15명 남짓이었다.

그런데 PC를 가르치려고 보니, 교실과 기자재가 필요했다. 마침 구청에 들를 일이 있었던 친구 하나가 구청 게시판에서 보았다며 좋은 정보를 내놓았다. 미타카 시에서 'SOHO CITY 미타카' 구상을 내걸고, 시설을 제공한다는 것이었다.

소호(SOHO)는 'Small Office Home Office'의 약자로, 지역사회에서 정보화 기기(IT)를 이용해 비즈니스를 하는 개인 사업자나 소규모 기업을 가리킨다. 일본에서는 지자체와 협력해 비즈니스를 창출하여 쌍방이 함께 성공할 수 있는 사업 모델로 장려되고 있다.

호리이케는 그 시설을 빌렸다. 바로 미타카 시 인큐베이션 센터의 시범 사무실(Pilot Office)이었다. 때마침, 'SOHO CITY 미타카' 구상을 실현할 방법을 고심하고 있던 미타카 시에서는 인터넷을 사용하는 소호에 관심이 있는 시니어를 모집하려던 참이었다. 하지만 적당한 사람도, 모임도 찾지 못하고 시간만 흘려보내고 있었다.

바로 그 무렵이었다. 담당 공무원이 어느 날 인큐베이션 센터를 방문했는데, 호리이케 그룹이 시범 사무실에서 왁자지껄 즐겁게 PC를 만지작거리고 있는 게 아닌가. 그것을 계기로 시청과 연결되어 이 시니어 그룹에는 여러 가지 정보가 우선적으로 들어오게 되었다.

해산과 본격 활동, 선택의 기로에 서다

PC교실을 계속해 나가다 보니, 어전히 현역에서 뛰고 있는 호리이케 혼자 감당하기에는 점점 힘에 부쳤다. 다행히도 동창회 멤버 가운데 회사에서 PC를 활용하고 있는 사람이 많이 있었다. 그들에게 30분도 좋고 한 시간도 좋으니 와서 도와주면 좋겠다고 요청했더니, 모두들 흔쾌히 수락했다. 그들 역시 회사에서 익힌 PC 기술로 지역사회에 기여할 수 있다는데, 마다할 이유가 없었던 것이다.

문제는 운영비였는데, 그것도 곧 해결되었다. 처음엔 주로 동창생이나 지인들이 PC교실을 수강했지만, 곧 그들의 친구들도 배울 수 있게 하자는 의견이 나왔다. 참가자가 늘어나니 수강료가 모이게 되었고, 자연스레 운영비 문제도 해결되었다.

어느 날, 모임이 운영되는 모습을 죽 지켜보고 있던 시청 담당자가 일본 정부에서 추진하고 있는 '정보 시스템 활용형 시니어 벤처 지원 사업'에 응모해 보지 않겠냐고 물어왔다. '우리가 하는 작은 활동이 설마 그런 모델 사업으로 인정될 리가 있을까' 싶었지만, 시청 담당자가 적극적으로 조언을 하며 지원을 아끼지 않은 덕분에 호리이케는 밑져야 본전이라는 마음으로 고심 끝에 '인터넷을 활용한 지적 시니어 벤처 사업'으로 신청해 보기로 했다.

고심 끝에 신청했지만, 심사는 수월하게 통과해 지원금 500만 엔을 받게 되었다. 그것을 계기로 호리이케의 모임은 '시니어 SOHO 보급 살롱 미타카'(이하 시니어소호미타카)로 이름을 정하고, 다음 해인 2000년에는 사업형 NPO 법인(우리나라의 사회적 기업에 해당한다)으로 정식 출범했다.

호리이케가 처음부터 이런 일련의 흐름을 의도하고 모임을 만든 것은 아니었다. 동창들끼리의 작은 활동이 마치 시대의 움직임에 떠밀린 것처럼 자기들도 의식하지 못한 가운데 착착 진행되더니 정신을 차리고 보니 어느새 일본의 국가적인 시니어 모델 사업이 되어 있었던 것이다.

이들의 활동은 점점 확대되었다. 아직 현직 회사원이었던 호리이케는 바쁜 본업에 비영리단체 활동까지 겸하게 되었으니 난감했다. 너무나 바빠서 도저히 더는 못할 것 같아, 결국은 정부의 모델 지원금을 모두 소진한 것을 계기로 해산하자고 멤버들에게 제안했다. 그러자 회원들이 모두 반대하고 나섰다. 오히려 이 제안이 계기가 되어 '사업소를 갖추고 조직으로서 형태를 정비해 모임을 계속해 가자'는 쪽으로 의견이 모였다.

어느새 자원봉사 정신만으로 할 수 있는 상황을 지나쳐 버렸다. 그때 쉰아홉 살이었던 호리이케는 남은 인생을 곰곰이 생각해 보았다. 그리고 과감하게 결단을 내렸다. 회사를 조기 퇴직하고, '시니어소호미타카'에 전념하여 액티브 시니어로서 제2의 인생을 살겠다고.

그 후 호리이케와 친구들은 더욱 적극적으로 활동을 이어 나가며 전국 각지의 지자체를 비롯해 다양한 분야에서 주목을 받았다. 2003년에는 제1회 니혼게이자이신문(日本經濟新聞) 지역 정보화 대상을 받았고, 2004년에는 정보화 추진 공헌 단체로서 경제산업장관 표창을 받기도 했다.

시니어소호미타카의 현재

'시니어소호미타카'에는 두 가지 원칙이 있다. 첫째, 무상 활동을 하지 않는다는 것이다. 비영리단체라면 예전에는 무료 자원봉사가 주류였다. 그러나 비즈니스 현장에서 활약해 온 사람들 중에는 무료 봉사 활동만으로는 뭔가 아쉽다고 생각하는 사람이 많았다. 시민 활동이라고는 하지만, '이만큼의 것을 제공하니 그만큼의 대가를 받겠습니다'라고 주장할 필요도 있다. 그래서 여기서는 유료로 활동을 한다. 다만 실비를 청구하기 때문에 시중 가격의 절반 정도에 불과하다.

또 하나의 원칙은 지자체와의 파트너십을 중요시한다는 것이다. 지자체와의 협동 사업은 으레 하청 사업이 되기 십상이다. 싸게 일을 맡아 하는 하청 사업자가 되지 않고, 지자체가 할 수 없는 것을 기술과 비즈니스 기법을 갖고 있는 시민이 위탁받아 추진한다는 자세,

바로 이것이야말로 파트너십이다. 호리이케는 그렇게 생각하고 활동을 추진해 왔다.

'시니어소호미타카'는 이제 연간 1억 엔을 안정적으로 벌어들이는 커뮤니티 비즈니스의 성공 사례로 일본 전국에 알려지게 되었고, 이를 계기로 전국 각지에서 시니어들의 비영리단체 설립이 활발하게 추진되어 이미 수십여 개가 설립되었다.

2010년 말 '시니어소호미타카'의 개인 회원(일본 NPO법상의 사원)은 144명, 자산 규모는 1300만 엔에 이르렀다. 주된 사업은 PC 교육, 방문 지원, 강사 육성, 웹사이트 제작과 편집이다. 웹사이트도 위탁 운영하고 있는데, 이를테면 미타카 시 고령자 사회 활동 연결 추진 사업인 '미타카 생생 플러스', 쉰다섯 살 이상의 구인·구직을 지원하는 무료 직업소개소 '두근두근 서포트 미타카'의 홈페이지를 담당하고 있다. 그 밖에도 커뮤니티 비즈니스 창업, IT 보급 서비스, 중장년층의 취업 등에 대한 지원 활동을 활발하게 벌여 나가고 있다.

누구나
'변화의 챔피언'이
될 수 있다

2001년 5월, 예순 살의 낸시 샌포드 휴스는 남편과 사별했다. 의사였던 남편은 8년간의 암 투병 끝에 결국 세상을 떠났다. 30년 결혼 생활 내내 전업주부로 살아온 낸시는 갑작스러운 사별의 상처를 잊기 위해 열흘간의 의료봉사에 스태프로 지원해 과테말라로 떠났다.

그녀는 의사도, 간호사도 아니었기 때문에 자기가 제일 잘하는 일인 요리 담당으로 의료팀에 자원했다. 집에서 가족과 세 아이의 친구들, 외국 교환학생들을 위해 수도 없이 요리를 했기 때문에 요리에는 자신이 있었다.

자원봉사 현장에서 본 세계 부엌의 현실
열흘간의 자원봉사에 참가한 지 세 해째가 된 2004년 어느 날, 낸시가 20명의 의료팀을 위해 부엌에서 저녁을 짓고 있을 때 열여덟 살의 원주민 처녀 이르마가 자기 손을 수술해 준 의료진에게 감사 인사를 드리고 싶다고 찾아왔다. 두 살 때 취사용 모닥불 속으로 떨어져 심한 화상을 입은 이르마는 두 손의 손가락이 서로 붙어 여태껏 손을 자유롭게 쓰지 못하고 살았다. 16년 동안 기적이 일어나기만을 기도했던 이르마에게 의료팀은 기적을 선사했다. 손가락 분리 수술을 하여 손을 쓸 수 있도록 해준 것이다.

기쁨을 감추지 못하는 이르마를 보며 낸시는 화상을 방지할 대책이 시급하다는 생각을 했지만, 문제는 화상만이 아니었다. 따로 굴뚝이 없는 취사용 모닥불에서 나오는 연기가 자욱한 실내에서 엄마의 등에 업혀 있는 아기들은 하루에 세 갑 이상의 담배를 피우는 것과 같은 양의 연기를 들이마시고 있었다. 채 다섯 살이 안 된 어린이의 주요 사망 원인은 이러한 취사용 불에서 나오는 연기 때문에 발생하는 하부기도(下部氣道) 감염이었다. 그리고 심한 화상 환자도 많았다. 무거운 땔감을 머리에 이고 나르다가 탈장으로 고생하는 환자도 많았다. 임시진료소 앞에는 진료를 기다리는 환자들의 줄이 끝없이 이어졌다. 그 환자의 80퍼센트가 바로 이 취사용 모닥불과 땔감 때문에 병에 걸리거나 사고가 난 사람들이었다.

낸시는 이러한 사고로부터 환자를 치료하는 데는 한계가 있다는 것, 그전에 사고를 근본적으로 예방할 방법이 필요하다는 것을 깨달았다. 뭔가 좋은 방법이 없을까 고심하던 끝에 그녀는 생명을 구할 수 있는 안전하고 연료 효율성이 좋은 취사용 난로를 만들고, 그것을 판매하는 공장을 설립하는 것만이 유일한 해결책이라는 결론을 얻었다.

안전한 난로 개발로 28만여 명의 생명을 구하다

낸시는 로터리클럽을 비롯한 후원자들의 적극적인 기술적·재정적 도움을 받아 안전하고, 이동 가능하며, 저렴하고, 연료 효율이 좋은 난로를 개발했다. 완전연소가 가능한 구조로 만들었기 때문에, 땔감은 종전보다 절반도 들지 않는 반면 탄소와 미세 물질 방출량은 70퍼센트 이상 줄어들었다. 게다가 어린아이가 불 속으로 떨어질 염려도 없는 이상적인 난로였다.

그뿐 아니라 낸시는 원주민 가운데 사업 감각이 있는 사람을 도와 엘살바도르에서 취사용 난로 생산 공장을 시작할 수 있게 했다. 그는 다른 난로 소매가격의 3분의 1에 해당하는 50달러에 팔 수 있는 난로인 에코키나(Ecocina)를 생산해 냈다.

거기서 멈추지 않고 낸시는 엘살바도르, 과테말라, 멕시코, 온두라스 등의 나라에서 6개의 공장을 시작하는 것을 도왔다. 그녀가 창립한 비영리단체 '스토브 팀 인터내셔널'은 지금도 현지 기업가들의 창업을 돕는 일을 하고 있다. 지금까지 그들은 3만 5000개 이상의 취사용 난로를 생산·판매했다.

낸시의 이러한 활동 덕분에 멕시코와 중앙아메리카에서 28만 명이상의 여성과 아이들이 부상과 사망의 위험에서 벗어났다. 또 난로 공장은 실업률이 높은 현지의 고용 증진에도 기여하고 있다. 그리고 연료 효율이 높아 나무가 적게 들어 자연스레 숲의 황폐화를 막는데도 도움이 되고 있다.

이 난로 기술은 전 세계적으로 절실하게 필요한 것이었다. 세계적으로 30억 이상의 사람들이 비효율적인 전통 화덕과 모닥불로 조리를 하고 있다. 세계보건기구에 따르면 매년 200만 명 이상의 어린이와 여성들이 조리 과정에서 나오는 매연에 의한 질병으로 조기 사망하는 것으로 추정된다. 말라리아로 인한 사망의 거의 두 배 가까운 숫자다.

낸시 샌포드 휴스는 2013년 4월, 백악관에서 지역사회 개선에 공이 큰 시민을 기리는 '변화의 챔피언' 표창을 받았다. 또 2011년에는 60세 이상의 사회적 혁신가에게 수여하는 '더 퍼포스 프라이즈'를 수상하기도 했다.

기업가 정신으로
지역 경제에
활력을 불어넣다

2007년 가을, 육십 대 후반의 중후한 노신사가 웨인주립대 총장 어빙 라이드의 집무실로 찾아왔다. 마치 이웃집 할아버지처럼 온화해 보이는 노신사가 총장에게 풀어놓은 인생 행로는 참으로 다채롭고 흥미로웠다.

생명과학 분야에서 기자로 일하기도 했고, 사우디아라비아에 가서 부족장의 젖소를 돌보기도 했다. 플로리다에서는 재즈 레스토랑을 차렸다가 실패해 집을 날리기도 했고, 유럽개발기금에서 컨설팅을 하기도 했다. 창업해 성공시킨 회사도 여럿이었다.

하지만 무엇보다 흥미로웠던 건 그 화려한 경력의 한가운데 있는 어두운 그림자였다. 오십 대에 사업에 실패하고, 아내에게 이혼당하고, 사랑하는 딸마저 먼저 세상을 떠나는 비극을 겪으며 절망의 문턱에서 되돌아와 일군 성공이었기에 더욱 의미가 있었다.

이 남자, 랜들 찰턴은 성공의 정점에서 은퇴하고 난 뒤 무료한 삶에 싫증이 났다고 했다. 새로운 일, 좀 더 의미 있는 일에 도전하고 싶어 몸이 근질거린다며, 평생을 혁신 기업가로 살아온 자신을 위한 일자리가 있는지 물어왔다.

마침 테크타운(TechTown)의 운영책임자를 찾고 있었던 웨인주립대 총장은 적임자가 나타났다고 판단하고, 랜들을 테크타운으로 보냈다. 테크타운은 디트로이트의 미드타운 지역 대학 캠퍼스의 외곽에 있는 창업 지원 센터였다. 그가 할 일은 수백만 달러의 비영리 기금을 조성하고, 수많은 혁신 기업가들을 끌어들이고, 경기 불황을 이겨 나갈 멘토를 훈련시키는 것이었다.

이제 일흔두 살이 된 랜들은 그때를 회상하며 이렇게 말한다.

"그 무렵 디트로이트는 실업률이 20퍼센트로 치솟은 상태였고, 더구나 불완전 취업률도 아주 높았습니다. 인종 문제도 심각했고, 무엇보다도 자동차 산업이 거의 완전히 붕괴되어 있었죠. 바로 그런 까닭에 여기 디트로이트에 무엇보다 절실했던 것이 혁신 기업가의 문화였고, 테크타운은 그 문화를 창조하는 중심점이었어요."

테크타운에 변화의 바람이 불다

랜들이 테크타운의 책임자로 임명되었을 때, 이 비영리단체는 점점 늘어나는 부채와 방만한 사업 운영 때문에 거의 파산 상태였다. 또한 한때 디트로이트 근로자들의 자랑이었던 자동차 회사들은 지난 10년 동안 거의 50만 명의 일자리를 없애 버렸다. 디트로이트의 실업률과 주택 압류율은 당시 전국 최고치를 경신했다.

랜들은 이처럼 안팎으로 험난했던 2007년부터 2011년 10월 말까지 4년 동안 테크타운을 이끌었다. 그가 처음 맡았을 때 테크타운은 내용이 거의 없는 빈껍데기 건물에 불과했다. 지금은 250개 회사가 입주해 있다. 테크타운은 신생 기업이 성공할 수 있도록 공간 임대와 멘토링을 포함한 여러 가지 지원을 아끼지 않고 있다.

테크타운은 이벤트를 개최하고 강좌를 개설해 혁신적인 기업가 문화를 8000명의 미시건 주민들에게 퍼뜨렸다. 3000여 명의 사람들이 테크타운 컨퍼런스에 참여했고, 2200여 명의 창업가들이 훈련 프로그램을 이수했다. 2010년에는 14개의 테크타운 입주 기업이 135만 달러의 투자를 받았다. 좋은 모델 덕분에 그 지역의 여러 곳에서 혁신 기업가 지원 센터가 세워지고 있다.

지금까지 테크타운은 초기 단계의 기업에 70만 달러를 직접 투자했고, 입주 기업이 1400만 달러의 후속 자금을 조달받을 수 있도록 도와주었다.

웨인 주립대 현 총장 앨런 길무어는 이렇게 말했다.

"랜들은 그 탁월한 전문 기술로 국제적인 명성을 얻게 되었지요. 하지만 그는 여전히 '미국의 혁신 기업가 정신이 밑에서부터 부활하는 것'을 돕는 데에서 특별한 기쁨을 느끼고 있습니다."

테크타운의 성공 사례는 무수히 많지만, 그중 하나만 살펴보기로 하자.

라미로 라미레즈(62세)는 자동차회사에서 관리자나 중역으로 일했던 사람들을 도와주기 위한 테크타운의 '기어 변속 프로그램'을 통해 새롭게 태어났다.

"이것저것 따져 볼 것도 없이 결단을 내렸습니다. 테크타운에 대해서는 잘 몰랐지만, 그 프로그램은 수강료가 석 달에 겨우 500달러에 불과했지요. 나는 은퇴하기에는 내가 너무 젊다고 생각했어요. 테크타운에 와서 상담사와 얘기를 나누다 보니 내가 살아온 삶을 되돌아보게 되었고, 무엇이 나를 가장 신나게 했는지를 알게 되었답니다."

라미로는 디트로이트의 3대 자동차 메이커와 협력 업체에서 전기 기술자 및 소프트웨어 디자이너로 오랜 세월 일해 왔다.

"테크타운 상담사들이 몇 번이나 되풀이해서 강조하더라고요. 내 업무 경험을 중소기업에서는 높이 평가한다고, 그리고 내가 지닌 기술을 다양한 방법으로 활용할 수 있다고."

라미로는 '링크엔지니어링'이라는 회사에서 사업 개발 업무를 맡게 되었다. 남는 시간에는 남미계 젊은이들이 자신의 사업 목표를 설정하고, 그 계획을 실행에 옮기는 것을 도와준다. 이 모든 것은 자신감에서 시작된다고 라미로는 말한다.

일흔한 살에 또 다른 도전을 시작하다

이제 랜들은 50세 이상의 창업가를 도와서 디트로이트 경제를 다시 활성화하는 데 도움을 주려고 한다. 그래서 2011년 '신경제 살리기'라는 비영리단체를 만들었다. 이 조직은 인생 2막으로 사회적 기업이든 일반 영리 기업이든 취업을 희망하는 시니어들에게, 또는 창업을 희망하는 시니어들에게 멘토링과 네트워킹 서비스를 제공한다.

랜들은 2007년부터 2011년까지 테크타운의 운영책임자로 일하면서 이 비영리단체에 대한 아이디어를 얻었다고 한다.

"2008년, 우리가 한 번도 경험해 본 적이 없는 경제 상황이 펼쳐졌습니다. 자동차 산업은 거의 붕괴 직전이었지요. 그 결과 오랫동안 근무했던 사람들이 해고되어 시니어 창업가들이 넘쳐났어요. 누군가는 그들이 창업할 수 있도록, 그래서 새로운 일자리를 만들어 낼 수 있도록 도와줘야 한다고 생각했습니다. 육체적으로 아직 건강하고, 또 은퇴하기보다는 무엇인가를 하고자 열망하는 사람들이 수없이 많았으니까요."

재취업 시장에서 일자리를 찾지 못하는 장년 근로자들에게는 창업이 더 나은 선택이 될 수도 있다. 그런데 나이 든 창업가가 직면하는 가장 큰 과제는 일자리를 잃은 후 자신감을 회복하는 일이다. 랜들은 그 자신이 실패를 해봤기 때문에 실패의 느낌을 누구보다도 잘 알고 있다.

"나이가 들면 들수록 자신감을 유지하는 것이 더욱 어려워지죠."

'신경제 살리기'는 세대 간 네트워킹도 촉진해 시니어 창업가와 젊은 기업가들이 서로 협력할 수 있게 돕는다. 젊은 기업가들과 네트워킹을 하게 되면, 시니어 창업가들이 창업에 대한 열정을 찾는 데 도움이 되고 자신도 성공할 수 있다는 자신감을 갖게 된다. 젊은 사람들이 나이 든 사람들보다 신기술에 대해서는 더 많이 알고 있겠지만, 기업 운영과 전략에 더 능통한 건 나이 든 사람들이다.

"각각의 세대에는 저마다 다른 전문 기술이 있다고 봅니다. 나는 지금 일흔두 살이에요. 그렇지만 또래들과 정기적으로 조찬을 함께 하면서 지나간 시절을 회상하는 건 내게 별로 도움이 되지는 않을 겁니다. 나는 아직은 그렇게 지난 날이나 회상하고 앉아 있을 나이가 아닙니다. 그럴 시간에 나는 젊은이들을 만나 일에 대해 논의합니다."

랜들 찰턴의 도전은 지금도 끝없이 계속되고 있다.

강사 파견 사업으로
시니어의 경험과 지혜를
사회에 환원하다

2003년, 도쿄 우에노 역 인근의 한 선술집. 각기 다양한 분야에서 활동해 온 시니어 10여 명이 모였다. 이들은 정년퇴직 후 시니어 어드바이저 교육을 함께 받았던 교육 동기생들이다. 교육 수료 후 현역 시절의 경험을 살려 사회 공헌을 할 수 있는 길을 찾아보자고 모인 것이다.

대형 광고기획사에서 근무했던 후지이 게이조가 먼저 운을 뗐다.

"이제 몇 년만 지나면 단카이 세대가 정년을 맞이하게 될 겁니다. 지금껏 평생을 일본의 성장과 소비를 이끌어 온 세대이니 정년이 되었다고 해서 얌전하게 있을 리가 없겠지요. 앞으로 일본은 시니어의 힘을 무시할 수 없을 거예요. 액티브 시니어가 활약할 장이 많아질 겁니다. 그렇다면, 조금 더 일찍 은퇴한 우리가 하루빨리 시니어 세대가 활발히 활동할 공간을 만들어 주는 게 어떻겠습니까?"

영국 주재 특파원으로 일하다 은퇴한 사토 이쿠지로가 고개를 끄덕이고는 끼어들었다.

"그야 그렇지요. 그렇지만, 우리가 무엇을 할 수 있을까요?"

"우리는 일본이 고도성장을 구가하던 시대에 현역에서 활발하게 활동해 온 사람들이니, 다양한 경험을 갖고 있잖아요. 그 경험을 강좌에서 이야기한다면, 듣고 싶어 할 사람이 많지 않겠습니까. 그러니…… 전부터 생각해 본 건데, 우선 강사를 파견하는 활동을 해보는 게 어떻겠습니까? 이를테면 회사에서 연수를 담당해 온 사람이라면 기업의 연수 담당자들을 모아놓고 강의를 할 수 있을 거예요. 금융권에서 은퇴한 사람이라면 정년 후의 연금에 대해 강의할 수도 있겠죠."

후지이의 말에 모인 사람들 모두가 좋은 생각이라는 듯 고개를 끄덕거렸다. 그렇게 '현역에서 물러난 세대의 다채로운 능력을 사회로 환원하자, 무엇보다 스스로 즐기는 삶을 살자'는 문제의식으로 설립된 비영리단체 시니어다이가쿠(大樂)의 첫 사업이자 주력 사업의 하나인 강사 파견 사업이 시작되었다.

인생 1막의 체험을 활동의 원점으로

'재미있는 비행기 이야기와 즐거운 영어 그림책' '맛있게 먹고 즐겁게 움직이자' '영어와 씨름하기'…… 비영리단체 시니어다이가쿠에 소속된 강사들의 강연 제목들이다.

처음 출범할 때는 강의를 할 수 있는 사람이 그렇게 많이 있을지,

사실 자신이 없었다고 한다. 그런데 강의를 할 사람은 얼마든지 있었다. 시니어 강사 파견이라는 독특한 활동이 신문사의 주목을 받아 기사화된 직후부터 강의 희망자가 급증했다.

"정말 놀랐습니다. '이렇게 이야기를 하고 싶은 사람, 자신의 경험을 살리고 싶은 사람이 많구나!' 게다가 강의 희망자들이 보내온 서류나 소논문을 보면, 모두가 정말 멋진 경험과 이야깃거리를 갖고 있는 분들이었지요."

우수한 강사진이 갖춰지자 곧 적극적으로 일감 확보에 나섰다. 강사 프로필이 첨부된 리스트를 작성해 전국 각지의 구민회관 등의 공공시설이나 라이온스클럽, 기업 등에 보냈다. 공개강좌나 사내 연수를 담당하는 사람들은 '어디 좋은 이야기를 해줄 사람이 없을까' 늘 고민한다. 다행히 서로의 이해가 맞아떨어졌고, 서서히 강의 문의가 들어오기 시작했다.

강사들은 전임 항공기 승무원, 보건소 영양사, 해외 주재 비즈니스맨 등등 면면이 다채롭고 화려하다. 각자의 실제 체험에서 우러나오는 이야기는 호응이 아주 좋고, 그중에는 박수소리가 끊이지 않는 강연회장도 있다.

"프로 수준 또는 프로 그 자체인 회원도 있기 때문이지요."

비영리단체 시니어다이가쿠의 부이사장인 후지이는 말한다.

"지금까지 230건 정도 의뢰가 들어와 강사를 파견했는데, 고객 클레임은 전혀 없었습니다. 오히려 담당자들에게 감사의 말과 편지를 받을 정도로 반응이 좋았지요. 구민회관의 담당자들끼리는 횡적인 네트워크가 있나봐요. 한곳에서 호평을 받으면 다른 곳에서 그 사람을 지명해 강의 요청을 하기도 합니다."

이야기는 프로 수준, 요금은 아마추어 수준

시니어다이가쿠의 강사 파견 활동이 인기를 끈 데는 강사료도 한 몫했다. 게이조는 "이야기는 프로 수준이지만 요금은 아마추어 수준"이라고 말했는데, 실제로 강사료는 의뢰하는 쪽의 희망에 맞춰 유연하게 정한다고 한다. 공공 기관이나 기업의 담당자로서는 양질의 이야기를 저렴한 요금으로 해주는 강사가 있다면 대환영이다. 시니어다이가쿠의 기획은 거기에 딱 들어맞았다.

시니어다이가쿠에서는 강사 파견 사업 이외에도 다양한 활동을 하고 있다. 트레킹을 잘하는 사람이 인솔 강사로 활동하고 있는 '야마가쿠칼리지,' 후지이가 중심으로 활동하고 있는 '유머 스피치 모임' 등이 있다.

최근에는 '엔타테이(演多亭)'도 주목을 받고 있다. 전체 강사 가운데 열에 하나는 만담, 마술, 음악 등 엔터테인먼트 관련 일을 해온 사람이다. 그래서 그들만을 따로 모아 주로 노인 시설이나 복지시설 등을 방문해 공연하고 있는 것이 바로 '엔타테이'다.

물론 처음부터 인기 강사가 될 수 있을 정도로 이야기하는 방법을 터득하고 있는 사람은 드물었다.

"강의를 좀 더 잘하려면 어떻게 해야 할까요?"

이와 같은 이야기를 하는 사람들이 많아 연수 강좌도 개최하고 있다. 강좌에서는 우선 인기 강사가 이야기를 하고, 그다음에 참가자 전원이 3분 동안 스피치를 한다.

"이것이 도움이 많이 됩니다. 3분으로 이야기를 잘 정리할 수 있게 되면 한 시간 동안 이야기를 할 때도 강약의 변화를 줄 수 있게 되지요."

강사 연수는 등록 강사 사이의 교류의 장이 되기도 한다.

조직이 확대되면서 회원이 전국 규모로 늘어났다. 그렇다고 지금 당장 전국에 사무국을 낼 수는 없기 때문에 시니어다이가쿠는 일단 지방분과위원회 등을 설립하고, 장차는 간사이지국(関西支局)과 같은 형태로 활동할 계획이다. 비영리단체인 만큼 희망자가 모이면 그때 활동의 폭을 차츰 넓혀 나가는 것이 좋다고, 게이조는 말한다.

즐겁게 활동을 계속하기 위한 조건

비영리단체는 비영리이기는 하지만 한편으로는 어엿한 등기 법인이다. 조직으로서 결정해야 할 사항도 많고, 처리해야 할 사무도 많다. 단순한 친목 모임이나 동호회라는 생각으로는 꾸려 나갈 수 없다. 필요한 경비와 활동 자금을 스스로 벌지 않으면 안 된다. 그래서 시니어다이가쿠에는 몇 가지 원칙이 있다.

첫째, 무료 자원봉사는 하지 않는다. 자립한 비영리단체로서 존재하기 위해서다. 그 대신 시스템은 명확하다. 강사 파견 소개료는 무료이며, 강사 사례비의 10퍼센트를 비영리단체에 납부하게 되어 있다. 연회비는 회원이 증가하면서 지금은 6000엔 정도로 낮아졌다. 이 돈은 그대로 활동 자금으로 쓰인다.

둘째, 사무 작업은 해당 분야에 능숙한 사람들이 맡는다. 잘하는 분야를 살려서 사회에 환원한다는 설립 의도는 사무국 내에서도 적용되고 있다. 이를테면, 가장 큰 작업인 명부 입력과 관리는 사무 작업과 PC 조작에 능한 회원이 담당한다.

셋째, 자금 확보를 위해 늘 새로운 사업을 찾는다. 반드시 큰 수익을 올릴 필요는 없지만, 다음 사업을 진행할 자금이 없으면 활동 자체가 불가능하다. 매년 회원이 증가하다 보니 그것을 관리하고 회원을 대상으로 서비스를 하려면 더 큰 자금이 필요하다. 자연히 새로운 사업을 전개해 문제를 해결해야 하는데, 그러기 위해서는 강의의 폭을 넓혀야 한다.

"예를 들면 구민회관이나 기업 강좌를 1년 연속 강좌로 받기도 하고, 개방 대학도 섭외하려고 합니다. 일반인도 참가할 수 있는 공개 강좌 개최도 생각하고 있고요."

이제 만반의 준비는 끝났다. 시니어다이가쿠는 그것을 어떻게 실천할 것인가 하는 새로운 단계에 들어섰다.

사회적 과제를 알고 해결할 수 있을 만큼 나이와 경험이 있다

다양한 경력을 뒤로하고 인생 후반기에 자동차 세일즈에 뛰어든 로버드 챔버스는 한창 새로운 일에 의욕을 불태워야 할 시간에 업계에 대한 환멸에 치를 떨어야 했다.

"가난한 사람들 편의는 못 봐줄망정 어떻게 차액을 더 남길 수가 있죠? 더구나 여성들은 남성들에 비해 흥정 기술도 부족하고 자동차에 대한 전문 지식도 없는데, 오히려 그 점을 이용하다니 부끄럽지도 않습니까?"

누구 하나의 행태가 아니었다. 업계 전체가 가난한 사람들, 특히 여성들을 먹잇감으로 삼고 있었다. 참다 못한 로버트는 같은 대리점에서 일하는 선배 딜러에게 따져 물었다.

"이것 보세요, 그런 소리 하려거든 일찌감치 다른 길을 알아보세요. 학교에서 배운 대로 세상이 돌아가지 않는다는 거, 아실 만한 분이 왜 이러십니까? 차라리 학교로 돌아가시든가, 아니면 자원봉사를 하시든가, 거참!"

로버트는 학교로 돌아가지 않았다. 대신 자원봉사 쪽을 택했다. 그는 이것저것 많은 일을 해본 덕분에 모어댄휠스(More Than Wheels)를 생각해 내고, 또 그것을 실행에 옮길 수 있었다고 말한다.

저소득층 자동차 구입자를 위해 모어댄휠스를 설립하다

로버트 챔버스의 이력은 다채로웠다. 해군에서 복무했고, 컴퓨터 업계, 금융업계에서 일해 왔다. 미국과 캐나다의 국경선을 넘는 컴퓨터 전화선을 최초로 개발해 큰 성공을 거두기도 했고, 1987년에는 증권시장이 붕괴해 큰돈을 날리는 쓰라린 실패를 맛보기도 했다.

자동차 대리점에서 일하면서 로버트는 자동차를 구입하고자 하는 시골 지방의 저소득층 근로자들이 얼마나 어려운 상황에 처해 있는지를 두 눈으로 직접 목격했다. 그들이 연료 효율도 좋고 믿을 수 있는 자동차를 사려면 대출을 받아야 했는데, 신용 등급이 낮아 대출을 받을 자격이 되지 않았다. 신용을 쌓을 수 있는 괜찮은 일자리가 나타나도 자동차가 없으면 그 일자리를 얻을 수 없어 가난의 악순환에서 벗어날 수도 없었다.

로버트는 2001년 쉰여섯 살의 나이에 모어댄휠스를 설립해 저소득층 자동차 구입자들에게 저금리로 대출을 해주는 한편, 개인 재무관리 방법도 교육시켜 그 사람들이 중산층으로 올라설 수 있도록 도와주기 시작했다. 그가 이 일을 해내는 데는 평생의 경험과 은행 업무에 대한 깊은 이해가 큰 몫을 했다.

로버트는 자동차 판매업자들 및 은행들과 계약을 맺고 그의 비영리단체인 모어댄휠스가 대출금에 대한 보증을 서기로 했다. 지금까지 727명의 사람들이 그의 도움을 받아 자동차를 구입했고, 지난 5년 동안 고객 1인당 평균 7000달러의 자동차 구입비와 연료비, 수리비를 절약했다.

모어댄휠스가 하는 일

티파니 안젤리가 과거에 남편과 다툴 때면 남편은 늘 마지막엔 비장의 무기를 꺼냈다. 바로 자동차였다. 남편은 말을 안 들으면 차를 빼앗아 버리겠다고 티파니를 위협하곤 했다. 그들은 끝내 갈라섰다. 차는 엄밀히 따지면 시할아버지의 것이었기 때문에 직장에 다니며 두 아이를 키워야 하는 티파니는 이혼한 뒤로 자동차가 없어 아무것도 할 수 없었다.

그래서 티파니는 로버트를 찾아왔다. 그녀는 차를 한 번도 구입한 적이 없고, 밀린 의료비 때문에 신용도 형편없었으며, 계약금을 낼 돈조차 없었다. 열흘 뒤 로버트와 그의 혁신적인 비영리단체 덕분에 티파니는 혼다의 시빅 자동차를 저금리 대출로 구입할 수 있었다.

로버트는 모어댄휠스가 단순히 새 차를 구입하는 수단이 아니라 더 나은 삶을 위한 촉매제라고 본다. 이 프로그램은 더 좋은 신용을 얻기 위한 방법과 가계 예산을 관리하는 방법을 가르쳐 주고, 또 시골에서 좋은 일자리를 얻고 유지하는 데 없어서는 안 될 자동차를 제공해 준다.

"가난한 사람들은 대부분 자기들이 새 차를 가질 수 있다는 걸 모르고 있어요. 자동차는 그들의 삶과 이미지를 변화시킵니다. 저소득층 사람들은 자신들의 신용 상태를 외부 도움 없이 바로잡기가 아주 어렵습니다. 우리가 보증을 서주지 않으면, 많은 사람들이 결코 빠져나오지 못할 거예요."

모어댄휠스의 사업 모델

모어댄휠스의 사업 모델은 믿을 수 없을 만큼 단순하다. 로버트는 여섯 곳의 자동차 판매업자들과 협상을 했다. '꾸준히 자동차를 구입해줄 테니, 그 대신 원가에 이윤을 약간만 붙여서 팔아라.'

자동차 판매업자들에게 그것은 지극히 간단한 문제였고, 로버트의 고객, 즉 가난한 자동차 구입자들에게는 직접 구매할 때보다 훨씬 싸게 자동차를 구입할 수 있는 방법이었다.

또 로버트는 치텐든 은행과 노스이스트 신용조합과 계약을 맺어 모어댄휠스의 가난한 고객에게도 초우량 고객과 동일하게 저금리로 대출을 해주고 그 대신 대출금에 대해서는 모어댄휠스가 보증을 서기로 했다.

경제 교육과정과 개인적 예산 카운슬링도 모어댄휠스 프로그램 내용에 들어 있다. 고객들은 모어댄휠스의 컨설턴트들과 개인적으로 친밀한 관계를 맺어 필요할 때면 도움을 요청할 수 있다. 고객들은 신용, 금리, 연료 절감, 가장 유리한 보험료 정보 등을 배운다. 그 결과 지난 5년 동안, 모어댄휠스의 자동차 구입자 727명 가운데 16명만이 대출금을 갚지 못했다.

모어댄휠스는 비영리단체이지만 자동차 판매업자와 은행에게는 돈을 벌어 주는 방식으로 운용된다. 바로 그런 까닭에 이 프로그램이 잘 돌아가는 것이다. 자동차 판매업자나 은행도 돈이 되어야 참여하지 아무리 좋은 프로그램이라고 해도 손해를 보면서 할 수는 없다. 그래서 그들에게 이익이 나는 구조이긴 하지만, 로버트는 그들이 지나친 이익을 챙겨 가는 것을 원하지는 않는다.

자동차 판매업자나 은행과는 달리, 모어댄휠스는 고객들을 신용 등급으로 선별하지 않는다. 자동차를 구입하고자 하는 고객은 직업이 있다는 것, 그리고 매달 할부금을 낼 수 있다는 것을 보여 주기만 하면 된다. 모어댄휠스는 실업자를 위해서는 자동차를 사주지 않는다. 그렇지만 실업자가 직장을 구해 정상적인 생활로 돌아올 수 있도록 임시로 차를 빌려주어 그들을 도울 수는 있다.

"우리는 여기 주민들의 살림살이에 대해 아주 자세히 알고 있습니다. 따라서 그들이 매달 할부금을 낼 수 있다는 증거가 없으면 대출금 보증을 서주지 않는답니다."

모어댄휠스는 자동차 구입자에게 재무 패키지를 제공하고 그 대가로 수수료를 받아 외부 보조금에서 벗어나 살림살이를 스스로 꾸려 나가려 한다. 수수료는 한 달에 약 12달러 정도인데, 구입자가 절약할 수 있는 큰 금액에 비하면 적은 비용이다. 한 달에 40명이 자동차를 구입하면 수수료 수입만으로도 조직 운영비를 자급자족할 수 있다.

로버트를 찾아오는 사람들은 대부분 금융 지출의 우선순위를 정하고 가계 예산을 제대로 짜면 자동차 구입비를 지불할 수 있는 사람들이다.

"저소득 계층에는 가계 예산을 짜지도 않고 지출을 제대로 하지 않는 사람들이 많아요. 대개는 가계 예산만 제대로 짜더라도 절약할 수 있는 꽤 많은 돈이 쓸데없이 지출되고 있지요."

로버트는 모어댄휠스를 전국으로 확대하는 것을 목표로 삼고 있지만, 지나치게 빠른 성장의 부작용도 경계하고 있다. 모어댄휠스는 현재 약 1500명에게 1500만 달러의 대출을 해주고 있다.

로버트 챔버스는 2006년 '더 퍼포스 프라이즈'를 수상했다. 수상자로서 백악관에 초대되었을 때 그는 이런 말을 했다.

"나는 부당한 것을 보았을 때 그것이 부당하다는 것을 알 수 있을 만큼은 나이를 먹었고, 부당한 것을 해결하기 위해 뭔가를 할 수 있을 만큼은 경험을 쌓았습니다."

그의 이 말은 시니어들의 경험과 경륜이 얼마나 중요한 사회적 자산인지를 잘 대변해 주고 있다.

"나누는 삶, 내가 살아가는 이유!"

—— '아름다운가게'의 자원봉사자 김대철 씨를 만나다 ——

2004년 '아름다운가게'에서 봉사를 시작해 현재 이사로 활동하고 있는 김대철 씨를 만나 일과 봉사를 병행하는 시니어의 삶에 대해 들어보았다.

자원봉사를 언제 어떻게 하게 되었는지, 그간의 경위와 하시는 일에 대해 말씀해 주세요.

지금으로부터 14년 전 친구에게 어음을 빌려주고 보증을 섰는데, 그게 잘못돼서 전 재산을 날리고 회사는 문을 닫게 되었습니다. 신용불량자가 되었던 거죠. 실의에 빠져 있을 때 주위의 많은 분들이 나를 도와주었어요. 어떤 회사에서는 회사를 다시 살릴 기틀이 되는 대형 공사를 맡기면서 얼른 재기하라고 격려까지 해주셨습니다. 이 세상은 결코 혼자 사는 게 아니라는 걸 느꼈죠. 그때 함께 사는 이 세상, 나도 뭔가를 나누는 삶을 살아야겠다고 마음

먹었던 것 같습니다.

매년 빚을 갚아 가면서 빈털터리인 내가 지금 할 수 있는 봉사를 먼저 찾아보는 것이 어떨까 하는 생각이 들었어요. 그러던 차에 10년 전인 2004년 아침신문에서 '자원봉사 쉽게 시작할 수 있다'라는 기사를 우연히 보게 되었어요. 거기 '아름다운가게'가 소개되었는데, 기증 물건을 판매하는 건 자신이 있어서 바로 신청을 하고 교육을 받은 뒤 활동을 시작하게 됐습니다.

어느 날, 강남구 자원봉사 센터에서 매장 판매 봉사를 하다가 청소년 자원봉사 교육 강사를 모집한다는 벽보를 봤는데, 바로 교육 강사단에서 초·중·고등학생들 대상 자원봉사 기본 교육을 받고는 강의 봉사도 하고 있습니다. '아름다운가게'에서는 새로 봉사를 시작하는 성인 자원봉사자를 대상으로 신입 봉사자 강의도 맡아 진행하고 있고요.

자원봉사는 당신에게 어떤 의미인가요?
"왜 봉사를 하나요?"라고 물으면, 나는 이렇게 대답해요. "제가 그냥 좋아서 합니다." 처음엔 그냥 좋아서 시작한 봉사이지만 10년간 활동하고 보니, '삶 자체가 봉사'라고 말할 수는 없지만 그래도 우리가 살아가는 이유 중 하나인 성공과 행복을 봉사로 인해 많은 부분 충족시킬 수 있다고 믿습니다.

현재 봉사 활동 시간은 얼마나 되나요? 그리고 개인적으로나 공적으로나 매 스컴에도 많이 소개되신 걸로 알고 있는데요, 자원봉사 활동을 하고 나서 달라진 점이 있다면 어떤 것인가요?

봉사 시간은 지금까지 10년간 3500시간이 조금 넘어요. 현재는 매주 토요일 4시간씩 봉사하고 있습니다. 주 4시간 정해진 것 외에도 한 달에 4~5회 자원봉사 강의도 진행하고 있죠.

봉사를 하면서 달라진 것은 우선 이타심이 더 많이 생겼다는 것, 그리고 가족의 소중함을 더욱 절실히 느끼게 되었다는 것입니다. 부도가 나서 신용불량자가 되었던 중소기업 대표가 다시 재기하면서 빈털터리 상태에서 봉사를 시작했고, 10년 이상 꾸준히 활동했다는 이야기가 흥미로웠나봐요. 일간지와 TV 뉴스, KBS〈사랑의 가족〉 등에서 소개되면서〈세상을 바꾸는 시간 15분〉에 나가 강연도 하고, 잡지에 소개되기도 했죠. 그러다 보니 쑥스럽게도 자원봉사와 관련해 강남구 구청장님과 서울 시장님에게 표창장도 받게 됐어요.

인생 이모작에 대해서는 어떻게 생각하세요? 다른 일과 봉사 활동을 어떻게 조율하시는지요?

결국 퇴직 후의 삶을 어떻게 살아야 하느냐는 것인데, 평균수명이 늘어나면서 10년에서 15년 동안 어떻게 더 활동을 하며 살아가야 할지 고민하는 나이가 되었습니다. 하지만 나 같은 경우에는 우선 꾸준히 봉사를 해와서 그런지 나이와 상관없이 누군가를 도와드리며 사는 멋진 인생을 만들어 갈 수 있다고 자신하고 있어요. 남을 돕는 일은 내 자신의 자존감을 키워 나가는 일도 되지만 실은 정신적으로나 육체적으로나 더 건강한 삶을 살 수 있는 원동력이 된다는 것을 잘 알고 있습니다.

그러니 일과 봉사를 병행하며 살아가는 것은 내게 무척 중요합니다. 일과 봉사를 육십 대가 되기 전에는 8대 2로 했다면 퇴직후에는 2대 8로 서서히 바꿔 가고 있어요. 그러다 보면 삶이 풍요로워질 수 있다고 생각합니다. 즉 일도 중요하지만 개인적으로 시간을 내서 봉사를 빨리 시작하는 것이 향후 인생 이모작을 고민할 때 큰 도움이 될 것 같습니다.

개인 생활이나 가족관계, 그리고 주변에 어떤 변화가 있었나요?
우선 술자리 문화가 바뀌어 저녁을 먹고 2차로 이어지는 회식이 줄어들더군요. 우리 주위에는 그 회식비를 조금만 아껴 지원을 해드려도 자립하는 데 큰 도움이 되는 분이 많으니까요. 내 별명이 자린고비예요.(웃음)

가족들은 힘에 부치니 봉사도, 일도 줄이라고 하지만 봉사를하고 나서 집안 분위기가 화목해지고 밝아졌어요. 연세가 많이 드신 부모님들도 '아름다운가게'에 물품을 지속적으로 기증하시면서 즐거워하시니 정말 행복해요.

요즘은 봉사 활동이 보편화되어 학생들도 많이 참여하지만, 시니어들에게 봉사란 건 일단 가정경제가 안정되고 난 뒤에나 생각해 볼 문제라는 견해가 지배적이에요. 이에 대해 어떻게 생각하시나요?
글쎄요. 평일에 서울 근교의 산에 가보면 많은 분들이 낮에 등산을 하러 오십니다. 먹고사는 데 불편함이 없는 분들이 많다는 거죠. 가정경제의 안정에 대해서는, 365일 돈을 벌어야 살 수 있는 분들을 제외하곤 일주일에 하루 4시간 정도는 누구나 봉사 시간으로 할애해도 큰 지장이 없을 것 같다는 게 내 생각입니다.

자원봉사 활동에 대해 외국과 국내의 사정을 비교한다면 어떤 차이점이 있을까요? 베이비붐 세대의 은퇴 전후로 봉사자들도 약간의 금전적 보상을 바라는 분위기인데 이 점에 대해서는 어떻게 생각하시나요?

외국 사정은 잘 모르겠습니다만 나는 어떤 경우에도 봉사라는 것에 금전적인 보상은 반대합니다. 봉사는 봉사고 일은 일이에요. 서로 구분되어야 한다고 생각해요.

봉사 활동의 향후 방향성이나 계획에 대해 말씀해 주세요.

2년 안에 회사를 직원들에게 물려주고 이선으로 물러나 협동조합 형태의 사회적 기업을 준비하려고 해요. 물론 봉사는 별도로 지속하면서 그 사회적 기업도 잘 운영하여 좀 더 많은 고용을 창출해 국가와 개인에게 도움이 되고 싶습니다.

그 밖에 말하고 싶거나 혹은 간과한 점이 있다면 말씀해 주세요.

봉사는 참 좋은 것이라는 건 누구나 알고 있습니다. 그런데 어디서부터, 어떻게 시작해야 하는지 잘 모르는 분들도 있고, 또 어떤 분은 처음 시작을 잘 못해서 봉사를 꾸준히 지속하지 못하는 경우가 있어요. 그럼 그런 분들을 봉사의 세계로 이끄는 방안이 고민되어야 하는데, 정부와 봉사 관련 단체들은 봉사의 활성화를 연

구하고 논문을 쓰며 과학적으로 규명하고 바꿔 나가려고 노력한
다고 합니다. 그런데 안타깝게도 봉사자의 입장이 아닌 학자나 연
구원 또는 복지사의 입장에서 검토하고 고민하는 것 같습니다. 정
책을 입안하는 분들이 봉사자들과 함께 고민하고 소통하며 대책
을 세우면 좋겠다는 생각이 듭니다.

　그리고 봉사자들을 건강하고 행복한 봉사의 길로 유도하는 방
안에 대해 좀 더 교육적인 측면에서 바라보면 좋을 것 같습니다.
봉사만큼 인성 교육에 도움이 되는 것이 없는데, 아직도 청소년들
에게 시간 때우기식 봉사를 강요하는 교육 현실이 안타깝습니다.

━━━━

빠듯한 일정 때문에 김대철 자원봉사자는 이메일 질의응답으로 인터
뷰를 진행했다. 매스컴에 많이 알려진 분이라 직접 만나 알려지지 않
은 얘기를 듣고 싶기도 했지만 글에서 묻어나는 느낌과 다르지 않을
거라는 생각이 들었다. 처음에 '그냥 좋아서' 하게 된 봉사로 그의 삶
이 달라졌다. '그냥 좋아서'라는 말은 '아무 이유 없이'라는 뜻이지만
그 말 속에는 '이유가 없음에도 불구하고'라는 의미도 있다. 내 안의
속삭임이나 있는 그대로의 나를 바라볼 수 있다면 좋아하는 일이나
하고 싶은 것을 찾는 게 그렇게 어렵지는 않을 것 같다. 진솔하게 나
를 마주해 보자.

(인터뷰: 홍혜련)

시니어의 전문성은 늘 혁신되어야 한다

—— IT로 커뮤니티 비즈니스를 확립한 호리이케 기이치로 씨를 만나다 ——

호리이케 씨가 창설한 시니어소호미타카의 모델이 다른 지역으로 확산되고 있다고 들었습니다. 어느 정도인가요?

시니어소호미타카에는 몇 가지 운영 원칙이 있어요. 첫째, 시니어의 활발한 지역 참여를 응원하는 사람이라면 누구나 참가할 수 있습니다. 둘째, 우리와 함께하는 멤버들은 활동 참가에 목적이 있고, 말보다는 실행에 중점을 두지요. 셋째, 상대방을 만족시키고 평가를 받는 유상 서비스를 원칙으로 합니다. 그리고 마지막으로, 현역 시절의 업적이나 지위, 학력은 언급하지 않지요. 이 네 가지 원칙에 따라 활동하는 단체는 이제 시니어소호요코하마가나가와, 쇼난후지사와시니어넷, 시니어소호세타가야, C-net히타치, 쓰레모테난키구마노, 시니어소호무사시노, 시니어소호고가네이, 이렇게 일곱 곳으로 늘었습니다.

IT 강습 사업 외에 주요 수입원이 된 새로운 사업이 있나요?

2008년 시니어소호미타카의 매출 내용을 보면 시민을 대상으로 하는 IT 강습은 전체의 2.5퍼센트에 지나지 않아요. 1년에 3500명을 가르치는 강사진이 700만 엔의 매출을 올리고 있지요. 그중 200만 엔을 시니어소호미타카에 납입하고 있어요. 시니어소호미타카의 매출은 대부분 미타카 시와 함께하는 협업 사업과 기업에서 위탁받은 사업에서 나옵니다. 시와 협업하는 사업 중에서는 '교육위원회'의 학교 IT 지원, 방범안전 관련 사업, '경제과'의 취업 지원 사업이 규모가 가장 큽니다.

호리이케 씨가 인생 2막을 시작했을 때 가장 가치를 둔 것은 무엇이었나요? 지금 하고 있는 일이 그 가치에 어느 정도 부합하고 있는지요?

인생 2막을 시작하면서 내가 가치를 두었던 건 대략 세 가지쯤 됩니다. 우선, 과거를 이야기하지 않고 '가슴이 뛰는 지금'을 사는 '예사롭지 않은 아저씨'가 되고 싶었어요. 그리고 다른 사람들에게 도움을 주고 거기서 대가를 얻을 수 있다면 좋겠다고 생각했지요. 마지막으로, 많은 사람들과 함께하기보다는 혼자서 개성적인 일을 하고 싶었습니다. SNS를 보면 예사롭지 않은 아저씨가 된 것 같긴 해요.(웃음) 두 번째는, 시니어소호미타카 대표로 있던 시절에는 충분히 부합했다고 생각해요. 그러나 지금은 좀 부족하지요. 마지막으로 가치를 두었던 부분은…… 작은 그룹에서 활동하고 있으니 거의 실현하고 있다고 볼 수 있겠죠.

인생 2막의 새로운 일을 해나가면서 가장 견디기 힘들었던 건 무엇이었나요? 또 그것을 어떻게 극복하셨는지요?

함께 일했던 시니어 동료들이 기업에서 근무하던 시절의 '효율' 의식을 버리지 못하더라고요. 그러니까, 비효율적으로 일하는 걸 이해하지 못했다고 할까요. 그래서 '기업인 의식'을 보이면 상대를 해주지 않는 방법으로 대처했어요. 또 전업주부로만 살아왔던 여성을 간부로 발탁하기도 했고요. 공개 논의를 SNS로 하는 것도 한 가지 방법이었죠.

그리고 인생 2막에서는 당연히 무상으로 봉사해야 한다는 세상의 상식이 견디기 힘들었어요. 행정 당국에서 이러한 무상 자원봉사를 요구하면 인터넷에서 공론화해서 적극적으로 반론을 제기했습니다. 또 하나를 꼽자면…… 특히 자존감이 낮은 시니어들은 무슨 일이든 안 될 거라는 의식에 사로잡혀 있는 경우가 많아요. 그런 분들을 대할 때는 일을 해나가는 과정에서 지도하고 '칭찬'하며 생각을 바꿔 나가고 있습니다.

인생 2막을 맞아 새로운 일을 시작한다고 했을 때 가족들 반응은 어땠나요?

지역 ICT(Information Communication Technology) 강습 일은 이미 퇴직하기 전인 1999년에 시작했습니다. 통산성 위탁 사업을 받은 것도 아직 회사에서 임원으로 일하고 있을 때였죠. 회사에 양해를 얻었고, 주말 활동으로 하니 가족들도 인정하고 이해해 줬어요.

그런데 그 일이 바빠지니까, 회사 생활과 가정 생활까지 세 가지를 동시에 해내기가 쉽지 않더군요. 2000년 4월, 정년을 1년 앞두고 퇴사를 결심했죠. 아내는 연봉이 없어지니까 반대했지만, 가족회의에서 사회인이 된 자식들이 찬성해 주더군요. 그 뒤로 아내는 내 일을 도와주지도 않았고, 관심도 갖지 않았어요. 다만 장남이 직장 문제로 고향으로 내려왔는데, 꽤 도움이 됐답니다.

지금도 몸 상태가 좋지 않은 아내와 늙은 개를 돌볼 짬을 내기가 힘듭니다. 여전히 풀어야 할 과제로 남아 있어요.

현역 시절에 비해 지금 만족스러운 점과 아쉬운 점은 무엇인가요?

내 생각대로 시간을 보낼 수 있다는 것이 가장 만족스러워요. 현역 시절에 머리나 어깨가 심하게 결렸는데, 요즘은 그런 증상이 싹 사라졌다는 점도 좋고요.

아쉬운 점은 거의 없지만, 굳이 들자면 '수입'과 '정보'일 거예요. 수입은 달리 방법이 없어요. 정보 측면에서는, 회사에 있었다면 얻게 되는 '풍부한 정보' 대신에 '풍부한 지역 정보'나 '소셜 비즈니스' 정보는 늘어났다는 점이 그나마 다행이에요. 다녔던 회사와 관계가 나쁘지 않고, 지금 이 일을 하는 데도 회사와의 교류가 도움이 되니 고맙게 생각하고 있습니다.

인생 2막의 구상을 실천에 옮기는 데 가장 도움이 되었던 요소는 무엇이었나요?

퇴직 전과 창업할 때로 구분해서 얘기해 볼게요. 먼저 퇴직하기 전에 도움이 되었던 세 가지 요소로는 첫째, 쉰두 살 때부터 부업(웹 제작)을 하고 있었다는 점, 둘째, 재직 시절에 재단법인에 파견 근무를 간 적이 있는데 그때 행정이 어떻게 돌아가는지 알게 되었다는 점, 셋째, 재직 시절에 PC통신과 미디어를 이미 충분히 이해할 수 있었다는 점을 들 수 있어요.

제가 창업을 할 때는 첫째, 지역의 행정기관들이 민간 단체와 역할을 서로 보완하고자 하는 변혁의 시대를 만났다는 점, 둘째, 지역 사람들을 접하는 데 도움이 되는 '죽세공 장난감 만들기' 기술이 있었다는 점, 셋째, '능력 있는 동료들'을 만날 수 있었고 그들을 활용하는 교제 능력이 있었다는 점이 도움이 되었습니다.

인생 2막을 준비하는 사람과 이제 막 시작한 사람들에게 조언을 해주신다면 뭐가 있을까요?

인생 2막을 시작하기 전에는, 회사에서 가장 신뢰받고 실력을 발휘하는 시기에 '부업'을 시작하라고 조언하고 싶습니다. 그리고 회사에 폐를 끼치지 않는 '부업'으로 지역의 사정을 몸으로 배워두는 것도 도움이 됩니다.

이제 막 인생 2막을 시작한 사람은, 우선 지역 소식지를 읽고 모임에 나가서 있는 그대로의 지역을 알아야 해요. 그리고 인터넷 이용은 필수예요. 개인 메일, SNS를 이용해 발신하는 법을 익혀 두는 것도 중요하죠. 자기 발신이 무엇보다 중요해요. 그러니까 정보통신 기술은 꼭 몸에 익혀두어야 합니다. 그리고 처음의 활동에 너무 깊이 빠지지 않는 게 좋아요. 좀 더 적합한 것이 있을 수 있으니 가볍게 시작해야 합니다. 마지막으로, 마음이 맞지 않는 사람과는 '느슨한 관계'를 유지하는 게 좋아요.

시니어소호미타카에서 활동한 뒤에는 어떤 일을 해왔나요?

시니어소호미타카 경영은 2005년까지 했어요. 그리고 2004년부터 2009년까지 간토 경제산업국 '커뮤니티 비즈니스 추진 협의회'에서 간사로 활동했고, 전국 각지에서 강연과 집필, 컨설팅을 했습니다. 2006년부터 2009년까지 '죽세공 장난감 교실 강사의 모임'을 창설하고, 인터넷 강의로 300명의 강사를 육성했어요. 전국 12개 지역에서 그룹을 조직했지요. 연 250건의 공작 교실 정보 공유 블로그 포스트로 문부과학대신상을 받기도 했지요. 2009년부터 현재까지는 '다마 커뮤니티 네트워크'를 설립해 돕고 있습니다. 미타카 커뮤니티 비즈니스 연구회 '블로그 학원'에서 200명의 커뮤니티 블로거를 육성했고요. 2012년에는 고레이(好齡) 비즈니스 파트너스를 창설해 삼십 대, 오십 대 현역 회사원과 함께 시니어 창업 지원을 지금까지 해오고 있습니다.

이제 일흔세 살이 되셨는데, 지금 하고 있는 연간 활동을 요약해 주시겠습니까?

'블로그 활용' 강좌, '내가 하는 역할' 논의를 1년에 40회 개최하고, 강연과 강의에 나가고 있어요. 블로그 포스트를 연간 1000건 정도 쓰고 있고요. 페이스북으로 내가 하고 있는 활동을 널리 알리는 일도 빼놓을 수 없지요. 매일 읽는 독자가 150명쯤 됩니다. 홍보가 아니라 '작품'이라고 생각해요. 'ICT 활용'을 시니어에게 보급시키려는 거죠. 'TV를 보는 사람'이 아니라, '실천하고 발신하는 사람'으로!

비영리단체에서 '고령자 고립 방지 지역 추진 사업'으로, 기업의 '연구회'에서 연구와 집필로 수입을 얻기도 해요. 간단하게 요약해, 즐겁게 사회에 공헌하며 돈을 벌고 있답니다.

끝으로 한국의 시니어들에게 하고 싶은 말이 있다면?
시니어는 '인생 2막이라는 정해진 구조'의 사회에 들어가는 것이 아니에요. 생산 시대의 인생이 계속되면서 '새로운 변화의 세계'에 몸을 둔다고 생각해야지요. 그래서 시니어는 현역 시절과 변함없이 '연속적인 혁신'을 실행해야만 하죠.

나는 1999년에 은퇴해서 우선 비영리단체인 시니어소호미타카를 창설했어요. 그리고 아까도 말씀드렸다시피 여러 가지 일을 해왔습니다. 그 각각의 시기에 중심이 되는 전문성은 늘 변화합니다. 그것이 중요해요. 시니어에게 가장 중요한 것은 '전문성의 변화를 연속시키는 것'이에요.

호리이케 기이치로의 활동은 해외 시니어 활동 사례를 번역 소개하는 일을 처음 시작했을 때 제일 먼저 소개할 정도로 아주 신선하게 다가왔다. 그 후 해외 사례에 관한 교육이 있을 때에는 빠짐없이 그의 활동을 소개하곤 했다.

호리이케를 꼭 인터뷰하고 싶어 이메일로 연락을 했다. 그는 인터뷰의 목적을 다시 한 번 확인하고 자기가 창립한 '시니어SOHO보급살롱 미타카'에 관해 내가 어느 정도 이해하고 있는지를 확인한 다음에 인터뷰에 응하겠다는 답변을 보내왔다. 연말연시의 매우 바쁜 일정 중에도 성의껏 답변을 해주는 것을 보고 역시 그답다는 생각이 들었다.

호리이케는 일본의 비영리단체 역사에서도 좋은 전통을 남긴 이로 알려져 있다. 보통 사람들은 비영리단체를 만들어 성공하면, 이사장이나 고문으로 눌러앉아서 단체를 마치 사유재산인 것처럼 생각하고 처신하는 경우가 대부분이었다. 그렇지만 그는 임기가 끝나자 미련 없이 후진에게 자리를 물려주고 자신은 평회원으로 활동했다. 또 자기가 기여할 수 있는 분야를 찾아서 사회에 기여하면서 끊임없이 자신을 새롭게 하는 자기혁신을 지속하는 삶을 살아가고 있다.

(인터뷰: 김경회)

때가 되면 누구나 직장을 떠나야 한다. 본의 아니게 조기 퇴직이나 희망 퇴직을 하는 경우도 있고 좀 더 있다가 정년퇴직을 하는 경우도 있지만 몇 년의 차이가 있을 뿐 어쨌든 현역을 마감해야 하는 때가 온다. 좀 더 잘할 수 있었다는 아쉬움과 미련이 남을 수도 있고, 홀가분하게 떠날 수도 있다.

이 모든 것을 뒤로 하고 우리는 조직을 떠나게 된다. 가족을 부양하고, 승진도 해야 하는 힘든 과정이었지만 보람도 있었다. 어떻게 보면, 지금까지는 조직 속에서 조직이 필요로 하는 일을 수행하면 되는 삶이었다고도 할 수 있다.

그러나 조직을 떠난 이후의 삶은 조직의 사명을 달성하기 위해 스스로 일을 찾아서 하는 것도 아니고, 누가 업무를 지시하지도 않는 삶이다. 오로지 자신의 삶의 목표에 따라 스스로 결정하고 행해야 하는 새로운 인생이 기다리고 있다. 성인이 되어서 살아온 30여 년의 삶과는 완전히 다른 새로운 30~40년의 인생이 앞에 놓여 있다.

조직 생활을 하면서 자유를 갈구해 왔지만 막상 자유가 주어진 상황에서 우리는 어떻게 할 것인가? 혼란스러웠다. 그래서 조직을 떠난 개인으로서 인생 2막을 살아가는 법을 배우기 위해 해외 선진국 시니어들의 삶을 탐구해 보았다.

경제적인 문제를 해결하기 위해 퇴직 후에도 재취업을 하거나 창업을 하는 사례도 있었다. 그런 경우에도 그들은 소득을 올리는 것만이 전부가 아니라, 그 일에서 의미를 찾고자 노력했다. 비록 소득이 줄더라도 어떻게 하면 자신의 인생 후반을 충실하게 할 수 있는지를 먼저 고민했다.

지역 활동이나 자원봉사 활동을 통해 사회에 기여할 수 있는 길을 찾는 사례도 있었다. 경제적으로 약간의 여유도 있어, 의미 있는 삶을 살고 싶어 하는 시니어들이 많았다. 그렇다고 꼭 경제적으로 여유 있는 사람들만이 사회에 봉사하는 것은 아니었다. 그들은 지역 사회에 보탬이 되는 것 자체에서 삶의 의미와 기쁨을 느끼는 사람들이었다.

이 모든 사례를 사회·문화·역사가 다른 한국에 그대로 적용할 수 없는 것은 당연하다. 그러나 우리는 그들의 삶의 자세나 접근 방식을 제대로 배워 우리의 토양에 맞게 창조적으로 적용할 수 있는 능력이 있다. 우리가 누구인가? 폐허 위에서 경제적 기적을 일구어 낸 바로 그 세대가 아닌가.

우리가 가야 할 길은 앞으로 30~40년, 그 길에서 몇 번이나 넘어지고 또 일어날 것이다. 그 과정에서 우리의 인생 2막이 충실하게 실현될 것이다. 그 모습을 보고 우리를 뒤따라오는 다음 세대가 그들의 미래를 배울 수 있을 것이다. 우리가 우리의 온 인생을 잘 마무리하는 것은 자기에서 그치는 것이 아니라 다음 세대를 위한 것이기도 하다.

　현역에서 물러난 시니어들이 자신들의 손으로 해외 시니어들의 삶에 관한 자료를 발굴해 하나하나 스스로 번역하고 처음으로 책으로 만들어 냈다는 점에서 보람을 느낀다. 그러나 한편으로는 아쉬움도 남는다. 모든 자료가 영어와 일본어로 된 것이기 때문에 아무래도 미국, 영국, 아일랜드 등 영미권과 일본 시니어의 삶에 편중된 면이 있다. 앞으로는 그 밖의 언어, 예를 들면 스웨덴을 비롯한 북유럽, 독일, 프랑스, 스페인, 이탈리아 등의 사례를 발굴하여 더 다양한 시니어들의 삶을 소개하고 싶다.

　또 하나 아쉬운 점은 자료를 통해서만 해외 선진국 시니어들의 삶을 알아보았다는 점이다. 앞으로는 해외 시니어들을 찾아가서 그들의 삶을 직접 보고 들으면서 좀 더 생생하게 그들의 삶을 이해하고 또 협력할 수 있는 방안을 찾고 싶다. 현역 시절에 해외시장을 개척하기 위해 세계를 누비며 사람들을 만났다면, 이제 우리는 시니어의 문제를 해결하기 위해 세계를 누비는 시니어 세대가 될 것이다.

부록

추천 사이트

aarp.org

comingofage.org

encore.org

experiencematters.org

nextchapters.org

nextavenue.org

참고 도서

65 Things to do When You Retire, 65 Notable Achievers on How to Make the Most of the Rest of Your Life, by Mark Evan Chimsky (Sellers Publishing Inc, 2012)

All the Money in the world: What the Happiest People Know About Getting and Spending, by Laura Vanderkam (Portfolio Hardcover, 2012)

The American Way to Change: How National Service and Volunteers Are Transforming America, by Shirley Sagawa (Jossey-Bass, 2010)

The Big Shift: Navigating the New Stage Beyond Midlife, by Marc Freedman (Public Affairs, 2011)

The Blue Zones: Lessons for Living Longer from the People Who've Lived the Longest, by Dan Buettner (National Geographic, 2008)

Boundless Potential: Transform Your Brain, Unleash Your Talents, Reinvent Your Work in Midlife and Beyond, by Mark S. Walton (McGraw-Hill, 2012)

Composing a Further Life: The Age of Active Wisdom, by Mary Catherine Bateson (Knopf, 2010)

The Couple's Retirement Puzzle: 10 Must-Have Conversations for Transitioning to the Second Half of Life, by Roberta K. Taylor and Dorian Mintzer (Lincoln Street Press, 2011)

Don't Retire, Rewire!, by Jeri Sedlar and Rick Miners (Alpha, 2002)

Encore: Finding Work and Matters in the Second Half of Life, by Marc Freedman (Public Affairs, 2008)

The Encore Career Handbook: How to Make a Living and a Difference in the Second Half of Life, by Marci Alboher (Workman Publishing, 2012)

Fifty Is the New Fifty: Ten Life Lessons for Women in Second Adulthood, by Suzanne Braun Levine (Viking Adult, 2009)

A Fresh Map of Life: The Emergence of the Third Age, by Peter Laslett (Weidenfeld and Nicolson, 1989)

Halftime: Moving from Success to Significance, by Bob P. Buford (Zondervan, 2008)

The Number: What Do You Need for the Rest of Your Life and What Will It Cost?, by Lee Eisenberg (Free Press, 2006)

A Long Bright Future: An Action Plan for a Lifetime of Happiness, Health, and Financial Security, by Laura L. Carstensen (Harmony, 2009)

Something to Live For: Finding Your Way in the Second Half of Life, by Richard J. Leider (Berrett-Koehler Publishers, 2008)

The Wall Street Journal Complete Retirement Guidebook: How to Plan It, Live It and Enjoy It, by Glenn Ruffenach and Kelly Greene (Three Rivers Press, 2007)

『2030年 超高齡未來:「ジェロントロジー」が 日本を世界の中心にする』, 東京大學高齡社會總合研究機構 (東洋經濟新報社, 2010)

『2030年 超高齡未來破綻を防ぐ10のプラソ: ジェロントロジーが描く理想の長壽社會』, 東京大學ジェロントロジー・コンソージアム (東洋經濟新報社, 2012)

『高齡社會の教科書』, 東京大學 高齡社會總合研究機構 (Benesse, 2013)

『定年後すぐボケる人かえって若返る人』, 和田秀樹 (大和書房,2007)

『好きなことで70歳まで働こう！』, 西山昭彦 (PHP文庫, 2012)

『58歳からはじめる定年前後の段取り術』, 山見博康 (明日香出版社, 2012)

『定年後の8万時間に挑む』, 加藤 仁 (文藝春秋, 2008)

▶ 재취업 관련 해외 추천 사이트 및 참고 도서

추천 사이트

workreimagined.aarp.org

aarpworksearch.org

pivotplanet.com

retirementjobs.com

yourencore.com

careeronestop.com

bls.gov/ooh (Bureau of labor Statistics, Occupational Outlook Handbook)

참고 도서

One Person/Multiple Careers: A New Model for Work/Life Success, by Marci Alboher (Business Plus, 2007)

100 Conversations for Career Success: Learn to Network, Cold Call, and Tweet Your Way to Your Dream Job!, by Laura M. Labovich and Miriam Salpeter (Learning Express, 2012)

Reboot Your Life: Energize Your Career and Life by Taking a Break, by Catherine Allen, Nancy Bearg, Rita Foley, and Jaye Smith (Beaufort, 2011)

What Should I Do with the Rest of My Life? True Stories of Finding Success, Passion, and New Meaning in the Second Half of Life, by Bruce Frankel (Avery Publishing Group, 2010)

AARP Crash Course in Finding the Work You Love: The Essential Guide to

Reinventing Your Life, by Samuel Greengard (Sterling, 2008)

Great Jobs for Everyone 50+: Finding Work that Keeps You Happy and Healthy... and Pays the Bills, by Kerry Hannon (Wiley, 2012)

What's Next? Follow Your Passion and Find Your Dream Job, by Kerry Hannon (Chronicle Books, 2010)

What Color Is Your Parachute? For Retirement, Second Edition: Planning a Prosperous, Healthy, and Happy Future, by John E. Nelson and Richard N. Bolles (Ten Speed Press, 2010)

Escape from Corporate America: A practical Guide to Creating the Career of Your Dreams, by Pamela Skillings (Ballantine Books, 2008)

Work + Life: Finding the Fit That's Right for You, by Cali Williams Yost (Riverhead Books, 2004)

『好きなことで70歳まで働こう!』, 西山昭彦 (PHP文庫, 2012)

『58歳からはじめる定年前後の段取り術』, 山見博康 (明日香出版社, 2012)

『定年後の8万時間に挑む』, 加藤 仁 (文藝春秋, 2008)

▶ **자원봉사/NPO 관련 해외 추천 사이트 및 참고 도서**

추천 사이트

reserveinc.org

allforgood.org

bridgestar.org

change.org

charitychannel.com

philanthropy.com

guidestar.org

createthegood.org

handsonnetwork.org

idealist.org

oasisnet.org

sparked.com

volunteermatch.org

encoreservicecorps.org

senior.metro.tokyo.jp

svsoho.gr.jp

참고 도서

The Nonprofit Career Guide: How to Land a Job That Makes a Difference, by Shelly
Cryer (Fieldstone Alliance, 2008)

*The Idealist.org Handbook to Building a Better World: How to Turn Your Good
Intentions into Actions that Make a Difference,* by Idealist.org and Stephanie
Land (Perigee Books, 2009)

The Idealist Guide to Nonprofit Careers for Sector Switchers, by Steven Joiner and Meg
Busse (Hundreds of Heads Books, 2010)

Jobs That Matter: find a Stable, Fulfilling Career in Public Service, by Heather Krasna
(Jist Works, 2010)

Change Your Career: Transitioning to the Nonprofit Sector, by Laura Gassner Otting
(Kaplan Publishing, 2007)

『地域デビュ－指南術: 再び輝く団塊シニア』, 松本すみ子 (東京法令出版, 2010)

『NPOマネヅメント』, 田中尚輝 (學陽書房, 2002)

『NPOビヅネスで起業する!』, 田中尚輝 (學陽書房, 2004)

『NPOビヅネス』, 田中尚輝 (學陽書房, 2006)

『好きなことで70歳まで働こう!』, 西山昭彦 (PHP文庫, 2012)

『58歳からはじめる定年前後の段取り術』, 山見博康 (明日香出版社, 2012)

『定年後の8万時間に挑む』, 加藤 仁 (文藝春秋, 2008)

추천 사이트

acumen.org

ashoka.org

pinchot.edu

bcorporation.net

echoinggreen.org

foundationcenter.org

greenbusinessowner.com

netimpact.org

seniorentrepreneurshipworks.org

skollfoundation.org

svn.org

springboardinnovation.org

ginzasecondlife.co.jp

prime.org.uk

참고 도서

How to Change the World: Social Entrepreneurs and the Power of New Ideas, by David
    Bornstein (Oxford University Press, 2007)

Social Entrepreneurship: What Everyone Needs to Know, by David Bornstein and
    Susan Davis (Oxford University Press, 2010)

Forces for Good, Revised and Updated: The Six Practices of High-Impact Nonprofits, by
    Leslie R. Crutchfield and Heather McLeod Grant (Jossey-Bass, 2012)

*The Power of Unreasonable People: How Social Entrepreneurs Create Markets That
    Change the World,* by John Elkington and Pamela Hartigan (Harvard Business
    Review press, 2008)

Be Bold, by Cheryl L. Doresey, Lara Galinsky (Echoing Green, 2006)

Work on Purpose, by Lara Galinsky with Kelly Nuxoll (Echoing Green, 2011)

Where Good Ideas Come From: The Natural History of Innovation, by Steven Johnson
(Riverhead Books, 2011)

Little Bets: How Breakthrough Ideas Emerge from Small Discoveries, by Peter Sims
(Free Press, 2011)

Rippling: How Social Entrepreneurs Spreads Innovation Throughout the World, by
Beverly Schwartz (Jossey-Bass, 2012)

『社會貢獻でメシを食う』, 竹井善昭 (ダイヤモンド社, 2010)

『社會起業家の條件』, マーク・アルビオン (日経BP社, 2009)

『社會起業家になる方法』, 大島七七三 (アスペクト, 2009)

『實踐! ゆる起業: シニア起業の成功書』, 片桐実央 (同友館, 2014)

『好きなことで70歳まで働こう!』, 西山昭彦 (PHP文庫, 2012)

『58歳からはじめる定年前後の段取り術』, 山見博康 (明日香出版社, 2012)

『定年後の8万時間に挑む』, 加藤 仁 (文藝春秋, 2008)

▶ 국내 앙코르 커리어 관련 자료

1.참고 도서

● 앙코르 커리어 전반에 관한 참고 도서

『눈부시게 아름다운 노후』, 혜닝 쉐르프, 김현정 옮김 (휴먼비즈니스, 2007)

『커리어 카운슬러가 전하는 살아 있는 퇴직 이야기』, 오영훈 (미래에셋퇴직연
금연구소, 2010)

『정년 후의 80,000 시간』, 강창희 (미래에셋퇴직연금연구소, 2010)

『당신의 인생을 이모작하라』, 최재천 (삼성경제연구소, 2005)

『앙코르』, 마크 프리드먼, 김경숙 옮김 (프론티어, 2009)

『노화혁명: 고령화충격의 해법』, 박상철 (하서, 2010)

『고령화 사회: 선진국의 경험과 한국의 정책 방향』, 최성재 (서울대학교출판문
화원, 2012)

『새로 시작하는 제3기 인생』, 최성재 (서울대학교출판부, 2007)

『불황에도 끄떡없는 노후설계』, 우승호·나효진 (미래에셋퇴직연금연구소, 2009)

『내 인생의 오후』, 윤영걸 (미래에셋퇴직연금연구소, 2010)

『대한민국 시니어 리포트 2014』, 교보생명·시니어파트너스 (교보문고, 2014)

『회색 쇼크: 고령화, 쇼크인가 축복인가』, 테드 C. 피시먼, 안세민 옮김 (반비, 2011)

『존 로빈스의 100세 혁명』, 존 로빈스, 박산호 옮김 (시공사, 2011)

『우리 몸의 노화』, 박상철 (서울대학교출판부, 2007)

『활기찬 노년을 위한 여가활동』, 김동진 (서울대학교출판부, 2007)

● NPO 관련 추천 도서

『시민이 참가하는 마치즈쿠리』, 이사 아쓰시 외, 진영환 외 옮김 (한울, 2007)

『소호와 함께 마을만들기』, 시바타 이쿠오, 서현진 옮김 (아르케, 2009)

『커뮤니티 비즈니스』, 함유근·김영수 (삼성경제연구소, 2010)

『체인지 메이커』, 와타나베 나나, 송수영 옮김 (넥서스, 2007)

『1% 너머로 보는 지역활성화』, 지바 미쓰유키, 서하나 옮김 (아르케, 2007)

● 창업 관련 추천 도서

『세상을 바꾸는 천 개의 직업』, 박원순 (문학동네, 2011)

『세상을 바꾸는 대안기업가 80인』, 실뱅 다르니, 마튜 르 루, 민병숙 옮김 (마고북스, 2006)

『시니어 비즈니스』, 무라타 히로유키, 이완정 옮김 (넥서스, 2005)

『시니어 비즈니스 스쿨』, 실버산업전문가포럼 (매일경제신문사, 2014)

『시니어 마케팅』, 마츠무라 기요시, 박규상·이영철 옮김 (시니어커뮤니케이션, 2007)

『거대시장 시니어의 탄생』, 하쿠호도 생활종합연구소, ㈜애드리치 마케팅전략연구소 옮김 (커뮤니케이션북스, 2009)

『시니어 비즈니스 성공전략』, 마츠모토 시미코, ㈜싸이미디어 옮김 (해냄,

2007）

『시니어 비즈니스 7가지 발상전환』, 무라타 히로유키, 신수철 옮김 (필맥, 2006)

『시니어 은퇴자를 위한 성공창업 바이블』, 민덕기 (매일경제신문사, 2010)

2. 관련 사이트

● 국내 창업 관련 사이트

- 창업진흥원: www.kised.or.kr

- 소상공인시장진흥공단: sbiz.or.kr

- 중소기업청: smba.go.kr

- 중소기업진흥공단: sbc.or.kr

- 창업넷: startup.go.kr

- 서울산업진흥원: sba.seoul.kr

- 미래글로벌창업지원센터: www.born2global.com

- 서울일자리플러스센터: job.seoul.go.kr

- 서울시 소상공인경영지원센터: www.seoulsbdc.or.kr

- 서울시 온라인 창업지원시스템: bi.seoul.kr

● 시니어 재취업 관련 사이트

- 복지로: bokjiro.go.kr

- 한국노인인력개발원: kordi.go.kr

- 워크넷: work.go.kr

- 산업인력관리공단: hrdkorea.or.kr

- 한국고용정보원: keis.or.kr

- 한국사회적기업진흥원: socialenterprise.or.kr

- 중소기업청: smba.go.kr

- 소상공인시장진흥공단 소상공인포털: www.sbiz.or.kr

- 중소기업인력개발원: sbhrdc.re.kr

- 창업진흥원: kised.or.kr

● 관련 협회

- 한국시니어클럽협회: silverpower.or.kr
- 대한은퇴자협회: karpkr.org
- 대한노인회 취업지원센터: k60.co.kr

● 관련 업체

- 알바천국: alba.co.kr
- 네이버 카페 실버잡: cafe.naver.com/silverjob
- 시니어잡: seniorjobs.co.kr
- 알바몬: albamon.com
- 파인드잡: findjob.co.kr
- 알바인: albain.co.kr
- 인쿠르트: incruit.com
- 실버잡: silverjobs.co.kr
- 삼성인력정보센타: swjob114.com

● 중장년 일자리 희망센터 기관

- 서울

노사발전재단, 장년 일자리 희망넷: 4060job.or.kr
노사발전재단 강남센타: 4060job.or.kr/center/main.do?cate1=1
한국무역협회: kita.net
전경련: www.fki.or.kr
중소기업중앙회: www.kbiz.or.kr
대한은퇴자협회: karpkr.org
대한상공회의소: korcham.net
한국경영자총협회: www.kef.or.kr

- 경기도

노사발전재단 인천센타: 4060job.or.kr/center/main.do?cate1=7
노사발전재단 경기센타: 4060job.or.kr/center/main.do?cate1=8

평택상공회의소: pyeongtaekcci.korcham.net

고양상공회의소: www.gycci.or.kr

– 강원도

노사발전재단 강원센터: 4060job.or.kr/center/main.do?cate1=11

– 충청도

대전충남 경총: 042-256-7051

충남북부 상공회의소: cbcci.korcham.net

충북 경총: cbef.or.kr

– 경상도

노사발전재단 부산센터: 4060job.or.kr/center/main.do?cate1=15

부산 경총: bsef.or.kr

경남 경총: gef.or.kr

울산 양산 경총: 052-273-1414

노사발전재단 대구센터: 4060job.or.kr/center/main.do?cate1=19

경북 경총: gbef.or.kr

경북동부 경영자협회: geea.or.kr

– 전라도

광주 경총: gjef.or.kr

노사발전재단 전북센터: 4060job.or.kr/center/main.do?cate1=23

목포상공회의소: mokpocci.korcham.net

– 제주도

노사발전재단 제주센터: 4060job.or.kr/center/main.do?cate1=25

● 취업, 창업 및 사회활동 정보

SBA 서울시 장년창업센터(서울산업진흥원): sba.seoul.kr/kr/sbst32h1

고령사회고용진흥원: ask.re.kr

서울인생이모작지원센터: seoulsenior.or.kr

도심권인생이모작지원센터: dosimsenior.or.kr

브라보!
시니어 라이프

초판 1쇄 발행 2015년 4월 10일
초판 2쇄 발행 2015년 5월 4일

지은이 앙코르 커리어

펴낸이 연준혁
편집인 정보배
편집 엄정원, 지연, 김재은
디자인 조은덕
제작 이재승

펴낸곳 이마
* 이마는 ㈜위즈덤하우스의 임프린트입니다.
출판등록 2014년 12월 8일 제2014-000225호
주소 (410-380) 경기도 고양시 일산동구 정발산로 43-20 센트럴프라자 6층
전화 031)936-4000 **팩스** 031)903-3895
홈페이지 www.yima.co.kr **전자우편** yima2015@naver.com
페이스북 www.facebook.com/yima2015
종이 월드페이퍼 **인쇄·제본** ㈜현문 **후가공** 이지앤비

이 도서의 국립중앙도서관 출판예정도서목록(CIP)은 서지정보유통지원시스템 홈페이지(http://seoji.nl.go.
kr)와 국가자료공동목록시스템(http://www.nl.go.kr/kolisnet에서 이용하실 수 있습니다.(CIP제어번호:
CIP2015008859)